John Ortberg

Das Abenteuer, nach dem du dich sehnst
Wer auf dem Wasser gehen will, muss aus dem Boot steigen

John Ortberg

Das Abenteuer, nach dem du dich sehnst

Wer auf dem Wasser gehen will, muss aus dem Boot steigen

Projektion J

Titel der Originalausgabe:
If You Want To Walk On Water, You've Got To Get Out Of The Boat

© 2000 by John Ortberg
Published by Zondervan Publishing, Grand Rapids, Michigan

© 2002 der deutschen Ausgabe
by Gerth Medien GmbH, Asslar
3. Auflage 2003

ISBN 3-89490-407-0

Auf der Grundlage der neuen Rechtschreibung.

Die Bibelstellen wurden, soweit nicht anders angegeben,
der „Gute Nachricht Bibel" entnommen.

Übersetzung: Karoline Kuhn
Umschlaggestaltung und -illustration: Hanni Plato
Satz: Typostudio Rücker
Druck und Verarbeitung: Ebner & Spiegel, Ulm

Nachdruck, auch auszugsweise, nur mit Genehmigung des Verlages.

*Für Sam Reeves und Max DePree,
die mich so viel darüber gelehrt haben,
was es bedeutet, aus dem Boot zu steigen.*

Inhalt

Vorwort 11

Kapitel 1
Die Kunst des „Laufens auf dem Wasser" 15

Kapitel 2
Boot-Hocker 37

Kapitel 3
Den Ruf hören 63

Kapitel 4
Auf dem Wasser gehen 89

Kapitel 5
Den Wind sehen 111

Kapitel 6
Angstschreie 135

Kapitel 7
Das Gefühl unterzugehen 155

Kapitel 8
Richten Sie den Blick auf Jesus 175

Kapitel 9
Warten lernen 197

Kapitel 10
Wie groß ist Ihr Gott? 217

Anmerkungen 233

„Im letzten Viertel der Nacht kam Jesus auf dem Wasser zu ihnen. Als die Jünger ihn auf dem Wasser gehen sahen, erschraken sie und sagten: ‚Ein Gespenst!' und schrien vor Angst.

Sofort sprach Jesus sie an: ‚Fasst Mut! Ich bin's, fürchtet euch nicht!'

Da sagte Petrus: ‚Herr, wenn du es wirklich bist, dann befiehl mir, auf dem Wasser zu dir zu kommen!'

‚Komm!', sagte Jesus.

Petrus stieg aus dem Boot, ging über das Wasser und kam zu Jesus. Als er dann aber die hohen Wellen sah, bekam er Angst. Er begann zu sinken und schrie: ‚Hilf mir, Herr!'

Sofort streckte Jesus seine Hand aus, fasste Petrus und sagte: ‚Du hast zu wenig Vertrauen! Warum hast du gezweifelt?'

Dann stiegen beide ins Boot und der Wind legte sich. Die Jünger im Boot warfen sich vor Jesus nieder und riefen: ‚Du bist wirklich der Sohn Gottes.'"

Matthäus 14,25–32

Vorwort

Ich möchte Sie zu einem Spaziergang einladen. Die Bibel enthält neben vielem anderen auch Beschreibungen von einer ganzen Reihe von unvergesslichen Spaziergängen. Den ersten machte Gott selbst, der – wie wir im Buch Genesis nachlesen können – abends gerne im Garten Eden spazieren ging. Und immer wieder im Laufe der Geschichte hat Gott Menschen zu einem Spaziergang mit ihm eingeladen.

Da war zum Beispiel der schwere Gang, den Abraham mit seinem Sohn Isaak auf dem Weg zum Berg Morija antrat. Der befreiende Marsch, den Mose und die Israeliten durch das Rote Meer zurücklegten. Die frustrierende Wanderung, die sie 40 Jahre lang auf Umwegen durch die Wüste führte. Da war Josuas Triumphzug um Jericho, der klärende Gang der Jünger nach Emmaus, Paulus' jäh unterbrochener Weg nach Damaskus. Und da war der Gang des Einen, der so traurig und schmerzvoll und heilig war, dass er einen eigenen Namen bekommen hat; der Weg vom Prätorium nach Golgatha, die „Via Dolorosa" – der Schmerzensweg.

Doch der vermutlich unvergesslichste Spaziergang von allen war wohl der, als Petrus aus dem Boot stieg und auf dem Wasser ging! Unvergesslich war er nicht so sehr wegen der Richtung, in die er ging, sondern mehr wegen des Untergrundes, *auf dem* er lief, und der Begleitung, die er hatte.

In diesem Buch steht Petrus' kleine Wanderung als Einladung an alle, die wie er im Glauben losgehen und mehr von der Kraft und Gegenwart Gottes erleben wollen. Das „Laufen auf dem Wasser" dient als Bild für etwas, das ich niemals allein schaffen könnte, das aber mit Gottes Hilfe möglich wird. Aber wie kommt es zu einem solchen Ereignis?

In der Bibel läuft das Eingreifen Gottes in das Leben eines Menschen, den er gebrauchen will, meist nach einem bestimmten Muster ab:

- *Es gibt immer eine Berufung.* Gott beruft einen ganz normalen Menschen dazu, einen außergewöhnlichen Vertrauensschritt zu wagen – raus aus dem Boot.
- *Es gibt immer Angst.* Gott hat die unangenehme Eigenart, Menschen um Dinge zu bitten, die ihnen sehr viel Angst machen. Das kann die Angst vor Unzulänglichkeit sein („Ich bin im Reden viel zu schwerfällig und unbeholfen", meinte Mose). Es kann auch Versagensangst sein („In diesem Land kann man nicht leben, es verschlingt seine Bewohner", sagten die Spione, die das Gelobte Land erkundet hatten). Es kann sogar Angst vor Gott selbst sein („Denn ich wusste, dass du ein harter Mann bist, der ernten will, wo er nicht gesät hat", sagte der Diener im Gleichnis von den anvertrauten Talenten). Auf jeden Fall wird die Sache dem Berufenen Angst einjagen!
- *Es gibt immer eine Rückversicherung.* Gott verspricht seine Gegenwart („Der Herr ist mit dir, mächtiger Krieger", versichert der Engel Gideon, der ganz sicher noch nie so angesprochen worden war!). Gott sagt auch zu, dass er alles geben wird, was für die Erfüllung seiner Berufung nötig ist („Ich werde dir helfen und dir sagen, was du reden sollst", erklärt Gott dem stotternden Mose).
- *Es gibt immer eine Entscheidung.* Manchmal – wie bei Mose und Gideon – sagen die Betroffenen Ja zu Gottes Berufung. Manchmal sagen sie Nein wie die verängstigten Spione oder der reiche junge Mann, mit dem Jesus sprach. Aber sie müssen immer eine Entscheidung treffen.
- *Es gibt immer Veränderung.* Diejenigen, die Ja zu Gottes Berufung sagen, gehen ihren Weg vielleicht nicht, ohne zu stolpern – zumindest nicht auf lange Sicht. Aber weil sie Ja zu Gott sagen, lernen sie und wachsen an ihren Fehlern. Und sie werden ein Teil von Gottes Plan, die Welt zu retten. Auch diejenigen, die Nein sagen, bleiben nicht die Gleichen. Sie werden ein Stückchen härter, ein bisschen widerstandsfähiger gegen Gottes Berufungen, sind etwas geneigter, beim nächsten Mal wieder den Kopf zu schütteln. Wie auch immer die Entscheidung ausfällt, sie verändert die Menschen – und sie verändert auch die Welt, wo sie mit ihr in Berührung kommt.

Ich glaube, dass wir dieses Muster aus der Bibel auch heute noch im Leben der Menschen erkennen können.

> Ich glaube, dass es einen Bereich in Ihrem Leben gibt, in dem Gott Sie auffordert, mit ihm einen Spaziergang zu unternehmen, und dass ein Ja Ihrerseits eine göttliche Dynamik in Gang setzt, die weit über menschliche Grenzen hinausgeht. Vielleicht hat es mit Ihrer Arbeit zu tun oder mit einer schwierigen Beziehung oder mit einer Begabung, die Sie weiterentwickeln sollen, oder mit etwas, das Sie zur Verfügung stellen sollten. Wahrscheinlich müssen Sie auf dem Weg Ihrer größten Angst ins Gesicht sehen. Auf jeden Fall wird es Sie an die Grenzen Ihrer Persönlichkeit und Ihrer Fähigkeiten bringen.

Gemeinsam werden wir in diesem Buch die Fähigkeiten kennen lernen, die man braucht, um auf dem Wasser zu gehen: Gottes Berufung wahrnehmen, Angst überwinden, Glaubensschritte riskieren, mit Versagen umgehen und Gott vertrauen. Ich hoffe, dass Sie dieses Buch nicht einfach nur lesen, sondern dass es Sie dazu motiviert, Ja zu Gott zu sagen.

Kommen Sie mit auf einen Spaziergang. Auf dem Wasser ...

Denken Sie dabei immer an eine entscheidende Tatsache: Wenn man auf dem Wasser gehen will, muss man zuerst das Boot verlassen!

Kapitel 1
Die Kunst des „Laufens auf dem Wasser"

Es ist nicht der Kritiker, der zählt; nicht derjenige, der mit dem Finger auf den stolpernden Starken zeigt oder auf die Augenblicke, in denen der Tatkräftige es noch besser hätte machen können. Die Ehre gehört dem Menschen, der tatsächlich in der Arena steht [...], der im besten Fall am Ende den Triumph einer großen Errungenschaft kennen lernt und der im schlechtesten Fall zumindest bei dem Versuch versagt, Großes zu tun. Dieser Ort wird nie den kalten, engen Seelen gehören, die weder Sieg noch Verlust kennen.
Theodore Roosevelt[1]

Vor einigen Jahren schenkte mir meine Frau zum Geburtstag eine Fahrt mit dem Heißluftballon. Wir fuhren zu der Wiese, auf der der Ballon starten sollte, und stiegen mit einem anderen Pärchen in einen kleinen Korb. Wir stellten uns höflich vor und tauschten Smalltalk aus. Dann begann unser Pilot mit dem Aufstieg. Der Tag war gerade erst angebrochen, der Himmel war klar und wolkenlos. Wir konnten das ganze Canejo-Tal unter uns sehen und bis zum Meer schauen. Es war wunderschön und majestätisch.

Ich erlebte aber auch eine Emotion, die ich nicht erwartet hatte. Wollen Sie raten, was es war?

Angst!

Ich hatte immer angenommen, dass der Rand eines solchen Korbes brusthoch sein würde, aber dieser hier – so kam es mir jedenfalls vor – reichte mir nur bis zum Knie. Eine kleine Windböe und man fiel sicherlich über Bord. Daher klammerte ich mich so wild entschlossen am Rand fest, dass meine Knöchel weiß hervortraten.

Ich sah zu meiner Frau hinüber, die nicht schwindelfrei ist, und beruhigte mich ein wenig. Zumindest war eine Person an Bord, die noch angespannter war als ich! Das merkte ich daran, dass sie sich keinen Millimeter bewegte. Unterwegs fuhren wir beispielsweise über einen Pferdehof. Meine Frau liebt Pferde über alles, doch als ich sie auf den Hof hinwies, wandte sie nicht mal den Kopf, sondern rollte nur die Augen so weit zur Seite, wie es ging, und meinte gepresst: „Ja, toll!"

Etwa zur selben Zeit beschloss ich, dass ich gern mehr über unseren Piloten wissen wollte. Schließlich vertrauten wir ihm unser Leben an. Alles hing von seinem Charakter und seinen Fähigkeiten ab.

Ich fragte ihn also, was er sonst so mache und seit wann er Ballons führe. Tief in mir hoffte ich, dass er vielleicht vorher Neurochirurg gewesen war oder Astronaut, irgendetwas mit viel Verantwortung.

Ich wusste, dass wir ein Problem hatten, als ich seine Antwort hörte: Er hatte eigentlich noch nie einen richtigen Job gehabt. Er surfte leidenschaftlich gerne. Er hatte begonnen, Heißluftballons zu fahren, als er einen Autounfall gebaut hatte, bei dem sein Beifahrer schwer verletzt worden war. Den Führerschein hatte man ihm natürlich abgenommen!

„Übrigens", sagte er nebenbei, „wenn es beim Runterkommen etwas turbulent wird, keine Panik! Ich habe diesen Ballon hier noch nie gefahren und weiß noch nicht, wie er während des Abstiegs reagiert."

Meine Frau sah mich an und flüsterte: „Soll das heißen, dass wir gut 300 Meter über dem Erdboden schweben – mit einem arbeitslosen Surfer, der keinen Führerschein besitzt und keine Ahnung hat, wie er dieses Ding hier wieder auf den Boden bekommt?"

Die weibliche Hälfte des anderen Pärchens sagte die einzigen Worte, die die beiden auf diesem Flug überhaupt von sich gaben: „Sie sind doch Pastor – tun Sie etwas Religiöses!"

Aber was?

Die große Frage lautet in einem solchen Moment: „Kann ich dem Piloten trauen?"

Ich konnte versuchen, mir selbst einzureden, dass alles gut werden würde. Die Fahrt mit einer positiven Einstellung hinter sich zu bringen würde sie sicher zu einer angenehmeren Reise machen. Aber die wäre bald zu Ende. Das wirkliche Thema war und blieb der Typ, der das Ding fuhr. Waren sein Charakter und seine Fähigkeiten so, dass ich ihm bedenkenlos mein Leben anvertrauen konnte? Oder war es wirklich an der Zeit, etwas „Religiöses" zu tun? Jeden Tag drehen Sie und ich eine weitere Runde auf unserer Reise in diesem Riesenballon, der durchs Universum wirbelt. Wir haben nur diese eine Tour und ich möchte sie voller Leidenschaft und Abenteuerlust hinter mich bringen – und ich wette, Sie auch!

Doch manchmal kann es auch ganz schön unsicher werden. Ich wünschte dann, die Ränder meines Korbes wären etwas höher und der Ballon etwas stabiler. Ich frage mich, wie mein Gefährt den Weg nach unten verkraften wird.

> Ich kann mir immer wieder einreden, dass man ohne Risiko nichts Tolles erlebt und dass schon alles gut gehen wird, aber die alles entscheidende Frage bleibt doch: Lenkt jemand dieses Ding? Denn wenn nicht, steige ich lieber erst gar nicht ein. Meine Geschichte ist wie die der meisten Menschen ein Kampf zwischen Glaube und Angst.

Darum fühle ich mich seit vielen Jahren von der Geschichte angezogen, in der Petrus aus dem Boot steigt und über das Wasser auf Jesus zugeht. Sie ist eines des besten Bilder für extreme Jüngerschaft. In den folgenden Kapiteln werden wir einen genauen Blick auf jedes Detail dieser Geschichte werfen. Doch den Rest dieses Kapitels möchte ich der Vogelperspektive widmen. Was macht, von oben betrachtet, einen Menschen zu einem Wasserläufer?

Wasserläufer erkennen Gottes Gegenwart

Petrus und seine Freunde stiegen eines Nachmittags in ein kleines Boot, um über den See von Galiläa zu fahren. Da Jesus allein sein wollte, fuhren sie ohne ihn. Petrus machte das nichts aus; er hatte schon sein halbes Leben auf Booten zugebracht und liebte es, zur See zu fahren.

Doch dann kam ein Sturm auf. Und zwar kein kleines Gewitterchen. Im Matthäus-Evangelium lesen wir, dass die Jünger in arge Bedrängnis gerieten. Der Sturm war so heftig, dass die Jünger Mühe hatten, das Boot am Kentern zu hindern. Sie wünschten sich bestimmt, die Seitenränder wären etwas höher und das Holz stabiler ... Gegen drei Uhr morgens dachten sie sicher nur noch daran, ob sie das Unwetter wohl überleben würden.

Dann bemerkte einer von ihnen einen Schatten, der sich auf sie zu bewegte. Als er näher kam, erkannten sie, dass es sich um die Umrisse einer menschlichen Gestalt handelte – einer Gestalt, die auf dem Wasser ging!

Lassen Sie diese Vorstellung einmal auf sich wirken. Die Jünger steckten in Schwierigkeiten, und die einzige Person, die ihnen helfen konnte, kam auf sie zu. Nur dass sie nicht im Boot war und die Jünger sie nicht erkannten.

Die Jünger waren davon überzeugt, dass sie ein Gespenst sahen, und so schrien sie vor Angst. Von unserer Warte aus fragen wir uns natürlich, warum sie nicht gleich gemerkt haben, dass es Jesus war. Wer sonst sollte es sein? Doch die Geschichte macht deutlich, dass man manchmal Augen des Glaubens braucht, um zu erkennen, dass Jesus da ist. Oft haben wir dieselben Schwierigkeiten damit, seine Gegenwart zu bemerken, wenn die Wellen der Enttäuschung über uns zusammenschlagen und der Zweifel uns durchschüttelt.

Lassen Sie uns tiefer graben. Was machte Jesus wohl da um drei Uhr morgens zu Fuß auf dem tobenden See?

David Garland hat in Markus' Version der Geschichte einen Hinweis gefunden. Markus schreibt, dass Jesus eigentlich vorgehabt hatte, auf dem Wasser „an ihnen vorüberzugehen". Doch dann sahen sie ihn und hielten ihn für ein Gespenst. Warum wollte Jesus an ihnen vorbeigehen? Sollte das eine Art Trick sein, so wie beim Rennen von Hase und Igel? Wollte er sie am anderen Ufer erwarten und rufen: „Ich bin schon da!"?[2]

Garland erklärt, dass das griechische Verb *parerchomai* („vorbeigehen, vorüberziehen") im Alten Testament als Umschreibung einer Theophanie verwendet wurde – eines jener unvergesslichen

Momente, „wenn Gott auf überwältigende Art und Weise kurzfristig auf der Erde erscheint und eine Gruppe oder eine Person auswählt, um eine Botschaft zu überbringen".

Gott stellt Mose in eine Felsspalte und bedeckt ihn mit seiner Hand, damit dieser es überlebt, wenn Gottes Herrlichkeit „vorübergeht" (Ex 33,22 ff.). Danach steigt Mose auf den Berg Sinai. Gott kommt in einer Wolke auf den Berg herab und „ging an Mose vorüber" (Ex 34,6).

Gott gebietet Elija, aus der Höhle zu treten und sich auf den Berg vor ihn zu stellen: „Ich werde an dir vorübergehen!" (1 Kön 19,11). Anschließend erteilt er Elija einen Auftrag.

In allen diesen Geschichten zeigt sich dasselbe Muster:

> Gott muss die Aufmerksamkeit der betreffenden Personen erregen – mittels eines brennenden Dornbuschs, eines Sturms oder eben eines Spaziergangs auf dem Wasser. Jede dieser Personen wurde von Gott zu etwas ganz Besonderem berufen. Jede dieser Personen hatte zuerst einmal schreckliche Angst. Doch immer, wenn jemand Ja zu seiner Berufung sagte, erfuhr er die Macht Gottes in seinem Leben.

Als Jesus also auf dem Wasser lief und an den Jüngern vorbeigehen wollte, vollführte er nicht einfach einen magischen Trick. Er enthüllte seine Göttlichkeit und Gegenwart. Nur Gott tut solche Dinge, „[...] nur er kann über Meereswellen schreiten" (Ijob 9,8).

Es ist interessant, dass die Jünger auf den persönlichen Wunsch von Jesus das Boot bestiegen hatten – ein Lehrstück für die Tatsache, dass Gehorsam nicht immer eine Garantie dafür ist, dass man von Schwierigkeiten verschont bleibt. Doch nun, wo der Sturm ihre ganze Aufmerksamkeit forderte, beschloss Jesus, dass es an der Zeit war, sie ein bisschen mehr über diesen Mann wissen zu lassen, der alles lenkte. *„Ihr könnt mir vertrauen"*, schien er ihnen zu sagen, *„ihr kennt doch meinen Charakter und meine Fähigkeiten. Ihr könnt mir ruhig euer Schicksal anvertrauen. Nur Mut! Ich bin's doch!"*

Sie begriffen es noch nicht ganz, aber in diesem Moment besuchte sie Gott persönlich, Fleisch geworden in einem Wasserläufer!

Matthäus möchte seine Leser daran erinnern, dass Jesus oft in Zeiten kommt, in denen man ihn nicht erwartet – um drei Uhr morgens, mitten in einem Sturm. Dale Bruner stellt fest, dass „der Bibel zufolge menschliche Katastrophen und Extremsituationen ein gern genutzter Treffpunkt mit Gott sind".[3] Auch Sie und ich werden diese göttlich verordneten Schlüsselmomente erleben. Gott fordert seine Nachfolger immer noch auf, außergewöhnliche Dinge zu tun. Und wenn wir nicht nach ihm Ausschau halten, könnten wir ihn verpassen!

Zwölf Jünger saßen im Boot, und wir wissen nicht, wie die anderen elf auf die Stimme Gottes reagiert haben. Vielleicht waren sie ungläubig, verwirrt, erstaunt oder alles auf einmal.

Doch einer von ihnen war auf dem besten Weg, ein Wasserläufer zu werden. Er erkannte, dass Gott gegenwärtig war – selbst an diesem unmöglichen Ort. Petrus begriff, dass dies eine außergewöhnliche Gelegenheit für ein geistliches Abenteuer war. Und da bekam er eine Idee:

Er beschloss, etwas Religiöses zu tun!

Wasserläufer können zwischen Glaube und Dummheit unterscheiden

Petrus sagte zu dem Wasserläufer: „Herr, wenn du es bist, dann befiehl mir, auf dem Wasser zu dir zu kommen!" Warum schildert Matthäus dieses Detail? Warum stürzt sich Petrus nicht einfach in die Fluten? Ich denke, das geschieht aus einem wichtigen Grund: Es geht in dieser Geschichte nicht um den Mut zum Risiko. Hauptsächlich geht es um *Gehorsam*. Das bedeutet, dass ich zwischen einer echten Berufung von Gott und einem vielleicht nur dummen Impuls meinerseits unterscheiden können muss. Mut allein ist nicht genug; er muss von Weisheit und Unterscheidungsfähigkeit begleitet werden.

> Matthäus glorifiziert hier nicht die Risikobereitschaft von Petrus an sich. Jesus sucht nicht nach Bungee springenden kleinen Helden. Petrus wagt es nicht, auf dem Wasser zu gehen, um mal wieder einen Adrenalinkick zu bekommen oder eine neue Extremsportart auszuprobieren. Es geht hier vielmehr um extreme Jüngerschaft. Deshalb ist es so wichtig, dass Petrus, bevor er aus dem Boot stieg, erst einmal sicherstellte, dass Jesus das auch für eine gute Idee hielt.

Darum fragte er nach.

Und ich denke, dass Jesus in der Dunkelheit in sich hineingelächelt hat. Vielleicht hat er sogar laut gelacht, denn zumindest eine Person im Boot hatte begriffen, worum es ging! Petrus hatte wenigstens eine Ahnung davon, was sein Meister tat und vorhatte. Und er hatte genügend Glauben, um sich vorstellen zu können, dass er an dem Abenteuer teilhaben konnte. Und das wollte er!

Befiehl mir, auf dem Wasser zu dir zu kommen ...

Wasserläufer steigen aus dem Boot

Bevor wir weitergehen, möchte ich Sie dazu auffordern, sich einmal selbst in diese Geschichte hineinzuversetzen. Stellen Sie sich vor, wie wild der Sturm tobte, so wild, dass sogar die erfahrenen Fischer in Bedrängnis gerieten. Führen Sie sich die Höhe der Wellen vor Augen, die Gewalt des Windes, die Finsternis dieser Nacht. Das waren die Umstände, in denen Petrus aus dem Boot zu steigen gedachte!

Es ist schon schwierig genug, auf dem Wasser zu gehen, wenn die See ruhig ist und die Sonne scheint, meinen Sie nicht? Stellen Sie sich nur einmal vor, aus dem relativ sicheren Boot zu steigen, während die Wellen um Sie herum mit Urgewalt niederkrachen und der Wind pfeift, und es ist drei Uhr morgens und Sie haben furchtbare Angst!

Versetzen Sie sich einen Moment lang in Petrus' Situation. Sie haben eine plötzliche Erkenntnis dessen, was Jesus da tut – der Herr geht vorüber! Er lädt Sie ein, an dem größten Abenteuer Ihres Lebens teilzuhaben. Doch gleichzeitig sterben Sie beinahe vor Angst. Was wählen Sie – das Boot oder die Wellen? Das Boot ist relativ trocken, sicher und bequem. Andererseits ist das Wasser wild und gefährlich. Die Wellen schlagen hoch, der Wind wütet, und wenn Sie aus dem Boot steigen (was auch immer Ihr „Boot" im Moment ist), stehen die Chancen gut, dass Sie untergehen.

Aber wenn Sie jetzt nicht aus dem Boot steigen, steht hundertprozentig fest, dass Sie niemals auf dem Wasser gehen werden. Das ist ein unumstößliches Naturgesetz.

Wenn man auf dem Wasser gehen will, muss man aus dem Boot steigen.

Ich glaube, dass es etwas – oder Jemanden – in uns gibt, der uns sagt, dass es mehr im Leben geben muss als das trockene Plätzchen im Boot. Sie sind zu mehr geschaffen als nur zur Fehlervermeidung. Es gibt etwas in Ihnen, das übers Wasser gehen will, das die Bequemlichkeit der gewohnten Bahnen verlassen und sich ins Abenteuer eines Lebens mit Gott stürzen möchte.

Lassen Sie mich Ihnen daher eine wichtige Frage stellen: Was ist Ihr „Boot"?

Ihr „Boot" ist das, was für Sie eine wie auch immer geartete Form der falschen Sicherheit verkörpert. Ihr „Boot" ist das, worauf Sie Ihr Vertrauen setzen, wenn das Leben stürmisch wird. Ihr „Boot" ist das, was Ihr Leben so bequem macht, dass Sie es nicht aufgeben möchten, selbst wenn es Sie davon abhält, Jesus auf dem Wasser entgegenzugehen. Ihr „Boot" ist das, was Sie daran hindert, das Abenteuer der radikalen Jüngerschaft einzugehen.

Wissen Sie immer noch nicht, was Ihr „Boot" ist? Ihre Ängste werden es Ihnen verraten. Stellen Sie sich diese einfache Frage:

„Was jagt mir die größte Angst ein, besonders, wenn ich mir vorstelle, dass ich es loslasse und im Glauben einen Schritt ins Ungewisse gehe?"

Für David ist es seine Berufung. Er ist seit 35 Jahren als Architekt tätig und wird bald 60. Sein ganzes Leben lang wird er schon von dem Gefühl verfolgt, dass Gott ihn in den Gemeindedienst beruft. Er hat sein Gewissen mit großzügigen Spenden und guten Taten zum Schweigen gebracht, dennoch kann er die Angst nicht abschütteln, dass er vielleicht seine Berufung verpasst haben könnte. Und er fürchtet, dass es nun zu spät ist.

Bei Kathy ist es eine Beziehung. Sie ist seit Jahren in einen Mann verliebt, dessen Gefühle für sie bestenfalls ambivalent sind. Er sendet Signale, die jeder andere Mensch ganz klar zu deuten weiß. Er tut nie etwas Besonderes für sie, er vermeidet jedes Gespräch über die Zukunft und hält sie immer auf Abstand. Doch sie versucht nie, seine wahren Gefühle zu ergründen – davor hat sie zu viel Angst. Sie glaubt, es nicht ertragen zu können, sollte sie ihn verlieren. Ihr „Boot" ist ausgesprochen morsch und sicherlich nicht seetüchtig, aber sie traut sich nicht, es zu verlassen.

Ralph ist Pastor einer Gemeinde, in der die Dinge nicht gut laufen. Ständig gibt es Streitigkeiten und Spaltungen. Doch statt auf den Tisch zu hauen, Gottes Wahrheit zu verkünden und eine klare Leitungsposition einzunehmen, versucht Ralph, überall die „Brände" zu löschen und Frieden zu stiften. Er mag seine Gemeinde nicht; er hasst und fürchtet sie. Doch sie ist sein „Boot". Wenn er es verlässt, wird er sich doch nur in einem anderen, ebenso schlagseitigen Boot wiederfinden.

Dougs „Boot" ist die Heimlichkeit. Er ist süchtig nach Pornografie in jeder Form. Es sei keine schlimme Form der Abhängigkeit, redet er sich jedenfalls ein. Hier und da ein Pornofilm im Hotel auf Geschäftsreisen, ab und zu kleine Ausflüge ins Internet. Nichts, was seinen Job oder seine Ehe gefährden würde ... bis jetzt. Doch niemand weiß etwas davon. Er hat Angst, es zuzugeben; Angst, Hilfe zu suchen. Die Heimlichkeit bringt ihn um, aber sie ist sein „Boot".

Kims „Boot" ist ihr Vater. Sie erzieht ihre Kinder, erledigt den Haushalt und treibt ihre Karriere voran ... aber alles nur, um ihren Papa glücklich zu machen! Die Ironie daran ist, dass ihr Vater nicht glücklich ist und dass nichts, was sie tut, jemals gut genug für ihn sein wird. Doch allein der Gedanke, ihn zu enttäuschen, macht ihr furchtbare Angst. Seine Zustimmung ist ein „Boot" mit einem großen Leck. Aber es ist *ihr* „Boot".

Vielleicht ist Ihr „Boot" beruflicher Erfolg. Das war auch bei dem reichen jungen Mann in der Bibel der Fall. Jesus bat ihn, aus dem Boot zu steigen („Verkauf alles, was du hast, gib dein Geld den Armen, und dann komm und folge mir nach!"). Doch der junge Mann entschied sich dagegen. Er hatte ein sehr schönes Boot, eine wahre Luxusyacht. Sie fuhr sich traumhaft, und er liebte sie zu sehr, um sie aufzugeben.

Ich frage mich manchmal, ob er wohl an diese Begegnung mit Jesus zurückdachte, als er am Ende seines Lebens angekommen war und sein Bankkonto, sein Aktien-Portfolio und seine Pokalvitrine randvoll waren. Erinnerte er sich an den Tag, als der Sohn eines Zimmermanns ihn dazu aufgefordert hatte, all das für die vage Hoffnung auf das Reich Gottes aufzugeben ... und er hatte Nein gesagt?

Was ist Ihr „Boot"? In welchem Bereich Ihres Lebens schrecken Sie davor zurück, Gott voll und ganz zu vertrauen? Ihre Angst wird es Ihnen verraten. Dieses Boot zu verlassen wird wahrscheinlich das schwierigste Vorhaben Ihres ganzen Lebens werden!

Aber wenn Sie auf dem Wasser gehen wollen, müssen Sie das Boot verlassen!

Wasserläufer rechnen mit Problemen

Petrus tritt also an den Rand des Bootes. Die anderen Jünger starren ihn an. Sie haben schon öfter miterlebt, dass Petrus den Mund zu voll genommen hat. Wie weit wird er es wohl diesmal treiben?

Er hebt einen Fuß über die Reling und klammert sich dabei krampfhaft fest. Dann den anderen Fuß. Seine Fingerknöchel treten weiß hervor.

Und dann tut er etwas Religiöses: Er lässt los. Er liefert sich voll und ganz der Macht Jesu aus. Und plötzlich, zum ersten Mal in der Geschichte, geht ein ganz normaler Mensch übers Wasser.

Einen Moment lang ist es so, als gäbe es nur noch Petrus und

Jesus auf der Welt. Petrus strahlt vor Freude und Jesus freut sich über seinen Schüler.

Doch dann passiert es: Petrus „sieht die hohen Wellen". Die Realität setzt ein und Petrus fragt sich: „Was habe ich mir nur dabei gedacht?" Er merkt, dass er sich mitten im Sturm auf dem Wasser befindet, ohne Boot unter sich, ohne Netz und doppelten Boden. Und er bekommt Angst. Dabei hat sich eigentlich gar nichts geändert. Der Sturm und die Wellen hätten ihn nicht weiter überraschen dürfen, denn sie waren ja schon die ganze Zeit da gewesen. Doch Petrus' Blickwinkel hat sich verlagert, weg von Jesus und hin zu dem Sturm.

Wir wissen alle, wie es ist, plötzlich die Wellen zu sehen. Sie beginnen voller Hoffnung ein neues Abenteuer; vielleicht treten Sie eine neue Stelle an; vielleicht probieren Sie eine geistliche Gabe aus; vielleicht möchten Sie Gott auf eine neue Art dienen. Am Anfang sind Sie voller Zuversicht und Glauben. Der Himmel ist blau und die Sonne scheint.

> Doch dann setzt die Realität ein. Rückschläge, Gegenwind, unerwartete Hindernisse. Sie sehen die Wellen. Das war zu erwarten; die Welt ist ein sehr stürmischer Ort. Aber irgendwie haben Schwierigkeiten immer noch die Macht, uns zu überraschen.

Wegen des Winds und der Wellen beschließen viele Menschen, niemals das Boot zu verlassen. Wenn man aussteigt, muss man sich dem Sturm stellen. Aber wenn man die Sache ehrlich betrachtet, dann gibt es im Grunde keine Garantie, dass man im Boot davon verschont bleiben wird.

Eileen Guder schreibt:

„Sie können von Schonkost leben, um ein Magengeschwür zu vermeiden, im Namen der Gesundheit keinen Tee, Kaffee oder Ähnliches trinken, früh ins Bett gehen, das Nachtleben meiden, alle kontroversen Themen umgehen, um nie Anstoß zu erregen, sich um Ihre eigenen Angelegenheiten kümmern, sich aus den

Problemen anderer Leute raushalten, Geld nur für wirklich Notwendiges ausgeben und so viel wie möglich sparen. Trotzdem können Sie sich in der Badewanne das Genick brechen – und das geschähe Ihnen recht!"[4]

Der Philosoph Larry Laudan hat sich in den letzten zehn Jahren der Erforschung des Risiko-Managements gewidmet. Er schreibt davon, dass unsere Gesellschaft so von Angst getrieben ist, dass wir an etwas leiden, das er als „Risikostarre" bezeichnet – ein Zustand, der uns unfähig macht, uns zu bewegen. Er fasst die Erkenntnisse der Fachliteratur zum Thema Risiko-Management in 19 Prinzipien zusammen. Das erste ist das einfachste: *Alles ist riskant.*[5]

Wenn man absolute Sicherheit will, dann sollte man am besten nicht als Mensch zur Welt kommen. Natürlich kann man zu Hause im Bett bleiben – aber dazu muss man wissen, dass jedes Jahr allein in Amerika eine halbe Million Menschen in die Notaufnahme eingeliefert werden, weil sie sich mehr oder weniger schwer verletzt haben, als sie aus dem Bett fielen! Sie können Ihre Fenster verrammeln – aber passen Sie auf, dass Sie sich nicht in die Statistik einreihen, laut der sich jährlich zehn Amerikaner versehentlich an ihren Rollladenschnüren erhängen. Sie können Ihr Geld in der Matratze verstecken – aber dann kann es passieren, dass Sie sich in die Riege der vielen Tausenden von Menschen einreihen, die wegen Verletzungen im Umgang mit Geld (Schnitte, Blasen, Allergien) ärztlich behandelt werden müssen.

Wenn Sie hinaus aufs Spielfeld gehen, riskieren Sie etwas. Die besten Torschützen der Welt schießen zwei von drei Malen daneben. Doch wenn Sie nicht hinausgehen, erfahren Sie auch nie, wie es ist, ein entscheidendes Tor zu schießen. Es ist gefährlich, das Boot zu verlassen – aber es liegt auch eine gewisse Gefahr darin, drinnen zu bleiben. Wenn Sie im Boot leben, werden Sie irgendwann an Langeweile und Stagnation zu Grunde gehen. *Denn alles ist riskant!*

Wasserläufer akzeptieren Angst als Preis für Wachstum

Jetzt kommen wir zu einem Teil der Geschichte, der Ihnen vielleicht nicht so gut gefallen wird. Ich mag ihn auch nicht besonders. Die Entscheidung, Jesus zu folgen – die Entscheidung für das Wachstum –, bedeutet immer wiederkehrende Ängste. Man muss jeden Tag wieder neu aus dem Boot steigen.

Lassen Sie mich das erklären. Die Jünger steigen ins Boot, erleben den Sturm, sehen den Wasserläufer und haben Angst. „Habt keine Angst", sagt Jesus. Petrus rafft sich auf, bittet um Erlaubnis, geht auf dem Wasser, sieht die Wellen und bekommt wieder Angst. „Du hast zu wenig Vertrauen", erklärt ihm Jesus. Meinen Sie, dass dies die letzte Gelegenheit war, bei der Petrus Angst bekam?

Hier kommt noch eine wichtige Wahrheit über das Laufen auf dem Wasser: Die Angst wird nie ganz verschwinden! Warum? Weil jeder Schritt aus dem Boot einen Aufbruch in unbekannte Bereiche bedeutet, neue Herausforderungen. Jedes Mal, wenn ich mich dem aussetze, werde ich Angst haben.

> Die Angst wird nie verschwinden. Na, das sind ja tolle Nachrichten! Ja, wirklich, das sind sie, denn jetzt können Sie mit dem verzweifelten Versuch aufhören, die Angst zum Verschwinden zu bringen. Angst und Wachstum gehören zusammen wie Makkaroni und Käse. Es gibt sie nur im Doppelpack. Wenn wir uns zum Wachstum entschließen, dann bedeutet das, dass wir auch immer gleichzeitig eine Entscheidung zwischen Risiko und Bequemlichkeit treffen müssen. Als wahre Nachfolger Jesu müssen wir aufgeben, die Bequemlichkeit als höchstes Ziel unseres Lebens zu sehen. Das sind ziemlich ernüchternde Aussichten für die meisten von uns, weil uns Bequemlichkeit viel wichtiger ist, als wir normalerweise annehmen. Der Theologe Karl Barth meinte, dass Bequemlichkeit der lauteste Sirenengesang unserer Zeit ist.

Wissen Sie, wie der Name des meistverkauften Fernsehsessels in den USA lautet? Er heißt *La-Z-Boy* („Fauler Knabe"). Das macht deutlich, wie wichtig uns Komfort ist. Wir wollen regelrecht in Komfort eintauchen. Wir haben sogar eine eigene Sprache entwickelt, die diesen Bereich unseres Lebens beschreibt. Kennen Sie den Ausdruck „Couch Potatoe"? Er bezeichnet einen Stubenhocker, jemand, der gemüsegleich im wahrsten Sinne des Wortes auf seinem Sofa (oder dem „La-Z-Boy"!) dahinvegetiert.

Die Jünger hätte man als „Boat Potatoes" bezeichnen können, als Boot-Hocker. Zugucken war ganz in Ordnung, aber selbst etwas tun, das wollten sie nicht.

Millionen von Gemeindemitgliedern könnte man heutzutage „Kirchenbank-Potatoes" nennen. Sie möchten den Komfort, der mit ein bisschen wohl dosierter Frömmigkeit verbunden ist, aber das Risiko und die Herausforderung, die es mit sich bringt, wenn man Jesus nachfolgt, das wollen sie nicht. Doch Jesus hält noch immer Ausschau nach Menschen, die bereit sind, aus dem Boot zu steigen. Er sucht nach jemandem, der sagt: „Ich mag eine mickrige Kartoffel sein, aber ich folge dir, Herr!"

Wie wir in diesem Buch sehen werden, können beide Möglichkeiten – Risiko und Bequemlichkeit – zu einer Gewohnheit werden. Jedes Mal, wenn Sie aus dem Boot steigen, steigt die Wahrscheinlichkeit, dass Sie das nächste Mal auch aussteigen. Die Angst wird nicht geringer, aber Sie gewöhnen sich daran, weil Sie merken, dass sie nicht die Macht hat, Sie zu zerstören.

Andererseits wird die Stimme in Ihrem Inneren jedes Mal ein bisschen leiser, wenn Sie nicht auf sie hören und im Boot sitzen bleiben. Und irgendwann hören Sie sie überhaupt nicht mehr.

Wasserläufer betreiben Fehlermanagement

Als er den Wind und die Wellen bemerkte und sich von seiner Angst besiegen ließ, begann Petrus zu sinken. Die Frage ist: Hat Petrus versagt? Bevor ich Ihnen meine Antwort verrate, möchte ich zuerst einmal über das Versagen an sich nachdenken, denn darüber werden wir in diesem Buch noch oft sprechen.

> Versagen ist kein Vorfall, sondern eher unsere *Beurteilung* eines Vorfalls. Versagen passiert uns nicht einfach oder kommt über uns. Es ist die Art, wie wir über Ergebnisse denken.

Bevor Jonas Salk die wirksame Impfung gegen Polio erfand, probierte er 200 andere Möglichkeiten aus, die nicht funktionierten. Jemand fragte ihn einmal: „Wie fühlt es sich an, 200-mal zu versagen?"

„Ich habe noch nie 200-mal versagt", gab Salk zurück. „Das Wort ‚Versagen' ist hier völlig unpassend. Ich habe einfach 200 Wege entdeckt, wie man Polio *nicht* verhindern kann!"

Winston Churchill wurde einmal gefragt, was ihn am besten darauf vorbereitet hatte, sozusagen politischen Selbstmord zu begehen, indem er sich Mitte der 30er Jahre öffentlich gegen Hitler aussprach und Großbritannien in den Krieg gegen Deutschland führte. Churchill sagte, die Grundlagen hierfür habe er gelernt, als er in der Grundschule eine Klasse wiederholen musste.

„Sie meinen, Sie sind sitzen geblieben?", fragte jemand.

„Nein, ich bekam eine zweite Gelegenheit, es besser zu machen", gab Churchill zurück.

Jonas Salk unternahm 200 erfolglose Versuche, einen Impfstoff gegen Polio zu finden. War Jonas Salk ein Versager?

Winston Churchill drehte eine „Ehrenrunde" in der Grundschule. War Winston Churchill ein Versager?

War Petrus ein Versager?

Na ja, in gewisser Weise hat er schon versagt. Sein Glaube war nicht stark genug. Seine Zweifel waren stärker. „Er sah die hohen Wellen." Er wendete seine Augen von Jesus ab, er versank, er scheiterte.

Aber jetzt sage ich Ihnen, was ich *wirklich* denke: Ich denke, die größeren Versager hockten noch im Boot! Sie scheiterten natürlich unauffälliger und nicht ganz so offenkundig. Ihr Versagen wurde nicht bemerkt, nicht beobachtet, nicht kritisiert. Nur Petrus erlebte die Scham des öffentlichen Scheiterns.

> Doch nur Petrus erfuhr auch zwei andere Dinge: Nur er kannte das Gefühl, wie es ist, auf dem Wasser zu laufen. Nur er wusste, wie es war, etwas zu wagen, zu dem man ohne Hilfe nicht fähig war. Das euphorische Gefühl, von Gott ermächtigt zu werden, es tatsächlich zu schaffen! Wenn man einmal auf dem Wasser gegangen ist, vergisst man es nie wieder.

Ich denke, Petrus hat diesen großartigen Moment bis zu seinem Tod im Herzen getragen.

Und nur Petrus erlebte, wie es ist, in einem Moment größter Verzweiflung und Hilflosigkeit von Jesus ergriffen zu werden. Petrus hatte auf besondere Weise erlebt, dass Jesus da war, wenn er sank, und dass Jesus in der Lage war, ihn zu retten. Er hatte ein Glaubenserlebnis, eine Verbindung, ein begründetes Vertrauen auf Jesus, das den anderen fehlte.

Sie hatten es nicht erlebt, weil sie gar nicht erst aus dem Boot gestiegen waren. Und darin liegt das viel größere Versagen.

Wasserläufer betrachten Versagen als Möglichkeit zum Wachstum

Sobald Petrus um Hilfe rief, war Jesus da. Er half Petrus physisch, indem er ihn aus dem Wasser zog. Doch indem er das Problem auf den Punkt brachte, half er Petrus auch zu wachsen: *„Du hast zu wenig Vertrauen! Warum hast du gezweifelt?"*

Ich denke nicht, dass Jesus hier hart oder überkritisch ist. Tatsächlich finde ich sogar, dass diese Stelle ein liebenswertes Detail der Geschichte ist: Jesus kommentiert Petrus' Verhalten, als er mit diesem allein draußen auf dem Wasser ist. Erst danach steigen sie zusammen ins Boot. Vielleicht wollte Jesus wie jeder gute Mentor seinen Schüler nicht vor den anderen kritisieren, als er die Quelle seines Problems offen legte.

Es ist ganz offensichtlich, was diese ist: Ob Petrus auf dem Wasser ging oder versank, hing davon ab, ob er sich auf den Sturm konzentrierte oder auf Jesus. Doch nun verstand er dieses Prinzip viel besser, als er es je begriffen hätte, wenn er nicht aus dem Boot gestiegen wäre. Seine Risikobereitschaft ließ ihn wachsen.

> Noch mehr als unser eigenes Versagen fürchten wir es, *vor anderen* zu versagen. Wenn ich an Petrus' Stelle gewesen wäre, hätte ich bestimmt versucht, irgendwie zu vertuschen, was vorgefallen war. *„Ach ja, es war ganz nett, auf dem Wasser zu gehen. Aber dann wurde mir so warm und ich wollte mich abkühlen ..."*

Versagen und Wachstum sind zwar untrennbar miteinander verbunden, aber das Versagen allein bringt noch kein Wachstum hervor. Es ist die Art, wie wir mit unserem Versagen *umgehen*, die etwas in unserem Leben verändert.

Sir Edmund Hillary startete mehrere erfolglose Versuche, den Mount Everest zu besteigen, bevor es ihm schließlich gelang. Nach einem Fehlversuch stellte er sich zu Füßen des riesigen Berges, schüttelte die Faust und rief: „Ich werde dich schon bezwingen! Denn du kannst nicht mehr größer werden – aber ich wachse noch!"

Jedes Mal, wenn Hillary scheiterte, lernte er dazu. Und eines Tages versagte er nicht mehr.

Wasserläufer lernen, auf den Herrn zu warten

Diese Geschichte vom Risiko ist auch eine Geschichte vom Warten. Die Jünger mussten im Boot ausharren, bis Jesus zu ihnen kam. Selbst dann dauerte es noch eine ganze Weile, bis sie endlich bekamen, was sie eigentlich wollten: Rettung aus dem Sturm. Warum hat Jesus die Wellen nicht beruhigt, *bevor* Petrus aus dem Boot stieg?

Vielleicht, weil die Jünger – so wie wir – Geduld lernen mussten.

> Wir müssen lernen, auf den Herrn zu warten, um die Kraft zu bekommen, auf dem Wasser laufen zu können. Wir müssen warten, bis Gott den Sturm zum Schweigen bringt. Eigentlich ist dieses „Warten auf den Herrn" der schwierigste Teil des Vertrauens. Es geht nicht darum, irgendwie die Zeit totzuschlagen. Es bedeutet, dass ich mich selbst in all meiner Verletzlichkeit in seine Hände lege.

Ich habe schon immer gern geredet. Als ich noch keine zwei Jahre alt war, lernte ich den Part meiner Schwester im Krippenspiel auswendig und wollte ihn auch vortragen (das hat man mir zumindest erzählt, ich kann mich nicht daran erinnern). In Umfragen und Statistiken steht „Reden in der Öffentlichkeit" immer ganz oben auf der Liste der größten Ängste von Menschen, oft sogar noch vor der Angst vor dem Tod. Das konnte ich nie verstehen, denn schon von frühester Kindheit an war es für mich das Größte, vor einer großen Gruppe von Menschen zu reden.

Als ich nach dem Studium schließlich zu predigen begann, bewegte mich dies ganz tief. Ich hatte das Gefühl, dass dies meine Bestimmung sei, ein Teil meiner Berufung.

Eines Sonntags hatte ich ungefähr 10 Minuten gesprochen, als mir plötzlich schrecklich heiß und schwindlig wurde. Das Nächste, woran ich mich erinnere, ist, dass ich auf dem Boden lag und mehrere besorgte Gesichter auf mich herabschauten. Ich war mitten im Gottesdienst bewusstlos zusammengebrochen!

Nachdem ich ein Jahr im Ausland verbracht hatte, kehrte ich in diese Gemeinde zurück. Als ich zum ersten Mal wieder predigen sollte, passierte dasselbe noch einmal: Wieder kippte ich nach zehn Minuten ohnmächtig von der Kanzel!

Pech für mich, dass dies eine Baptistengemeinde war, die keinerlei charismatische Ambitionen hatte. Hier erhielt man keine Anerkennung für solche Aktionen und meine Aussetzer wurden auch nicht als „Ruhen im Geist" interpretiert. Bei den Baptisten ist eine Ohnmacht eine Ohnmacht. Eine Weile hob es die Aufmerksamkeit, so wie ein Unfall bei der Formel 1: Man hofft nicht direkt, dass es passiert, aber wenn, dann will man es auf keinen Fall verpassen.

Für mich war das Ganze eine ausgesprochen schmerzliche Angelegenheit. Ich verstand nicht, warum es geschah. Ich war nach wie vor sicher, dass ich eine Berufung zum Predigen hatte. Aber vielleicht *konnte* ich es gar nicht? Schließlich war es klar, dass jemand kein Prediger sein kann, der regelmäßig von der Kanzel kippt. Das macht einfach die Zuhörer nervös.

Wohlmeinende Menschen gaben mir alle möglichen Ratschläge. „Du musst dich einfach mehr um Entspannung bemühen." (Wiedersprechen sich die Begriffe „Entspannung" und „bemühen" nicht irgendwie?)

Ich war in diesem Sommer sehr oft als Prediger eingeplant. Der Hauptpastor der Gemeinde bot mir an, mich eine Weile freizustellen und mich zu vertreten. Aber tief in mir wusste ich, dass es nicht besser werden würde, wenn ich mich nicht am darauf folgenden Sonntag auf die Kanzel stellte. Ich bat Gott, mir die Angst davor zu nehmen, dass es wieder geschah. Er tat es nicht. Mir fiel eine Passage aus Jesaja ein: „Selbst junge Leute werden kraftlos, die Stärksten erlahmen. Aber alle, die auf den Herrn vertrauen, bekommen immer neue Kraft, es wachsen ihnen Flügel wie dem Adler. Sie laufen und werden nicht müde, sie gehen und brechen nicht zusammen" (Jes 40,30–31).

Also stand ich auf und predigte. Es war keine besonders tolle Predigt, obwohl die Gemeinde geradezu alarmierend aufmerksam war. Jeden Sonntag bringen Tausende von Pastoren bewegendere Predigten zu Stande. Aber ich brachte sie zu Ende und das war mein ganz persönlicher Triumph.

Ich begann, etwas über das „Warten auf den Herrn" zu lernen. Es ist jetzt 16 Jahre her, dass ich das letzte Mal während einer Predigt ohnmächtig wurde, aber ab und zu erlebe ich immer noch, wie es sich anfühlt, so nervös zu sein, dass man beinahe umkippt. Es fühlt sich immer noch schrecklich an, daran zu denken, und ich warte immer noch darauf, dass ich es nicht mehr unbewusst erwarte – dass der Sturm sich endlich legt. Diese Erfahrung erinnert mich ständig an meine eigene Abhängigkeit und Schwäche. Und jedes Mal, wenn ich predige, ist das auch eine Übung darin, „auf den Herrn zu warten".

Aber wenn ich nicht predigen würde, würde ich dieses wunderbare Gefühl verpassen, das zu tun, zu dem Gott mich berufen hat. Ich würde dem nicht treu sein, was ich glaube und fühle. Und so lerne ich Geduld ...

Auf dem Wasser zu gehen bringt eine engere Verbindung mit Gott

Jesus sucht noch immer Leute, die bereit sind, aus dem Boot zu steigen. Warum dieses Risiko eingehen? Ich denke, dafür gibt es mehrere Gründe:

- Es ist der einzige Weg zu wirklichem Wachstum.
- Es ist der Weg, auf dem sich wahrer Glaube entwickelt.
- Es ist die Alternative zu Langeweile und Stagnation, die schließlich zum geistlichen Tod führen.
- Es ist ein Teil des Prozesses, Ihre Berufung zu entdecken und zu entwickeln.

Viele gute Gründe, um das Boot zu verlassen. Aber es gibt einen, der sie alle übertrifft: Das Wasser ist da, wo Jesus sich aufhält! Es mag dunkel, nass und gefährlich sein. Aber Jesus ist nicht im Boot. Der Hauptgrund, warum Petrus das Boot verlassen hatte, war die Tatsache, dass er bei Jesus sein wollte. Matthäus betont dies, indem er schreibt: „Herr, wenn du es wirklich bist, dann befiehl mir, auf dem Wasser *zu dir* zu kommen!" Petrus verließ das Boot und ging auf dem Wasser *auf Jesus zu*.

Weil Petrus das tat, bekamen seine Freunde und er ein tieferes Verständnis ihres Meisters als je zuvor. Sie erkannten deutlicher als bisher, dass sie ihr Schicksal beruhigt in seine Hände legen konnten. Sie begriffen, dass der Mann, der kurz darauf in ihrem Boot saß, der Einzige war, der auf den Wellen gehen und den Sturm stillen konnte. Und sie beteten ihn an.

Wie sieht das bei Ihnen aus? Wann sind Sie zum letzten Mal aus dem Boot geklettert?

Ich glaube, wenn Gott in uns einen tiefen, abenteuerlustigen Glauben wecken will, dann tut er dies, indem er uns bittet, aus dem

Boot zu steigen. Natürlich spricht Gott uns auch durch eine tolle Predigt oder ein gutes Buch an, aber Gott benutzt vor allem die Herausforderungen des Lebens, um unser Vertrauen in ihn zu stärken.

Wir neigen dazu, immer den bequemsten Weg zu wählen. Wir versuchen, uns ein sozusagen „managebares" Leben aufzubauen, das mit ein paar Versicherungen und Vorhersehbarkeiten gepflastert ist, um so die Illusion aufrechtzuerhalten, dass wir alles unter Kontrolle haben.

Dann „geht Gott vorüber" und erschüttert alles. Der Aufruf, aus dem Boot zu steigen, beinhaltet oft Krisen, Gelegenheiten, Versagen, Angst, manchmal Leid und immer die Berufung zu einer Aufgabe, die unsere eigenen Fähigkeiten eigentlich ein bisschen übersteigt. Doch es gibt keinen anderen Weg, um im Glauben zu wachsen und immer stärker ein Partner Gottes zu werden.

Vielleicht gab es eine Zeit in Ihrem Leben, in der Sie oft auf dem Wasser gegangen sind. Eine Zeit, in der Ihr Herz dem von Petrus glich: „Befiehl mir, auf dem Wasser zu dir zu kommen!" Eine Zeit, in der Sie Ihren Glauben nicht für sich behalten konnten, selbst wenn Sie eine Menge Ablehnung ernteten. In der Sie dienten und schenkten, auch wenn es keinen Dank dafür gab. Manchmal versanken Sie; manchmal hoben Sie ab. Sie lebten mitten im Glauben.

Vielleicht sind Sie schon lange nicht mehr aus dem Boot gestiegen. Vielleicht haben Sie ein besonders schönes Boot mit gepolsterten Liegestühlen und Stabilisatoren, sodass Ihnen nie schlecht wird. Es ist ziemlich bequem auf diesem Boot.

Doch Jesus geht vorüber! Er sucht immer noch Menschen, die bereit sind, die Bequemlichkeit ihres Bootes zu verlassen. Ich weiß nicht, was dies für Sie speziell bedeutet. Aber wenn Sie aus dem Boot steigen – was auch immer Ihr „Boot" ist –, dann bekommen Sie sicher einige Probleme. Draußen tobt ein Sturm und Ihr Glaube ist nicht vollkommen. Wenn Sie Risiken auf sich nehmen, birgt dies immer auch die Gefahr des Versagens. Aber *wenn* Sie aussteigen, werden zwei Dinge passieren. Erstens: Wenn Sie versagen – und Sie *werden* manchmal versagen –, wird Jesus da sein, um Sie hochzuziehen. Sie werden nicht allein sein. Er kann und wird Sie retten.

Zweitens: Immer mal wieder werden Sie ein paar wundervolle, unbeschreibliche Schritte auf dem Wasser gehen.

Tun Sie etwas Religiöses!

Steigen Sie aus dem Boot!

Steigen Sie aus dem Boot

1. Was ist Ihr „Boot"? Wo hält Sie Angst oder Bequemlichkeit davon ab, Gott zu vertrauen?
2. Auf welchem Gebiet brauchen Sie ein gutes Unterscheidungsvermögen, um festzustellen, ob Sie wirklich zum „Aussteigen" berufen sind?
3. Was ist ein Risiko, das Sie eingehen könnten, um Ihren Glauben zu „düngen"?
   - Sich in einer schwierigen Diskussion für einen wichtigen Standpunkt einsetzen.
   - Zuneigung ausdrücken, auch wenn Ihnen dies schwer fällt.
   - Eine Herausforderung annehmen, die Ihren Horizont erweitern wird?
4. Welches Scheitern aus der Vergangenheit verfolgt Sie? Welchem Freund können Sie davon erzählen, damit dieses Ereignis seine Macht über Sie verliert?
5. Wo befinden Sie sich gerade in Ihrer Beziehung zu Jesus?
   - In einer Ecke des Bootes zusammengekauert, mit einer Rettungsweste um den Körper.
   - Ein Bein über dem Bootsrand, eines noch drinnen.
   - Ich gehe auf dem Wasser – und es ist toll!
   - Ich bin aus dem Boot gestiegen, aber der Sturm sieht übel aus ...

Kapitel 2

*„Petrus verließ das Boot und ging
auf dem Wasser auf Jesus zu"*
(Mt 14,29).

Boot-Hocker

*Solch elend Leben müssen
Die trüben Seelen jener Menschen führen,
Die ohne Lob und ohne Schande lebten.
Vermischt sind sie mit jenem bösen Chore
Der Engel, die einst, weder abgefallen
Von Gott, noch ihm getreu, allein gestanden.*
Dante Alighieri[1]

Einige Zeit nach dem Tod meiner Großmutter väterlicherseits machte mein Großvater meiner Mutter ein ungewöhnliches Angebot.

„Kathy", sagte er mit seinem schwedischen Akzent, „ich habe die Sachen von Florence durchgesehen und dabei eine Kiste mit altem Geschirr entdeckt. Eigentlich wollte ich es wegwerfen, aber dann habe ich gesehen, dass es blau ist. Das ist doch deine Lieblingsfarbe. Sieh dir das Zeug doch mal an, vielleicht willst du es ja haben. Sonst gebe ich es der Heilsarmee."

Meine Mutter fuhr zu ihm und erwartete alten Plunder. Doch als sie die Kiste öffnete, erblickte sie das schönste Porzellanservice, das sie je gesehen hatte. Das Geschirr war in einer bayrischen Manufaktur handgefertigt worden, die im Zweiten Weltkrieg zerstört wurde, daher war es auch noch unschätzbar wertvoll.

Meine Mutter war seit 20 Jahren Mitglied der Familie, doch dieses Service hatte sie noch nie gesehen und auch ihr Großvater hatte nicht gewusst, dass seine Frau so etwas besaß.

Von einem älteren Familienmitglied erfuhren sie schließlich die Geschichte des Porzellans. Als Florence noch sehr jung gewesen war, hatte sie das Geschirr Teller für Teller und Tasse für Tasse über die Jahre als Aussteuer geschenkt bekommen. Die Familie war nicht sehr wohlhabend und es war ein ausgesprochen teures Porzellan. Zu jedem Fest – Geburtstag, Konfirmation, Schulabschluss – bekam Florence ein Stück.

Warum haben meine Eltern es nie zu Gesicht bekommen? Dazu muss man den Charakter des Schweden an sich näher beleuchten. Wir sind ein vorsichtiger Menschenschlag und neigen nicht zu Verschwendung. Zum Beispiel wohnten zwei meiner Großtanten 80 Jahre lang in einem schönen viktorianischen Haus, das mein Urgroßvater im 19. Jahrhundert gebaut hatte. Der prächtigste Raum im ganzen Haus war ein Zimmer, das eigens für ganz besondere Gäste reserviert war. Doch da niemals ein Gast ins Haus kam, der „besonders" genug für dieses Zimmer war, wurde es nie benutzt.

Wann immer Florence ein weiteres Teil des Geschirrs bekam, wickelte sie es sorgfältig in weiche Tücher, denn es war ja so wertvoll und hätte bei Benutzung zerbrechen können. Sie verstaute es in der Kiste und stellte diese auf den Dachboden – für besondere Gelegenheiten. Doch auch in ihrem Leben kam nie eine Gelegenheit, die „besonders" genug gewesen wäre. Und so benutzte meine Großmutter das schönste und wertvollste Geschenk, das sie besaß, nicht ein einziges Mal.

Meine Mutter erbte also das Porzellan, und sie benutzte es – zu jeder passenden und unpassenden Gelegenheit! Endlich wurde das Geschirr aus seiner Kiste befreit und zu dem eingesetzt, wozu es gemacht wurde.

Zwei Möglichkeiten

Jedes Mal, wenn man ein Geschenk bekommt, hat man zwei Möglichkeiten, damit umzugehen. Zum einen, dass man sich sagt: „Dieses Geschenk ist so wertvoll, dass ich es nie verwenden sollte." Diejenigen, die so reagieren, wissen sehr gut, dass es immer ein Risiko birgt, das Geschenk aus der Kiste zu nehmen und zu benutzen. Vielleicht passiert etwas Unvorhergesehenes. Vielleicht geht jemand unsachgemäß damit um. Vielleicht wird es nicht so geschätzt, wie wir uns das wünschen. Vielleicht geht es sogar kaputt. Auf jeden Fall ist es riskant!

Die zweite Möglichkeit ist folgende Überlegung: „Dieses Geschenk ist so wertvoll, dass es *unbedingt* eingesetzt werden sollte!" Diejenigen, die das denken, begreifen, dass das Geschenk nie seiner Bestimmung gerecht wird, wenn es nicht aus der Kiste genommen wird. Damit würde man das ignorieren, was der Schenkende damit im Sinn gehabt hat. Es gibt wenig, das tragischer ist als ein nicht geöffnetes Geschenk!

Vielleicht haben Sie auch ein Geschenk bekommen. Wir werden im nächsten Kapitel darüber sprechen, wie Sie die Kiste öffnen können, um zu sehen, was drin ist – zu entdecken, womit Gott Sie begabt hat und wozu Sie berufen sind. Doch jetzt möchte ich Sie dazu einladen, eine mutige Selbstanalyse vorzunehmen. Zusammen mit Ihrem Geschenk haben Sie auch die Wahlmöglichkeit bekommen – werden Sie es aufmachen und benutzen oder nicht?

Petrus wählte die zweite Alternative. Dale Brunner schreibt: „Es ist wichtig zu sehen, dass Petrus Jesus nicht um ein *Versprechen* bat – zum Beispiel: ‚Versprich mir, dass ich nicht untergehen werde!' Er forderte keine Garantie dafür, dass er nicht untergehen würde. Er wollte einen *Befehl*: ‚Herr, wenn du es bist, dann befiehl mir, auf dem Wasser zu dir zu kommen.'"[2]

> Die Jünger, die im Boot blieben, waren wie meine Großmutter Anhänger der ersten Möglichkeit. Sie wollten nicht riskieren, zu versagen oder Wasser zu schlucken. Sicherheit war ihnen wichtiger als Wachstum. Der Herr wollte „an ihnen vorüberziehen" und ihnen ein Stück seiner Herrlichkeit zeigen. Doch sie wollten das Abenteuer lieber von der Seitenlinie aus beobachten. Sie wollten, dass er einfach nur an ihnen vorbeiging. Ich denke, sie stehen für all diejenigen, die keinen Marschbefehl wollen, sondern ein Versprechen; keine Mission, sondern eine Garantie.

Ihnen war durchaus klar, was es kosten würde, aus dem Boot zu steigen. Die Gefahr der Blamage war ihnen nur allzu bewusst; auch die Möglichkeit, dass sie dabei sterben würden.

Aber was ihnen nicht so deutlich vor Augen stand, war ein anderer Preis – der Preis, den es sie kosten würde, wenn sie im Boot sitzen blieben!

Der hohe Preis eines Lebens als Boot-Hocker

Wenn ich ein einziges Wort hätte, um den Preis zu beschreiben, den es kostet, wenn man ein Leben als Boot-Hocker zubringt, dann stünde auf dem Preisschild „Wachstum".

Im Grunde gibt es wenige Dinge, die so anziehend auf uns wirken wie der Gedanke voranzukommen. Wir sind zum Wachsen geboren, und wir lieben es, uns weiterzuentwickeln. Wir pflanzen Gärten an, forsten Wälder wieder auf, freuen uns an den ersten Krokussen im Frühling ... das Wunder das Wachstums fasziniert uns!

Ist es nicht toll zu beobachten, wie Kinder wachsen? Unsere erste Tochter verdreifachte ihr Gewicht innerhalb ihres ersten Lebensjahres. Ich habe das mal ausgerechnet – wenn sie so weitergemacht hätte, hätte sie mit 4 Jahren 486 Pfund gewogen!

Denken Sie an die Aufregung von Eltern, deren Kind sein erstes Wort spricht. Gestern konnte es nur brabbeln und weinen – heute gehört es zur Riege derer, die sprechen können! Seine Eltern sind begeistert. Zwar werden sie das in Zukunft manchmal bereuen, wenn es Schimpfworte benutzt, aber heute freuen sie sich. Sie beobachten das Wunder des Wachstums!

Denken Sie an das gute Gefühl eines Firmenchefs, dessen Unternehmen gesunde Wachstumszahlen aufweist, sein Geschäftsfeld ausdehnt und den Gewinn steigert. Das Wunder des Wachstums!

Sehen Sie die ekstatische Freude eines Jugendlichen, der seine Führerscheinprüfung bestanden hat. Gestern war er noch Fußgänger oder Radfahrer. Heute ist er eine Gefahr für die anderen Verkehrsteilnehmer. Wie wunderbar – er entwickelt sich weiter!

Auf der anderen Seite gibt es wenige Dinge, die trauriger sind als Stagnation.

Denken Sie an eine Ehe, die voller Hoffnungen und Träume geschlossen wurde und sich nun auf einem Level eingependelt hat, wo die Gefühle verblasst sind und die Dinge sich festgefahren haben. Statt das Problem anzupacken, dem Schmerz in die Augen zu sehen und sich Hilfe zu suchen, findet sich das Paar mit der Mittelmäßigkeit ab und lebt als „vertraute Fremde" zusammen.

Stellen Sie sich einen Mann mittleren Alters vor, der seine Abende vor dem Fernseher verbringt. Er hatte einmal große Pläne für die Zukunft und viele Träume und Sehnsüchte dafür, was er in seinem Leben erreichen wollte. Doch irgendwo auf dem Weg ist ihm der Brennstoff ausgegangen und er hat sich für den bequemen Weg entschieden. Seine Träume hat er einem La-Z-Boy und flackernden Bildern aus der Bildröhre geopfert. Er ist die Verkörperung von ungenutztem Potenzial.

> Dies ist der Weg, der zum Stillstand führt – nicht genutzte Möglichkeiten, unerfüllte Träume. Er führt schließlich zu dem Gefühl, dass ich gar nicht *mein* Leben lebe; das Leben, das ich eigentlich führen sollte. Er führt zu Langeweile, zu dem, was Gregg Levoy die „gewöhnliche Erkältung der Seele" nennt.[3]

Zu sündhaften Verhaltensmustern, die nie aufgedeckt und geändert werden. Zu Fähigkeiten und Begabungen, die nie weiterentwickelt und eingesetzt werden. Wochen und Monate lang. Monate werden zu Jahren, und eines Tages schauen Sie zurück auf ein Leben voller tief gehender, intensiver, magenverdrehend ehrlicher Gespräche – die Sie nie geführt haben. Voller großartiger, mutiger Gebete – die Sie nie ausgesprochen haben. Risiken und Abenteuer – die Sie nie eingegangen sind. Opfer – die Sie nie gebracht haben. Leben – die Sie nie berührt haben. Und Sie sitzen in einem Fernsehsessel und Ihre Seele ist verschrumpelt. Ihre Träume vergessen. Und Sie begreifen plötzlich, dass es da draußen eine Welt voller verzweifelter Nöte gab und einen Gott, der Sie zu etwas Höherem berufen hat ...

Sie sehen die Person, die Sie hätten werden können, aber nie geworden sind. Sie sind Ihrer Berufung nicht gefolgt. Sie sind nie aus dem Boot gestiegen ...

Die Tragödie eines ungeöffneten Geschenks.

Garrison Keillor erzählt eine Geschichte, die „Ein Tag im Leben des Clarence Bunsen" heißt.[4] Sie handelt von einem älteren Herrn, der eines Tages merkt, dass sein Leben an ihm vorübergeglitten ist und dass ihm etwas fehlt. Daraufhin geht Clarence zu Pater Emil, einem katholischen Priester. Normalerweise ist Clarence evangelisch, doch er möchte eine zweite Meinung einholen. Aber das Gespräch hilft ihm nicht weiter, und so steigt er auf den Hügel, auf dem er als Kind mit seinen Freunden gespielt hat.

Während er über sein Leben nachdenkt, hört er sich nähernde Kinderstimmen. Aus irgendeinem Grund rennt er ihnen voraus und klettert auf einen Baum, den er noch aus seiner eigenen Kindheit kennt. Die Kinder kommen heran und merken, dass jemand da ist. Sie sehen sich um, kommen aber nicht auf die Idee, nach oben zu schauen. Clarence weiß genau: Wenn er jetzt einen Ton sagt, werden sie vor Schreck weglaufen. Er beobachtet sie und fühlt sich so lebendig wie schon lange nicht mehr. Er denkt bei sich: *Ich wünschte, ich wäre auch noch so. Ich scheine mit geschlossenen Augen und tauben Ohren durchs Leben zu gehen. Die Menschen reden mit mir und ich höre sie nicht einmal. Ganze Tage ziehen vorbei, und ich weiß nicht mehr, was in ihnen geschehen ist. Die Frau, mit der ich seit 36 Jahren zusammenlebe, könnte ich spontan gar nicht beschreiben. Ich habe mein halbes Leben damit verbracht, darauf zu warten, dass mein Leben beginnt. Es war irgendwie immer in der Zukunft ... doch jetzt denke ich die ganze Zeit an den Tod. Es ist höchste Zeit, dass ich anfange zu leben, aufzuwachen und etwas zu tun!*

Die Tragödie eines ungeöffneten Geschenks ist genau das: *Ich habe mein halbes Leben damit verbracht, darauf zu warten, dass mein Leben beginnt. Es war irgendwie immer in der Zukunft ...* Thoreau hat es so formuliert: „Ich wollte nicht *das* leben, was nicht Leben war [...]. Ich wollte tief leben, alles Mark des Lebens aussaugen ..."[5]

Als Weckruf an alle potenziellen Boot-Hocker erzählte Jesus einmal eine Geschichte über einen Chef und seine drei Angestellten. Jedem von ihnen wurde eine großartige Chance gegeben. Wie

Florence. Wie Petrus. Wie Ihnen und mir. Gott wollte an ihnen vorüberziehen, und jeder von ihnen musste entscheiden, wie er darauf reagieren wollte.

Jesus lehrt uns drei Prinzipien über Gott und die Gelegenheiten, die er uns bietet. Und wenn wir das Geschenk annehmen wollen, müssen wir sie begreifen.

Gott ist der Herr über das Geschenk

In der damaligen Zeit gab es noch keine Großkonzerne wie heute. Der Reichtum konzentrierte sich auf einige wenige Einzelpersonen.

Dies ist die Geschichte von einer solchen Person. Der „Chef" versammelt seine drei wichtigsten Mitarbeiter um sich und vertraut ihnen seinen Besitz an (vgl. Mt 25,14 ff.).

Jesus spricht über riesige Geldsummen. Der Chef gibt dem ersten Mitarbeiter 5 „Talente", dem zweiten zwei und dem dritten eines. Ein „Talent" stand für eine Summe etwa in der Höhe von 15 Jahresgehältern. In dieser Zeit lebten die Menschen von einem Tag auf den nächsten und so viel Geld bedeutete enormen Reichtum.

Die Zahlen, mit denen Jesus hier um sich warf, waren also für damalige Verhältnisse atemberaubend. Der Chef war sozusagen der Bill Gates seiner Gegend. Ein Mann mit einem solchen Vermögen hatte sicher mehr als nur drei Angestellte, also können wir davon ausgehen, dass diese drei eine besondere Position innehatten. Der Chef ging fort und ließ sein Vermögen in ihren Händen.

Kenneth Bailey schreibt in seiner großartigen Auslegung dieses Gleichnisses, dass dem ersten Angestellten wohl dämmerte, dass sich ihm eine unglaubliche Chance bot. Sie alle hatten die einmalige Möglichkeit, Initiative zu zeigen, weise abzuwägen, ihre wirtschaftlichen Fähigkeiten einzusetzen und vielleicht später zu noch größerer Verantwortung aufzusteigen. Vielleicht gab es sogar die Möglichkeit einer Gewinnbeteiligung.[6]

Dies war ein großer Vertrauensbeweis und äußerst großzügig von ihrem Chef. Er gab ihnen die Chance ihres Lebens, und zwar sowohl im Hinblick auf ihre Berufung als auch finanziell. Ein entscheidender Moment.

Was werden sie tun? Die Chance seines Lebens nimmt man ja nicht auf die leichte Schulter.

Als Nancy und ich heirateten, befand ich mich noch mitten in der Ausbildung. Ich wollte die Hochzeitsreise meiner Träume machen – nach Hawaii. Doch weil ich vergleichsweise große finanzielle Verbindlichkeiten und ein geringes Einkommen (ich arbeitete Teilzeit in einer Baptistengemeinde) hatte, wusste ich nicht, wie ich das nötige Geld aufbringen sollte.

Die einzige Möglichkeit, die mir einfiel, war ein Fernsehquiz. Also meldete ich mich an und wurde tatsächlich zu einer Show eingeladen, die den unglaublichen Namen „Tic-Tac-Dough" trug (frei übersetzt „Achtung-Fertig-Moos"). Es war ein einfaches Konzept: Man musste Fragen aus einer willkürlich gewählten Kategorie beantworten. Wenn die Antwort richtig war, erhöhte sich der Gewinnbetrag. Doch die letzten Male hatten die Kandidaten zum Schluss alles wieder verloren, sodass sich inzwischen eine große Summe im Jackpot befand.

Mein Gegenspieler war ein gepflegt aussehender Anwalt, der so gebräunt war, dass Roberto Blanco neben ihm wie ein Albino ausgesehen hätte. Er lebte in einem Strandhaus in Santa Monica und hatte schon in so vielen Quizsendungen gewonnen, dass es nicht mehr feierlich war. Ich war ein angehender Pastor und rechnete mir gute Chancen aus, dass Gott auf meiner Seite stand.

Schließlich konnte der Gebräunte eine Frage nicht beantworten. Ich brauchte nur eine einzige richtige Antwort, um zu mehr Geld zu kommen, als ich je gesehen hatte.

Gespannt wartete ich, welche Kategorie drankäme. Mein zukünftiges Eheglück stand auf dem Spiel! Ich konnte nur hoffen, dass es etwas war, womit ich mich auskannte. Die Bibel vielleicht.

Es war die Kategorie „Alkoholische Mixgetränke".

Die Frage lautete: „Welcher Drink wird aus zwei Schuss Scotch und einem halben Schuss süßen Wermut gemixt?"

Ich entgegnete: „Ich bin Baptistenpastor. Wenn ich falsch antworte, habe ich ein Problem; wenn ich richtig antworte, auch!"

Unsere Hochzeitsreise führte Nancy und mich nach Wisconsin. Ich hatte die Chance meines Lebens gehabt und sie in den Sand gesetzt.

Jesus erzählte das Gleichnis von den geliehenen Talenten, weil der Herr der Gaben auch uns die Chance unseres Lebens bietet. Bisher hatten die Angestellten einfach seine Anordnungen umgesetzt. Ihr Leben war Routine, vorhersehbar und sicher. Sie hatten wenig Verantwortung, wenig Ressourcen und ein begrenztes Maß an Macht. Doch mit einem einzigen Akt veränderte der Chef für immer ihr Schicksal. Wenn ich mir vorstelle, was der erste Angestellte dachte, könnte es ungefähr so gewesen sein: *Ich hatte gedacht, mein ganzes Leben wäre zur Routine verdammt. Sicher, ich hatte Träume, doch ich konnte sie nicht Wirklichkeit werden lassen; Leidenschaften, denen ich nicht folgen konnte; Talente, die ich nicht ausüben konnte. Ich war nie in der Lage, Pläne zu machen, Risiken einzugehen oder die Initiative zu ergreifen. Mein Leben war bequem. Ich musste nie den Hungertod fürchten, doch ich sehnte mich nach mehr. Ich wollte etwas bewirken!*

Und gerade als ich die Hoffnung ganz fahren lassen wollte, tat der Chef etwas Unerhörtes. Er rief mich zu sich, sah mich mit diesem Funkeln in den Augen an und vertraute mir einen großen Teil seines Wohlstands an. Ich kann gar nicht fassen, dass er so viel Vertrauen in mich hat. Ich kann nicht fassen, dass ich diese Chance bekomme!

Dem ersten Angestellten wurde klar, dass er das kostbare Porzellan benutzen durfte. Er erhielt die Chance seines Lebens. Gewann das Millionenquiz. Das erklärt ein wichtiges Detail in der Geschichte: Jesus sagt, dass der erste Angestellte „sofort" reagierte. Ihm war klar, dass es äußerst dumm wäre, irgendetwas dazwischenkommen zu lassen. Er reagierte sofort, weil allein der Gedanke daran, diese Chance zu vertun, absolut unerträglich für ihn war. Wenn jemand Ihnen einen Platz in der ersten Reihe bei einem Konzert von U2 oder den drei Tenören anbietet, zögern Sie auch nicht lange. Wenn das Telefon klingelt, Julia Roberts ist am anderen Ende und fragt, ob Sie mit ihr ausgehen wollen, dann haken Sie nicht nach, ob sie sich vielleicht verwählt hat. Sie sagen einfach Ja. Und zwar schnell! Und genau das tat auch der Angestellte. Er packte die Gelegenheit beim Schopf, bevor sein Chef es sich noch anders überlegen konnte.

Dieses „sofort" ist nicht nur ein chronologisches Detail, sondern auch eine Aussage bezüglich der Anerkennung der Realität. Der erste Angestellte erkannte, dass er eine solche Chance kein zweites Mal in seinem Leben bekommen würde. Er beschloss also, dass er diese Chance nutzen wollte, komme, was wolle. Er würde sich nicht ablenken oder stören lassen.

Jesus macht deutlich, dass es bei jedem so sein wird, der das ergreift, was Gott ihm anbietet.

Dieser Teil der Geschichte birgt viele wichtige Hinweise. Der Herr der Gaben hat seinen Besitz Ihnen und mir anvertraut. Jeder Mensch hat Talente von ihm bekommen. Das Leben ist keine Geschichte, in der einige Menschen beschenkt werden und andere nicht. Wir alle sind von Gott berufen. Wir alle haben bestimmte Gaben erhalten und sind aufgerufen, diese einzusetzen. Jedes Talent wurde vom Meister persönlich ausgewählt und vergeben. Vielleicht mag ich meine Talente, vielleicht auch nicht. Ich kann mich damit quälen, etwas zu wollen, was andere haben, doch das wird mir nicht gut tun. Niemand entscheidet über seine Begabungen selbst. Ich kann mir meine Gene nicht aussuchen, genauso wenig wie meine Familie. Der Meister wählt aus.

Wenn Sie verstehen lernen wollen, was mit „Talente" gemeint ist, dann ersetzen Sie diesen Begriff durch Bereiche Ihres Lebens: Ihren Verstand, Ihre Fähigkeiten, Ihre geistlichen Gaben, Ihren Körper, Ihr Geld, Ihren Willen. Tatsächlich können wir aus dieser Geschichte neu lernen, was der Begriff „Talent" bedeutet.

Der Herr der Talente war sehr großzügig. Es gibt keine unbegabten Leute in dieser Geschichte. Und nicht nur das, Gott selbst bietet uns eine Partnerschaft an. Er wird Ihnen mit Rat und Tat zur Seite stehen, wenn Sie Weisheit und Ermutigung brauchen. Er richtet Sie auf, wenn Sie stolpern, und zieht Sie hoch, wenn Sie sinken. Er vergibt Ihnen, wenn Sie vom Weg abkommen. Er selbst ist das beste Geschenk von allen!

Alle Menschen, Sie und ich eingeschlossen, widmen ihr Leben etwas oder jemandem. Zwischen heute und dem letzten Tag Ihres Daseins werden Sie Ihr Leben für etwas eingesetzt haben. Die Frage ist nur, wofür? Wird es die Sache wert sein? Und: Schätzen Sie das, was der Herr der Talente Ihnen anvertraut hat!

Ich möchte jeden von Ihnen jetzt ganz persönlich ansprechen: Reagieren Sie sofort!

Die Chance, die Sie jetzt haben, um Ihre Begabungen, Talente und Fähigkeiten für Gott einzusetzen, ist einmalig. Sie wird Ihnen entgleiten, wenn Sie nicht sehr gut aufpassen. Die richtige Zeit, um darauf zu reagieren und aktiv zu werden, ist genau jetzt!

Der dritte Angestellte in dem Gleichnis vergab die Gelegenheit. Er nahm das größte Geschenk seines Lebens und vergrub es in einem Acker. Warum tat er so etwas? Was bringt einen Menschen dazu, eine solche Chance in den Sand zu setzen?

Ich kann es mir lebhaft vorstellen, denn ich habe viel von dem dritten Angestellten in mir. Ich kann mich zum Beispiel noch gut daran erinnern, wie ein Klassenkamerad mir einmal vorsichtig mitteilte, dass eine meiner Eigenschaften unsere Freundschaft sehr schwierig für ihn machte. Es tat mir so weh, das zu hören, dass ich seine Kritik nicht annahm und mir Hilfe suchte, um mich zu verändern, sondern mich einfach aus der Freundschaft zurückzog. Meine innere Einstellung lässt sich umschreiben mit: „Ich werde jetzt sehr höflich und distanziert zu dir sein und hoffe, dass es dir Leid tut, das Thema angeschnitten zu haben!"

Ich habe einen guten Freund verloren – und eine Chance zum Wachstum. Weil ich nicht wirklich die Wahrheit über mich wissen wollte, sondern sie lieber vergraben habe wie der dritte Angestellte seine Talente.

Er ist der Herr der ausgeglichenen Konten

Dies bringt uns zu einer zweiten Wahrheit über den Meister. Scheinbar hatte der dritte Angestellte eine sehr wichtige Tatsache vergessen. Ihm war entfallen, dass der Herr der Gaben zurückkommen würde. Doch der Tag kam! „Nach langer Zeit kam der Herr zurück und wollte mit seinen Dienern abrechnen."

> Wir Menschen haben diese seltsame Neigung zu denken, wir könnten uns vor den Konsequenzen unseres Handelns drücken oder uns irgendwie aus der Situation herauswinden. Haben Sie schon einmal versucht, einen Verkehrspolizisten davon abzuhalten, dass er Ihnen einen Strafzettel verpasst („Wirk-

> lich, Herr Wachtmeister, der Tacho war kaputt!")?
> Je probiert, Ihr Zuspätkommen mit einer lahmen Ausrede zu entschuldigen?

Diese Tendenz lässt sich schon früh im Leben feststellen. Vor einigen Jahren hatte unser Sohn, der damals 8 Jahre war, einen schlechten Tag, und es war abzusehen, dass er Ärger bekommen würde. Ich warnte ihn, dass er sich bald beruhigen müsse, weil ihm sonst gewisse Konsequenzen drohten, die die Verfügbarkeit von Mister Nintendo einschlossen. Dann kam der nächste Ausraster von ihm.

„Okay", sagte ich. „Du weißt ja, was das bedeutet."

Und da zog der kleine Kerl einen Geldschein aus der Tasche, wedelte damit vor meiner Nase herum und sagte: „Vielleicht kann das ja deine Meinung ändern?"

Es gibt einen, vor dem wir alle einmal stehen werden. Er ist liebevoll, heilig, gnädig und gerecht, aber er möchte auch, dass wir begreifen, dass wir ihm eines Tages Rechenschaft über unser Leben ablegen müssen. Wir werden uns vor seinem Thron nicht irgendwie durchmogeln können und ganz sicher ist er nicht bestechlich!

Es ist wirklich faszinierend, wie leicht wir das vergessen. Viele Menschen schieben ihre Ignoranz auf äußere Umstände:

- „Ich würde meine Talente ja fördern, aber ich habe einen Chef, der jede Initiative ausbremst."
- „Ich würde mir einen anderen Job suchen, aber ich brauche das Geld/die Sicherheit/die Vertrautheit von dem, den ich gerade habe."
- „Ich würde mir mehr Intimität in meiner Ehe zutrauen, aber mein Partner hat kein Interesse daran."
- „Ich würde mich stärker meinem geistlichen Wachstum widmen, aber ich habe einfach nicht genug Zeit."
- „Ich hätte schon längst mehr von meinem Potenzial erreicht, aber ich hatte nie jemanden, der mich gefördert hätte."

Dieses Spielchen nennt Susan Jeffers das „Wenn-dann-Spiel"[7]:

- „Wenn ich es mir zutraue, dann versuche ich mal, diese Gabe einzusetzen."
- „Wenn mein Chef mich mehr unterstützt, dann mache ich auch mehr."
- „Wenn mein Partner kooperativer ist, dann arbeite ich auch an meiner Einstellung."

Und so warten wir unser ganzes Leben lang auf ein „Wenn", das nie kommt. Ich habe eine Gabe bekommen. Vielleicht mag ich sie nicht besonders, aber sie ist *meine* Gabe. Sie ist alles, was ich habe, und ich habe sie aus einem bestimmten Grund bekommen.

Der Herr kommt zurück. Er wird abrechnen – mit Direktoren, Präsidenten, Fernsehmoderatoren, Eltern, Elektroingenieuren, Lehrern, Bäckern, Ihnen und mir.

Er wird fragen: „Was hast du mit dem gemacht, das ich dir anvertraut habe?"

Er wird nicht Ihren Chef danach fragen oder Ihren Partner oder Ihre Eltern, Freunde oder Kinder – sondern Sie!

Das hatte der dritte Angestellte vergessen, was wohl erklärt, warum er seine Gabe mit so wenig Skrupeln einfach vergraben konnte. Jesus warnt uns hier vor dem Hauptgrund, aus dem potenzielle Wasserläufer zu Boot-Hockern werden und Angestellte ihre Gaben vergraben.

Ein Vergleich

Ich finde es sehr interessant, dass der Angestellte, der sein Talent im Acker vergrub, derjenige ist, der nur ein Talent bekommen hat. Ich frage mich, ob er sich minderwertig vorkam, als er sein einzelnes Talent mit den zahlreichen Talenten der anderen verglichen hat. Vielleicht war er wütend, weil die anderen mehr bekommen hatten als er. Vielleicht war das Verbuddeln dieser Gabe sein Weg, um mit dem Herrn abzurechnen, der ihm nicht mehr gegeben hatte ...

Tatsächlich denke ich, dass diese Angelegenheit der Grund ist, aus dem Jesus drei Angestellte in diesem Gleichnis mitspielen lässt. Normalerweise braucht er nur zwei Hauptpersonen, um zu verdeutlichen, welches Verhalten Gott gefällt und welches nicht – zum Beispiel der kluge und der dumme Hausbauer, der hochmütige und der demütige Beter ... Doch hier sind es drei, und der Meistererzähler Jesus braucht sie, um einen sehr wichtigen Punkt deutlich zu machen.

In dieser Geschichte gibt es zwei Variablen. Erstens verteilt der Herr unterschiedliche Mengen von Talenten. Ein Angestellter bekommt fünf, der zweite zwei und der dritte eines. Damit reflektiert Jesus meiner Meinung nach einfach das Leben, wie wir es erfahren. Manche Menschen sind auf eine Weise begabt, die sichtbar ist und in dieser Welt Anklang findet; die Talente anderer präsentieren sich eher unauffällig und zurückhaltend.

Die Variable, auf die es ankommt, ist die Frage, was jeder der Angestellten mit dem macht, das er bekommen hat. Es sind drei Personen, weil Jesus ganz deutlich machen will, dass es nicht auf die Größe des Talents ankommt. Obwohl die Gabe des ersten Angestellten größer ist als die des zweiten, reagiert der Herr auf das Ergebnis beider absolut gleich. Jesus möchte uns begreiflich machen, dass der sichtbare Teil unserer Begabung und Berufung nicht das Entscheidende ist. Ob ich nun fünf, zwei oder ein besonderes Talent habe – das ist es nicht, worauf es ankommt!

Ich muss mich immer wieder davon abhalten, meine Begabungen mit denen anderer Leute zu vergleichen. Solche Vergleiche führen nur zu Überheblichkeit und falschem Stolz, wenn ich besser abschneide als die anderen, und zu Frust und Elend, wenn ich schlechter dastehe. Oder noch schlimmer: Ich werte das einmalige Geschenk ab, das Gott mir gegeben hat, und vergrabe es im Boden.

Haben Sie das, was Ihnen gegeben wurde, auch schon mit anderen verglichen – Ihr körperliches Erscheinungsbild, Ihre Intelligenz, Ihre Beziehungen, Ihre Erfolge, Ihre Energie oder Ihr Temperament?

Ich muss die Gaben, die ich bekommen habe, identifizieren, kultivieren, investieren, schätzen und genießen. Der Herr der Gaben ist sehr weise, und er wusste genau, was er tat, als er Sie erschaffen hat. Er ist froh, dass es Sie gibt. Er hat Ihnen alles anvertraut, was Sie brauchen, um den Zweck zu erfüllen, zu dem Sie geschaffen wurden.

Am Ende der Tage wird Gott Sie nicht fragen, warum Sie nicht das Leben von jemand anderem geführt haben oder die Talente eines anderen entwickeln konnten. Er wird nicht fragen: „Was hast du aus dem gemacht, das du *nicht* hattest?"

Er wird fragen: „Was hast du aus dem gemacht, *das* du hattest?"

Vergleichen ist keine gültige Entschuldigung für die Tragödie eines ungeöffneten Geschenks!

Als der Herr zum dritten Angestellten kam, lieferte der eine weitere Ausrede für seine Passivität: „Herr, ich wusste, dass du ein harter Mann bist. Du erntest, wo du nicht gesät hast, und sammelst ein, wo du nichts ausgeteilt hast. Deshalb hatte ich Angst und habe dein Geld vergraben. Hier hast du es zurück."

Der Angestellte wollte eine Garantie, dass nichts schief gehen konnte, und nicht etwa einen Aufruf, etwas zu tun, was richtig ist.

Angst veranlasst Menschen dazu, die Talente zu vergraben, die Gott ihnen anvertraut hat.

Angst veranlasst Menschen dazu, der Berufung ihres Herrn untreu zu werden.

Neulich hat mich ein Freund auf einen Bereich meines Lebens angesprochen. Wenn ich ehrlich gewesen wäre, hätte ich etwas Peinliches zugeben müssen. Ich wollte aber nichts Peinliches zugeben und so habe ich einfach gelogen.

Ich musste zurückgehen und eine Wiedergutmachung leisten, die sehr schmerzlich für mich war. Wenn ich zurückblicke, denke ich: *Warum habe ich eigentlich gelogen?*

Warum lüge ich überhaupt? Meist, um Schmerz zu vermeiden. Ich habe Angst vor dem, was passiert, wenn ich die Wahrheit sage. Angst treibt mich dazu zu lügen. Und es ist nicht nur das.

Wenn andere Leute lästern, bin ich sofort dabei, obwohl ich genau weiß, dass es falsch ist. Ich habe einfach Angst, nicht dabei zu sein. Ich horte Besitztümer, weil ich Angst habe, mich zu langweilen oder unsicher zu werden, wenn ich nicht so viele Sachen habe. Ich schmeichle mich bei Leuten ein, weil ich Angst habe, sie könnten mich sonst nicht mögen.

Angst vor Armut ließ Jakob seinen Vater betrügen. Angst veranlasste die Israeliten in der Wüste dazu, Gottes Berufung zu vergessen und sich nach Ägypten zurück zu wünschen. Angst vor Schmerzen und Leid ließ die Jünger davonlaufen und ihren besten

Freund in der Stunde seiner größten Not allein lassen. Und was veranlasste Petrus dazu, Jesus dreimal zu verleugnen?

Sehen Sie sich die meisten Sünden genau an – Ihre und meine –, und Sie werden entdecken, dass sich dahinter immer Angst verbirgt.

Ich habe Angst, dass Gott mich nicht auffängt, wenn ich es riskiere, mich auf ihn einzulassen. Ich habe Angst, dass etwas passiert, mit dem ich nicht klarkomme.

Als Gott Menschen wie Mose, Josua, Gideon oder Esther dazu berief, etwas Großes für ihn zu tun, war das größte Hindernis immer die Angst.

Doch es gibt eine große Überraschung in unserer Geschichte von den anvertrauten Talenten: Als der dritte Angestellte dem Herrn sagte, dass ihn Angst davon abgehalten hatte, die Talente einzusetzen, korrigierte ihn der Herr nicht. Er sagte nicht etwa: „Nein, da hast du mich missverstanden. Es spielt nicht wirklich eine Rolle für mich, ob du deine Gaben einsetzt oder vergräbst. Ich sehe, dass dies schmerzvoll ist, und mein Hauptziel ist, dir Schmerz zu ersparen. Es tut mir Leid, dass ich dir das zugemutet habe. Lass uns das Ganze einfach vergessen!"

Der Herr ging nicht darauf ein, dass der Angestellte seinen Charakter angegriffen hatte, und er erinnerte den Angestellten nicht daran, dass er ihm das Talent großzügig zur Verfügung gestellt und ihm damit die Chance seines Lebens gegeben hatte. Er entgegnete stattdessen in etwa: „Eines hast du richtig verstanden: Es ist mir nicht egal. Dein Leben und das, was du daraus machst, sind für mich sehr wichtig. Wenn du das wirklich begriffen hast, hättest du zumindest ETWAS tun sollen. Du hättest das Talent benutzen und investieren können."

Jesus macht deutlich, dass diese Ausrede einfach nur Unsinn ist und keine wirkliche Begründung für das Handeln des dritten Angestellten. Dieser Typ versucht einfach nur, sich herauszureden. Doch der Strafzettel wird kommen, denn der Herr ist der Meister des ausgeglichenen Kontos. Man kann ihn nicht austricksen.

Angst ist keine gültige Ausrede für die Tragödie eines ungeöffneten Geschenks.

> Einer der ernüchterndsten Aspekte dieser Geschichte ist die Tatsache, dass der dritte Angestellte nicht dafür gerügt wird, dass er etwas *Böses* getan hat, sondern einfach dafür, dass er *nichts* getan hat. Er hat nicht gestohlen, betrogen oder sonst etwas. Er hat einfach nur sein Talent nicht eingesetzt.

Jesus benutzt zwei ausgesprochen deutliche Worte, um den Mann zu beschreiben: „Faulpelz" und „Taugenichts". Die beiden Begriffe sind heutzutage nicht mehr modern und es würde sich wohl kaum jemand als Faulpelz bezeichnen.

Wenn jemand in einem Bewerbungsgespräch nach seinen persönlichen Schwächen befragt wird, ist die Antwort wahrscheinlich: „Ich habe zu hohe Ansprüche an mich selbst; ich treibe mich zu sehr an." Wann haben Sie das letzte Mal gehört, dass jemand offen zugab: „Mein Problem ist, dass ich einfach stinkfaul bin. Ich könnte einen Monat lang vor dem Fernseher sitzen und Süßigkeiten in mich hineinstopfen."

Doch in der Geschichte wurde Faulheit von den Christen als Problem so ernst genommen, dass diese Eigenschaft unter die „Sieben Todsünden" eingereiht wurde. Dabei geht es allerdings mehr um eine geistliche Trägheit als um körperliches Nichtstun. Die jüdisch-christliche Tradition vertritt die Auffassung, dass die Menschen Gott verantwortlich sind. Aus diesem Grund sollte es in unserem Leben nicht um Selbstschutz und persönliche Erfüllung gehen, sondern um gute Haushalterschaft. Schlechte Verwalter unserer gottgegebenen Geschenke zu sein ist sozusagen eine Form von Diebstahl.

> Geistliche Trägheit ist nicht dasselbe wie physisches Faulenzen. Geistliche Trägheit kann mit allergrößtem Beschäftigtsein einhergehen! Sie ist das Versäumnis zu tun, was getan werden muss, wenn es getan werden muss. Im Kern ist geistliche Trägheit

> „der Verlust von Sinn, Ziel und Hoffnung, gepaart mit Desinteresse am Wohlergehen anderer". Sie ist das Gegenteil von Erfüllung und der „Lust am Herrn".[8]

Dieser Aspekt der Geschichte – dass Jesus den dritten Angestellten wegen seiner Inaktivität so hart angreift – hat schon immer einigen Menschen Schwierigkeiten bereitet. Ein Manuskript aus dem 2. Jahrhundert, „das Evangelium des Nazareners", enthielt dieses Gleichnis ebenfalls, doch der Verfasser hatte einen Satz hinzugefügt, um den dritten Angestellten zu beschreiben: „Er verschwendete sein ganzes Geld an Prostituierte und Flötenspieler." Scheinbar hatte der Schreiber das Gefühl, dass einfaches Nichtstun nicht genug war, um Jesu harsche Worte zu rechtfertigen. Also fügte er ein bisschen Betrug und Hurerei hinzu. (Ich weiß nicht genau, warum Flötenspieler hier in einem Atemzug mit Prostituierten genannt werden; vermutlich hatten sie damals einen ziemlich schlechten Ruf!) Auf jeden Fall hatte es in der ursprünglichen Geschichte keine Huren und Musiker gegeben, weil sie gar nicht notwendig waren, um Jesu Intention zu illustrieren.

Max DePree schreibt, dass ungenutztes Potenzial eine Sünde ist, und zwar eine sehr ernste.[9] Deshalb ist eine der größten Versuchungen für uns, die uns davon abhalten will, aus dem Boot zu steigen, schlicht und einfach Bequemlichkeit. Bequemlichkeit hält uns allzu oft davon ab, uns weiterzuentwickeln.

Vor 50 Jahren begannen die Menschen, ihr Leben an einem der größten Entwicklungshemmer aller Zeiten zu orientieren: dem Fernseher. Man musste nicht mehr denken, seine Aufmerksamkeit auf etwas konzentrieren oder einer wirklichen Gedankenkette folgen, wenn man „Flipper" schaute. Doch am Anfang musste man zumindest noch aus dem Sessel aufstehen und den Sender per Hand umstellen, wenn man ein anderes Programm schauen wollte. Das war anstrengend, und so erfanden wir die Fernbedienung, damit die Menschheit von ihrem La-Z-Boy aus durch die Kanäle zappen konnte, wie es Gott von Anbeginn der Zeiten an geplant hatte!

Wollen Sie ein paar Beispiele dafür, wie sehr wir der Bequemlichkeit huldigen? Gehen Sie in einen beliebigen 4-Personen-Haushalt, verstecken Sie die Fernbedienung, und warten Sie ab, was passiert. Ein Leben ohne Fernbedienung ist für die Durchschnittsfamilie unerträglich. Deshalb hat ein schlauer Kopf ein Signal für die Fernbedienung erfunden. Nun gibt es also Fernbedienungen, die piepen, wenn man in die Hände klatscht, damit man sie immer und überall wiederfinden kann.

Das Deprimierendste an alledem ist das Wissen, dass einige Menschen dieses Kapitel lesen und sich nur eines merken werden: „Ich muss mir unbedingt so eine Fernbedienung mit Suchsignal anschaffen! Tolle Idee!"

Aber zu viel Bequemlichkeit ist gefährlich. Wirklich, glauben Sie mir! Wissenschaftler der Universität Berkeley in Kalifornien haben vor einiger Zeit ein Experiment durchgeführt, bei dem eine Amöbe in eine absolut stressfreie Umgebung gesetzt wurde: ideale Temperatur, optimaler Feuchtigkeitsgehalt, ständige Nahrungszufuhr – die Amöbe lebte in einem Umfeld, in dem sie nicht die geringste Anpassungsleistung vollbringen musste. Man könnte also theoretisch davon ausgehen, dass dieses kleine Wesen äußerst glücklich gewesen wäre. Es gab überhaupt nichts, was bei Amöben normalerweise Bluthochdruck und Magengeschwüre verursachte.

Seltsamerweise starb die Amöbe.

Scheinbar tragen alle Lebewesen, einschließlich Amöben, etwas in sich, das die Herausforderung braucht. Wir benötigen Veränderungen, Anpassung und Herausforderungen so sehr wie die Luft zum Atmen. Bequemlichkeit allein bringt uns um!

Wenn Lehrer wollen, dass ihre Schüler weiterkommen, geben sie ihnen keine Antworten, sondern Probleme („*Wenn ein Zug Hamburg um 3 Uhr morgens mit einer Geschwindigkeit von ...*" Sie wissen schon!). Nur durch den Prozess, ein Problem anzunehmen und zu lösen, werden unsere Fähigkeit zum kreativen Denken gefördert sowie unser Durchhaltevermögen und unser Selbstbewusstsein gestärkt. Wenn jemand uns die Antwort vorschnell verrät, führt das vielleicht zu einer guten Note, aber nicht zu Wachstum! Genauso, wie unsere Muskeln ohne stetes Training nicht stärker werden, verhält es sich auch mit unserem Denkvermögen und unserem Charakter.

Bequemlichkeit ist keine Entschuldigung für ein ungeöffnetes Geschenk!

Welchem Weg folgen Sie?

Ich möchte Sie bitten, Ihre Vorstellungskraft einen Moment lang anzustrengen. Stellen Sie sich vor, Ihr Leben sei zu Ende und Sie würden in einen kleinen Raum geführt. Es gibt zwei Stühle darin, einen für Sie und einen für Gott (natürlich bekommt er den größeren!). Außerdem befindet sich dort noch ein Videorecorder. Gott legt eine Kassette ein; Ihr Namen steht darauf und außerdem der Satz: „Was hätte sein können ..."

> Stellen Sie sich vor, was Gott mit Ihrem Leben hätte anfangen können, wenn Sie ihn gelassen hätten! Stellen Sie sich vor, was er mit Ihren finanziellen Mitteln hätte tun können, wenn Sie sie ihm anvertraut hätten. Was er aus Ihren Begabungen hätte machen können, wenn Sie ihm genug vertraut hätten, um etwas zu wagen. Was er aus Ihren Beziehungen hätte machen können, wenn Sie ihm genug vertraut hätten, um wirklich ehrlich und liebevoll zu sein. Was er aus Ihrem Charakter hätte machen können, wenn Sie sich getraut hätten, Ihr Fehlverhalten zuzugeben, Versuchungen zu erkennen und alles zu tun, um geistlich zu wachsen!

Ich weiß nicht, ob Gott uns wirklich einmal ein solches Videoband vorspielen wird. Und ich weiß, dass es auch nicht gut ist, wenn man sich zu oft vor Augen hält, in welchen Bereichen man versagt hat. Dann verwandelt sich das ungelebte Potenzial in eine unerträgliche Last, in eine Keule, mit der ich mir ständig selbst auf den Kopf schlage.

Doch ich weiß auch, dass ich Gottes Pläne für mein Leben so gut wie möglich verwirklichen will. Ich weiß, dass ich nur diese eine Chance habe, und ich will die Kluft zwischen dem, was ist, und dem, was hätte sein können, so schmal wie möglich halten. Solange ich lebe, ist es nicht zu spät dafür. Ich kann heute damit anfangen. Ich weiß, dass ich Gott um Richtungsweisung bitten will, nicht um Garantien, weil er uns die Fähigkeiten geben wird, die wir brauchen, um unsere Berufung zu erfüllen. Und ich weiß, dass es sich lohnt!

Er ist der Herr der Belohnungen

Es gibt eine letzte Wahrheit über den Herrn, die Jesus uns verständlich machen will. Der Herr der Gaben und der Herr des ausgeglichenen Kontos ist auch der Herr der Belohnungen. Er hat wunderbare Dinge vorbereitet für die, die seine Schätze weise verwalten.

Einiges von dem, was der Herr im Gleichnis sagt, entspricht dem, was wir erwarten würden: „Sehr gut, du bist ein tüchtiger und treuer Diener!" Stellen Sie sich doch einmal vor, Sie erhielten eine solche Bewertung aus dem Mund Gottes! Er lädt den Angestellten außerdem zu seinem Fest ein, um mit ihm zu feiern.

Anderes, das der Herr sagt, ist eine Überraschung. Er sagt nicht: „Von jetzt an kannst du auf rosa Wölkchen schweben und in einem Penthouse mit vielen Vergünstigungen leben, während du mit dem Engelschor tausend Jahre lang Loblieder trällerst!"

Stattdessen sagt er: „Du hast dich in kleinen Dingen als zuverlässig erwiesen, darum werde ich dir auch Größeres anvertrauen."

Jetzt fängt die richtige Arbeit also erst an! Denken Sie daran, dass der Herr dem Angestellten eine enorme Summe zur Verfügung gestellt hatte. Und doch sagt er jetzt: „Du hast dich in *kleinen* Dingen als zuverlässig erwiesen." Ist es wirklich möglich, dass Gott diesen riesigen Reichtum als „Peanuts" bezeichnet, verglichen mit dem, was noch kommt? Ja! Verglichen mit dem, was der Herr für seine Leute noch geplant hat, ist der Reichtum des Sultans von Brunei, die Macht von Napoleon und der Ruhm von Michael Schumacher „Kleinkram".

Als ich noch zur Schule ging, sang ich in einem Chor, der von einer Frau geleitet wurde, die Sigrid hieß. Sie hatte bläulich-silbernes Haar, ein enormes Vibrato in der Stimme und mehrere Kinne, die sich alle von ihrem angestammten Platz zu lösen drohten, wenn sie energisch dirigierte. Wenn sie frustriert über uns war (wozu wir ihr oft Anlass gaben!), klatschte sie in die Hände und sagte: „Kinder, singt jetzt so, wie ich euch gesagt habe – denn wenn ihr mal im Himmel seid, werdet ihr den ganzen Tag nichts anderes tun als singen, morgens, mittags und abends. Also lernt es doch lieber gleich richtig!"

Wie Sie sich vorstellen können, klang die Aussicht auf eine Ewigkeit in schweren Roben unter der Leitung von Sigrid nicht gerade sehr verlockend.

Viele Menschen haben eine vage Vorstellung davon, dass sie später einmal auf ewigen Wolken herumschweben werden. Sie betrachten den Himmel als eine Art ewiges Altersheim. Ein Bekannter fragte mich einmal: „Ob man im Himmel wohl Golf spielen kann?" Seine Gedankenkette lief ungefähr folgendermaßen ab:

Der Himmel ist der Ort, an dem ich glücklich sein werde – ohne Golf kann ich nicht glücklich sein – im Himmel muss man also Golf spielen können!

Ich erklärte ihm, dass man im Himmel zwar durchaus die wahre Freude wird erleben können, aber es könnte möglich sein, dass man sich erst verändern muss, um diese Art von Freude erfahren zu können. Darüber hinaus steht in der Bibel, dass es im Himmel keine Lügen, keinen Betrug und kein „Heulen und Zähneknirschen" geben wird – wie könnte Golf spielen da hineinpassen? Es wird also keinen Golfplatz im Himmel geben! Tennis, ja, aber kein Golf!

> **Aus dieser Geschichte lernen wir, dass der Himmel alles andere als eine Art ewiges Ferienlager für Pensionäre sein wird. Er wird der Ort sein, an dem wir endlich die ganze Fülle des Abenteuers, der Kreativität und der Frucht erleben werden, für die wir geschaffen sind!**

Jesus sagte: „Allen, die durchhalten und den Sieg erringen, werde ich das Vorrecht geben, mit mir auf meinem Thron zu sitzen, so wie ich selbst den Sieg errungen habe und nun mit meinem Vater auf seinem Thron sitze" (Offb 3,21).

Sie können sicher sein, dass der Thron kein La-Z-Boy-Sessel ist! Ein Teil der Belohnung besteht darin, dass wir endlich das volle Potenzial der Menschheit ausgeschöpft sehen – unser eigenes eingeschlossen. Der Himmel wird der ultimative Ort des erfüllten Potenzials sein! Es gibt dort keine ungeöffneten Geschenke.

Stellen wir uns doch einmal einige Fragen:

- Was ist mein größter Traum?
- Wie viel Leidenschaft und Intensität erfahre ich in meinem täglichen Leben?
- Was soll einmal auf meinem Grabstein oder in meinem Nachruf stehen?
- Wie stark wachse ich zur Zeit?
- Wie oft gehe ich Risiken ein, die eine Kraft erfordern, die über meine eigene hinausgeht?
- Wenn ich das „eine wahre Ziel" benennen sollte, für das ich hier auf der Erde bin, was wäre das wohl?
- Wie klar ist mir das?

Was hat der Herr der Gaben Ihnen gegeben, das Sie in sein Königreich investieren sollten? Vielleicht Ihren Verstand. Er kann ein Ort bislang unentdeckten Potenzials sein, der aber voll gestopft ist mit dem, was aus dem Fernseher quillt. Man kann ihn mit Müll füllen, mit Neid, Gier, Zorn oder Angst.

Man kann ihn aber auch erneuern lassen. Mit Gedanken füllen, die gut, edel, wahr und mutig sind. Allerdings kostet das etwas. Vielleicht Ihre materiellen Besitztümer; auch Ihr Bankkonto kann ein Ort des unentdeckten Potenzials sein. Man kann Geld benutzen, um Dinge anzusammeln – oder um die Gemeinde aufzubauen, das Evangelium zu verbreiten, Menschen zu helfen ...

John Wesley schrieb einmal, dass Christen nur drei Regeln befolgen müssen, wenn es um materielle Fragen geht:

„Verdiene, so viel du kannst.
Spare, so viel du kannst.
Gib, so viel du kannst."

Ein Freund schrieb neulich, dass amerikanische Evangelisten augenscheinlich heute der Ansicht sind, dass es schon nicht schlecht ist, wenn man lediglich zwei dieser drei Regeln befolgt.

Sie könnten diese Woche jemandem ein anonymes Geschenk machen, etwas, das für Sie ein wirkliches Opfer ist – eine Investition in die Ewigkeit. Vielleicht in Form von Zeit oder Ihren Fähigkeiten?

Sie können sich auch treiben lassen: aufstehen, zur Arbeit gehen, nach Hause kommen, zu Abend essen, fernsehen, in Rente gehen und sterben.

Oder Sie nehmen jeden Moment an und sagen: „Gott, er gehört dir." Sie können Gott Ihre geistlichen Gaben anbieten, so weit Sie sie bereits entdeckt und entwickelt haben.

Vielleicht haben Sie große Talente, Ressourcen, Beziehungen oder Fähigkeiten, die dem Reich Gottes von Nutzen sein könnten – und bisher sitzen Sie nur auf ihnen. Sie haben sie vergraben. Es ist Zeit für Sie, aufzustehen und sie einzusetzen! Ich sage Ihnen: Alles, was man hat, für das Reich Gottes einzusetzen, das ist die lohnendste Sache und die größte Chance Ihres Lebens!

Aus der menschlichen Perspektive mag es Ihnen vielleicht so scheinen, dass Sie nicht viel anzubieten haben und man sowieso nie etwas davon merken wird, was Sie tun können. Doch Jesus hat sehr deutlich gemacht, dass diese Haltung falsch ist. Wir dienen dem Herrn der Gaben.

Der Herr der Gaben kann fünf Fische und zwei Brote nehmen und damit Tausende sättigen. Der Herr der Gaben kann zwei Pfennige nehmen, die eine arme Witwe gegeben hat, und sie zum größten Schatz der Welt erklären. Der Herr der Gaben kann einen stotternden Flüchtling namens Mose benutzen, um einen Weltherrscher zu stürzen und dessen Armee zu vernichten. Der Herr der Gaben kann von einem blutigen Kreuz und aus einem leeren Grab steigen. Der Herr der Gaben kann zwölf unsichere Jünger auswählen und mit ihnen eine Gemeinschaft bauen, die sich über die ganze Welt ausbreitet und einen Traum lebt, der nicht totzukriegen ist.

Er ist eine überraschend einfallsreiche Person, dieser Herr. Er kann benutzen, was Sie anzubieten haben, und damit die Welt bewegen. Sie können sich nicht vorstellen, wie viel Potenzial in

Ihnen steckt! Und es gibt keine größere Belohnung als die, die Sie erhalten, wenn Sie Ihr Geschenk öffnen.

Steigen Sie aus dem Boot

1. Denken Sie zurück an die Geschichte von dem blauen Porzellan in der Kiste. Was ist das größte Geschenk, das Gott Ihnen gemacht hat? Was wartet auf Ihrem Dachboden auf seinen großen Einsatz?
2. In welchem Bereich Ihres Lebens (Berufung, Beziehungen, Intellekt oder andere Bereiche) erleben Sie zurzeit das stärkste Wachstum?
3. Wo stehen Sie am meisten in der Gefahr, ein Boot-Hocker zu werden?
4. Dieses Kapitel listet drei Gründe auf, warum Menschen ihre Schätze vergraben: Vergleichsdenken, Angst und geistliche Trägheit. Welcher von diesen Gründen (oder welche anderen Faktoren) halten Sie am ehesten davon ab, die Chance Ihres Lebens zu nutzen?
5. Nehmen Sie sich etwas Zeit, um sich die Szene vorzustellen, wie Sie und Gott gemeinsam Ihr Leben betrachten. Welchen kleinen Schritt könnten Sie heute tun, um den „Reue-Faktor" am Ende Ihres Lebens zu verringern?

Kapitel 3

*„Da sagte Petrus: ‚Herr, wenn du es wirklich bist,
dann befiehl mir, auf dem Wasser zu dir zu kommen!'"*
(Mt 14,28).

Den Ruf hören

Leben heißt, angesprochen zu werden.
Martin Buber[1]

Auf dem Wasser zu laufen erfordert nicht nur den Mut, ein Risiko einzugehen, sondern auch die Weisheit, den Ruf zu hören und unterschiedliche Stimmen unterscheiden zu können.

Ich möchte dies mit einer Geschichte illustrieren:

*Ein Mann kommt nach seinem Tod an das Himmelstor.
„Hast du je etwas besonders Gutes vollbracht?", fragt Petrus ihn.
„Na ja, da fällt mir eine Sache ein", sagt der Mann. „Einmal bin ich an einer Gang von testosterongesteuerten Bikern vorbeigekommen, die eine junge Frau belästigten. Ich sagte ihnen, sie sollten die Frau in Ruhe lassen, doch sie hörten nicht auf mich. Also ging ich zum Größten von ihnen hin, der die meisten Tattoos trug. Ich schlug ihm ins Gesicht, trat sein Motorrad um, riss ihm den Nasenring heraus und sagte: ‚Lass die Frau sofort in Ruhe oder du kriegst es mit mir zu tun!'"
Petrus war beeindruckt. „Wann ist das passiert?"
„Vor einer Minute!"*

Es gibt einen großen Unterschied zwischen Mut und Dummheit. In der Geschichte von Petrus auf dem Wasser haben sich die verschiedenen Kommentatoren und Bibelausleger immer wieder gefragt, ob Petrus' Ausstieg aus dem Boot ein Zeichen von besonderer Hingabe oder eher von impulsivem Verhalten war. Calvin war der Meinung, die Geschichte solle als Abschreckung vor vorschnell getroffenen Entscheidungen dienen. Im Gegensatz dazu bezeichnete Johannes Chrysostom sie als beispielhaft für die Liebe zu Jesus. Schließlich habe Petrus nicht stolz danach verlangt, auf dem Wasser gehen zu können, sondern Jesus gebeten, ihn zu sich zu rufen.[2]

> Wie auch immer man es beurteilt, einer der interessantesten Aspekte der Geschichte ist die Tatsache, dass Petrus trotz seiner Impulsivität nicht sofort aus dem Boot hüpfte. Zuerst bat er Jesus um Erlaubnis. Warum tat er dies? Er hatte doch nun wahrhaftig kein Problem damit, impulsiv zu reagieren!

Auf dem Berg der Verklärung, auf dem Jesus Mose und Elija traf, schlug Petrus vor, Hütten zu bauen. Wir lesen, dass Petrus diese Idee spontan hinausblökte, weil er nicht wusste, was er sprach. Viele Menschen sagen einfach gar nichts, wenn ihnen nichts Schlaues einfällt. Aber nicht so Petrus!

Im Garten Getsemani schnappte er sich spontan ein Schwert und schlug einem Soldaten namens Malchus ein Ohr ab. Jesus musste die Sache für Petrus ausbügeln, und man kann sich förmlich vorstellen, wie er sagte: „Ich möchte mich für meinen Partner hier entschuldigen. Ich arbeite schon seit Jahren mit ihm und noch immer ist er nicht zu viel zu gebrauchen ..."

In Caesarea Philippi, wo Jesus seinen nahenden Tod ankündigte, riet Petrus ihm, dieses Gerede über den Tod lieber sein zu lassen, weil es schlecht für die Moral der Truppe war. Jesu Reaktion („Weiche von mir, Satan!") hat wohl nicht gerade zu Petrus' Ruf als weiser Ratgeber beigetragen.

Matthäus' Schilderungen von Petrus machen deutlich, dass dieser sehr gut mit seinem inneren Kind in Verbindung stand. Warum hält er also jetzt inne und fragt nach, bevor er über die Reling steigt?

Ich glaube, dass Matthäus seinen Lesern einen wichtigen Aspekt des Wasserlaufens nahe bringen möchte:

> Petrus ist nicht derjenige, der für das Laufen auf dem Wasser zuständig ist, sondern Jesus! Es ist kein Zaubertrick, den Petrus vorführen kann, wenn er Lust dazu hat. Bevor er aus dem Boot steigt, tut er gut daran sicherzustellen, dass dies auch wirklich seine Aufgabe ist und dass Jesus derjenige ist, der ihn ruft.

Jesus sucht nach mehr als bloßer Impulsivität. Manchmal fällen Menschen unkluge Entscheidungen in Bezug auf Finanzen, Jobs oder Beziehungen, und dann versuchen sie dies mit frommen Phrasen zu verdecken. Ich finde es daher wichtig, einen Moment zu überlegen, was Wasserlaufen *nicht* ist!

Der Psychologe Frank Farley hat 30 Jahre damit verbracht, einen Persönlichkeitstypus zu erforschen, den er „Typ T" oder „Thrill-Sucher" nennt. Damit bezeichnet er Menschen, die sich zu risikoreichen Situationen und Verhaltensweisen hingezogen fühlen. Sie lieben Unsicherheit, Unvorhersehbarkeit, Neues und Abwechslung. Sie langweilen sich sehr leicht und brauchen ständig neue Stimulation.

Israelische Wissenschaftler haben sogar ein Gen identifiziert, das sie das „Risiko-Gen" nennen. Menschen, die als besonders abenteuerlustig und neugierig bekannt sind, weisen demnach oft eine verlängerte Version des Gens D4DR auf, im Gegensatz zu eher ruhigen und reflektierten Typen. Menschen vom „Typ T" lieben alle Extremsportarten wie Freeclimbing, Paragliding, Bungee- oder Base-Jumping. Letzteres bezeichnet eine Sportart, bei der man von einer Brücke oder einem Steilhang springt und betet, dass der Spezialfallschirm sich innerhalb der wenigen Sekunden öffnet, die man braucht, um ein paar Hundert Meter tief zu fallen. Das ist sowohl extrem gefährlich als auch verboten. 46 Base-Jumper sind in den wenigen Jahren seit Erfindung dieser Sportart bereits ums Leben gekommen.

Es ist interessant, dass in den meisten Selbsthilfe-Büchern ausgeprägte Risikobereitschaft als höchst löbliche und erstrebenswerte Eigenschaft angesehen wird. Dabei gilt sie in der psychologischen Forschung eher als Warnzeichen. „T-Typen" können zwar Großes vollbringen, aber sie fallen auch sehr leicht zerstörerischen Verhaltensweisen zum Opfer wie Drogenmissbrauch, risikoreichem Sex oder Spielsucht.

Manchmal, wenn sich mein Leben langweilig und unerfüllt anfühlt oder an mir vorbeizugehen scheint, habe ich das dringende Gefühl, dass alle meine Probleme auf einmal gelöst werden müssten, indem ich eine überstürzte Entscheidung treffe, die nicht mit Gottes Berufung für mein Leben im Einklang steht. Es ist also durchaus möglich, eine mutige, riskante Entscheidung zu treffen, die ausgesprochen unklug ist!

Garrison Keillor schreibt über Pastor Ingqvist, der sich immer wieder über die Kummerkasten-Rubrik einer „Frau Abby" wunderte. Diese Dame schickte Ratsuchende alarmierend oft zu einem Pastor oder Pfarrer:

„,Sprechen Sie mit Ihrem Pastor', riet sie einem 14-jährigen Mädchen, das in einen 50-jährigen verheirateten Automechaniker verliebt war, der wegen Vergewaltigung im Gefängnis saß. Wieso ging Abby davon aus, dass ein Pastor mit so etwas umgehen könnte?
Der arme Mann. Einen Moment vorher war alles noch relativ klar gewesen, doch nun, als sie ihm ihre Liebe zu Vince gesteht, ihren Glauben an seine Unschuld, die Tatsache, dass seine Frau ihn nie geliebt hat, nicht so wie sie, Trisha, ihn lieben könnte, und dass da etwas zwischen ihnen ist, etwas unbeschreiblich Heiliges und Kostbares, obwohl sie sich noch nie gesehen, sondern nur brieflich kommuniziert haben ... da ist alles, was er denken kann: ,Du bist verrückt, Kleine! Mach dich doch nicht lächerlich!'
,Darum achtet genau auf eure Lebensweise', sagt auch Paulus. ,Lebt nicht wie Unwissende, sondern wie Menschen, die wissen, worauf es ankommt. Nutzt die Zeit; denn wir leben in einer bösen Welt.' Was bedeutet das nun speziell für Trisha und ihre Knastliebe?

Als Paulus diesen wundervollen Absatz schrieb, saß er wahrscheinlich alleine in einem Zimmer in Athen. Die Dummköpfe waren alle schlafen gegangen. Er konnte die schlichte Wahrheit schreiben, und kein Idiot sah ihm über die Schulter und sagte: ‚Hä? Heißt das, ich soll nicht zur Weltmeisterschaft der Langstrecken-Rückwärtsläufer fahren? Aber ich weiß, dass ich das kann! Ich bin wirklich gut darin! Ich kann meilenweit rückwärts gehen!'"[3]

> Die Trennlinie zwischen „Fürchte dich nicht" und „Mach dich nicht lächerlich" ist oft sehr dünn und schwer zu erkennen. Um zu wissen, wann man aus dem Boot steigen und ein Risiko eingehen soll, braucht man nicht nur Mut; vor allem braucht man dazu die Weisheit, die richtigen Fragen zu stellen, die Unterscheidungsfähigkeit, die Stimme Gottes aus den anderen herauszuhören, und die Geduld, auf seine Anweisungen zu warten.

Jesus sucht nicht nach impulsgetriebenen „T-Typen", sondern nach etwas, das man den „Typ W" nennen könnte: eine Wasserläufer-Persönlichkeit. Ein solcher Mensch hat den tiefen Wunsch, Abenteuer mit Gott zu erleben – er besitzt das „Gott-Gen", das wir im Grunde alle besitzen. Es ist ein Teil unserer geistlichen DNA und erfordert sowohl Mut zum Risiko als auch die Weisheit zu wissen, welche Risiken man eingehen sollte und welche nicht.

Wie unterscheide ich zwischen einer echten Berufung von Gott und meinen eigenen spontanen Impulsen, bevor ich über die Reling steige? Wie werde ich ein „W-Typ"? Lassen Sie uns doch einmal die biblische Sicht von Berufung näher betrachten ...

Berufung: Eine Reflektion von Gottes Bild

Wir fangen mit einer theologischen Frage an: Was macht Gott eigentlich den ganzen Tag?

Wenn Sie diese Frage mit einem einzigen Wort beantworten müssten, was würden Sie sagen? Für die meisten von uns ist die Frage: „Was mache ich heute?" eine größere Angelegenheit, wenn wir längere Zeit Urlaub und aus irgendeinem Grund noch nichts vorhaben. „Mir ist laaaangweilig", ist eine der verbreitetsten Klagen der Kindheit und auch des Ruhestands. Wir reden von der Notwendigkeit, uns „die Zeit zu vertreiben" oder sie gar „totzuschlagen". Gott hat die ganze Ewigkeit Zeit. Was macht er wohl damit? Sitzt er hauptsächlich einfach da und sieht den Dingen zu?

Die biblischen Autoren können in einem Wort beschreiben, was Gott macht: Er arbeitet!

Leland Ryken bemerkt, dass das Christentum in dieser Hinsicht einmalig ist. Die alten Griechen zum Beispiel betrachteten ihre Götter als viel zu erhaben, um sich noch mit so schnöden Dingen wie Arbeit zu beschäftigen. Der Götterberg Olymp war eine Art göttliches Erholungsheim, in dem Zeus und seine Kollegen – abgesehen von gelegentlichem Blitzeschleudern – dem Nichtstun frönten.[4] Im Gegensatz dazu berichten bereits die ersten Zeilen der Bibel von Gottes Tätigkeit; er trennt das Licht von der Dunkelheit, erschafft den Himmel und die Himmelskörper, sammelt das Wasser, erschafft Tiere und den Menschen ...

Und nach dem sechsten Tag geht Gott keineswegs in Rente. Der Psalmist macht sehr deutlich, dass das Universum nicht aus mechanischer Notwendigkeit heraus funktioniert, sondern dass Gott es in Gang hält (Psalm 104,10.13.14.24):

> „Du lässt Quellen entspringen und zu Bächen werden [...].
> Vom Himmel schickst du den Regen auf die Berge
> und gibst der Erde reichlich zu trinken.
> Du lässt das Gras sprießen für das Vieh
> und lässt die Pflanzen wachsen,
> die der Mensch für sich anbaut [...].
> Herr, was für Wunder hast du vollbracht!"

Gott ist ganz besonders aktiv, wenn es um Menschen geht. Der Psalmist schreibt, dass der Gott Israels „nicht schläft noch schlummert", sondern immer da ist und sein Volk führt und beschützt.

Als Jesus auf die Welt kam, wurde er in eine Arbeiterfamilie hineingeboren. Auch er selbst arbeitete wie sein Vater den größten Teil seines Lebens als Zimmermann. Und Jesus lässt keinen Zweifel daran, was sein Vater macht, wenn er sagt: „Mein Vater ist ständig am Werk, und deshalb bin ich es auch" (Joh 5,17).

Gott wird in der Bibel mit vielen Metaphern beschrieben, die zum Themenbereich Arbeit gehören: Er ist ein Gärtner, ein Künstler, ein Töpfer, ein Hirte, ein König, ein Hausbauer.

„Der Gott der Bibel", schreibt Paul Minear, „ist in erster Linie ein Arbeiter."[5] Er ist sehr an Arbeit interessiert, er versteht die Freude, die darin liegt, und er ist ihr ganz hingegeben. Dies ist wichtig, denn auf dem Höhepunkt der Schöpfungsgeschichte lesen wir: „Dann nahm Gott, der Herr, Staub von der Erde, formte daraus den Menschen und blies ihm den Lebensatem in die Nase. So wurde der Mensch ein lebendes Wesen" (Gen 2,7).

Sie sind ein Teil von Gottes Arbeit! Wenn Sie schon einmal einen Vorgesetzten oder Ihren Ehepartner sagen hörten, dass Sie ein ganz schönes Stück Arbeit sind, dann stimmt das buchstäblich! Und weil Sie nicht nur *von* Gott, sondern auch *nach seinem Bild* geschaffen sind, sind auch Sie zur Arbeit gemacht. Auch Sie sollen erschaffen, leiten, lernen, organisieren, heilen, anbauen und lehren. Arthur Miller schreibt, dass dies die Grundlage eines Glaubens sei, der sieben Tage in der Woche gilt: „Er besteht darin, meine speziellen Gaben zu nutzen, um der Welt mit Exzellenz zu dienen und dadurch Gott zu lieben und zu ehren! Die Berufung, die alles einschließt, was Gott uns gegeben hat, ist eine heilige Aufgabe!"[6]

Sie haben eine Berufung, aber diese ist nicht unbedingt leicht zu hören. Wie der junge Samuel erkennen auch wir vielleicht nicht sofort, wessen Stimme uns aufträgt, dieses oder jenes zu tun. Gregg Levoy bemerkt, dass Gott Menschen oft anspricht, indem er zweimal ihren Namen nennt: „Abraham, Abraham! Jakob, Jakob! Mose, Mose!" Einmal ist eben nicht immer genug!

Wie können also ganz gewöhnliche Menschen lernen, ihre Berufung zu erkennen?

Nehmen Sie die Sache ernst

Als meine Kinder noch klein waren und Geschenke bekamen, fürchtete ich immer die Aufschrift auf einem Spielekarton: „Elterliche Hilfe erforderlich." Das war nie meine Stärke. Irgendwelche Teile blieben immer übrig und lagen dann einsam auf dem Teppich herum. Mir taten diese Teile immer Leid. Sie hatten keine Rolle zu spielen, keine Chance, es ins Team zu schaffen. Meine Hoffnung, jemand in der Fabrik könnte versehentlich ein paar überflüssige Teile mit in die Packung gesteckt haben, stand jedoch auf ausgesprochen wackligen Beinen.

Gott arbeitet anders. Er lässt keine losen Teile übrig. Und Sie sind erst recht kein überflüssiges Ersatzteil! Sie haben ein Ziel – einen Zweck, der wichtig für Gottes Traum für die Menschheit ist. Zuallererst sind wir nach Aussage der Bibel alle dazu berufen, Gott kennen zu lernen, seine Liebe und Gnade zu empfangen und seine Kinder zu werden. Wir sind dazu berufen, in der Realität seines Königreichs zu leben und Jesus in uns immer größer werden zu lassen.

> Als wichtigen Anteil Ihrer Berufung hat Ihnen Gott bestimmte Gaben, Talente, Sehnsüchte und Wünsche ins Herz gelegt. Diese sicher zu identifizieren, sie gekonnt weiterzuentwickeln und sie freudig und demütig zum Dienst Gottes einzusetzen, das ist Ihre Berufung!

John Belushi und Dan Ackroyd waren die Hauptdarsteller in dem berühmten Kultfilm „Die Blues Brothers". Sie spielten zwei Brüder, die, frisch aus dem Gefängnis entlassen, ihre alte Band wieder zusammentrommeln, um Geld für ein Waisenhaus einzuspielen. Jedes Mal, wenn sie zu ihrer Motivation befragt werden, sagen sie: „Wir sind im Auftrag des Herrn unterwegs!" Sie sagten dies voller Überzeugung, und die Vorstellung, dass zwei so unheilige, verdorbene Typen in göttlicher Mission unterwegs sein könnten, war einer der Hauptgags des Films.

Sie sind im Auftrag des Herrn unterwegs!

Entweder das ist wahr, oder Sie haben überhaupt kein Ziel, keinen Auftrag. Jesus hat es folgendermaßen formuliert: „Ihr seid das Salz der Erde. Ihr seid das Licht der Welt." Andere sind vor Ihnen da gewesen, nach Ihnen werden wieder andere kommen, aber dies ist Ihr Tag! Wenn Gottes Reich sich in diesem Moment auf Erden manifestieren soll, wird es das durch Sie tun. Gott wird nicht selbst kommen und Ihren Platz einnehmen. Sie sind im Auftrag des Herrn unterwegs!

Doch wie können Sie mit Ihrer Mission beginnen? Zunächst einmal sollten Sie Ihre Berufung mit der angemessenen Ernsthaftigkeit betrachten. Es gibt eine alte hasidische Geschichte, die davon erzählt, dass alle Menschen einen Mantel mit zwei Taschen tragen sollen, um Nachrichten von Gott zu empfangen. In der einen Tasche steht: „Du bist nicht mehr als eines von Millionen Sandkörnchen im Universum." In der anderen heißt es: „Ich habe das Universum nur für dich geschaffen."

Ich kann meine Berufung leicht tragen. Ich kann völlig ohne Versagensängste leben und muss mir keine Gedanken darum machen, wie mein berufliches Fortkommen wohl für andere Leute aussieht – schließlich weiß ich ja, dass mein Heil und mein Wert als Person nicht von meiner Jobbeschreibung abhängen.

Was wir tun, ist ganz besonders wichtig. Es ist es wert, dass wir all unsere Energie investieren. Wir sind im Auftrag des Herrn unterwegs!

Schätzen Sie Ihr Rohmaterial!

Eine Berufung muss man also ernst nehmen – und sie zu erkennen birgt auch eine der größten Herausforderungen in Sachen Selbstentdeckung und Selbstbeurteilung in sich, die ein menschliches Wesen annehmen kann. Berufungen sind nicht einfach zu entdecken. Sie werden schonungslos ehrlich im Hinblick auf Ihre Begabungen und Grenzen sein müssen. Sie müssen willens sein, unbequeme Fragen zu stellen und mit den Antworten zu leben. Gottes Berufung für Ihr Leben zu erkennen wird viele Fehlversuche mit sich bringen. Sie müssen bereit sein, einige Ihrer

Träume einen qualvollen Tod sterben zu lassen. Sie sind nicht mit fertig ausgearbeitetem Berufungs-Plan und komplett entwickelten Fähigkeiten auf diesem Planeten angekommen. Stattdessen war an Ihrem Ärmel der kleine Hinweis angebracht: „Elterliche Hilfe erforderlich!"

Eine Berufung ist etwas, das Sie entdecken, und nicht etwas, für das Sie sich entscheiden. Um den „Ruf" in der Be-Ruf-ung zu hören, muss man die Ohren weit öffnen. Es ist ein Oxymoron, also ein Widerspruch in sich, eine Berufung wählen zu wollen. Die ganze Idee stammt aus der Bibel, in der Gott immer wieder Menschen in seinen Dienst beruft. Es gibt immer einen „Berufenden" und einen „Berufenen".

Sie und ich sind die Berufenen und Gott ist der Berufende. Er stattet seine Arbeiter mit allem Nötigen aus und verteilt die Jobs. Michael Novak beschreibt dies sehr anschaulich:

> „Wir haben uns die Persönlichkeit, die Talente und Sehnsüchte, mit denen wir geboren wurden, nicht selbst verliehen. Wenn wir diese Geschenke von außerhalb unserer selbst annehmen, dann erfüllen wir etwas, für das wir geschaffen sind. Der Schöpfer aller Dinge kennt unseren Namen, weiß besser als wir selbst, was in uns liegt, denn er hat es selbst in uns hineingelegt, damit wir etwas damit anfangen – etwas, das mit seinen Absichten für viele andere Menschen zu tun hat [...]. Selbst wenn wir es nicht immer so sehen, hat doch jeder von uns eine Berufung erhalten – vom Schicksal, durch Zufall, durch Bestimmung, von Gott. Die, die sie entdeckt haben, sind glücklich zu schätzen!"[7]

Parker Palmer, ein bekannter Quäker, fügt noch einen weiteren Gedanken hinzu: „Alles im Universum hat eine Natur, das bedeutet sowohl Grenzen als auch Potenzial."[8] Für einen Künstler besteht eine der größten Schwierigkeiten darin zu wissen, wie das Material beschaffen ist, mit dem man arbeitet. Große Bildhauer verbringen Tage damit, den in Frage kommenden Stein zu studieren, bevor sie auch nur einen Meißel in die Hand nehmen. Und selbst dann schlagen sie keine Form aus dem Stein, sondern sie bringen zu Tage, was er schon immer enthalten hat. Begabte Töpfer wissen, dass der Ton ihnen, während sie ihn kneten und formen, erzählt, was er werden kann und was nicht. Amateuren fehlt diese Unterscheidungsfähigkeit. Für mich war jeder Tonklumpen im Werkunterricht ein potenzieller Aschenbecher ...

Auch Sie haben ein Wesen mit ganz speziellen Eigenschaften, Stärken und Grenzen. Frederick Buechner schrieb, dass die Berufung „der Ort ist, an dem deine tiefste Freude auf die größte Not der Welt trifft".[9] Es ist nicht schwer herauszufinden, wo die Not der Welt liegt. Sie ist überall! Was schon schwieriger ist, ist herauszufinden, wo Ihre tiefste Freude zu finden ist. Welche Arbeit bringt Ihnen wirkliche Freude? Für was empfinden Sie Leidenschaft und Sehnsucht? Denn diese Gefühle sind ebenfalls Gaben Gottes. Bei Begabungen geht es um mehr als nur Talent – sie schließen Leidenschaft mit ein. Wie Arthur Miller sagt: „Es ist das Lebensblut eines Menschen, das Lied, das zu singen sein Herz sich sehnt, das Rennen, für das seine Beine geschaffen wurden. Mit Begabungen geht eine gewisse Elektrizität einher. Wenn ein solcher Mensch dich berührt, springt ein Funke über."[10]

Eines meiner Lieblingsbilder für die „tiefe Freude", die Gott sich für seine Schöpfung wünscht, steht in Psalm 19, Verse 5 und 6: „Gott hat der Sonne ein Zelt gebaut. Sie kommt daraus hervor, wie der Bräutigam aus dem Brautgemach, wie ein Sieger betritt sie ihre Bahn."

Ich sehe diesen „Sieger" vor mir, wie er die Bahn betritt. Er weiß, dass er sich anstrengen muss, dass ihn dieses Rennen alles kosten wird. Aber er liebt es zu rennen. Er mag die Herausforderung. Er tritt nicht an, um am Ende die Trophäe zu gewinnen, sondern weil er das Rennen an sich liebt.

So wie ein Lehrer, der vor einer Klasse voller skeptischer Schüler steht und versucht, ihnen die Tür zum Wissen zu öffnen.

So wie ein Manager, der vor einem Unternehmen voller moralischer Herausforderungen und begrenzter Ressourcen steht und es nicht abwarten kann, in die Posaune zu blasen und das Potenzial seiner Mitarbeiter freizusetzen.

So wie ein Autor, der vor seinem verhassten leeren Bildschirm sitzt, und die Deadline rückt immer näher ... aber er weiß, dass es keine größere Freude für ihn gibt als kreatives Schreiben.

So wie der Gärtner, der es liebt, Schönheit zu erschaffen; der Buchhalter, der Freude an der Ordnung hat; die Krankenschwester, die gern heilt; der Mechaniker, der sich an seinen geschickten Händen freut.

Das bedeutet leider nicht, dass es automatisch immer nur Freude bringt, wenn man der eigenen Berufung folgt. Oft heißt das auch, in Situationen die Zähne zusammenzubeißen und weiterzumachen, wenn es viel einfacher wäre aufzugeben. Doch selbst das birgt noch eine gewisse Befriedigung, wenn ich weiß, dass ich von Gott für diese Aufgabe ausgestattet und berufen worden bin.

Parker Palmers wunderbares Buch *Let Your Life Speak* („Lass dein Leben sprechen") beschäftigt sich intensiv damit, wie wir unsere Berufung entdecken. Er schreibt über die Zeit, in der ihm auf Grund seiner wachsenden Popularität das Dekanat an einer Universität angeboten wurde. Diese Position anzunehmen, hätte in finanzieller Hinsicht, aber auch im Bereich Status und Einfluss eine Verbesserung bedeutet. Vom karrieretechnischen Standpunkt aus betrachtet musste man nicht lange nachdenken.

Doch die Quäker haben eine Tradition, nach der jemand, der vor einer wichtigen Entscheidung steht, ein halbes Dutzend Freunde um sich versammelt, die als „Klarheits-Komitee" fungieren. Sie stellen Fragen, die helfen sollen, Gottes Plan und seine Berufung im Leben des Betreffenden klarer zu machen. Palmer gibt zu, dass er in diesem Fall die Freunde hauptsächlich zusammengerufen hatte, um mit einem Jobangebot zu prahlen, das er im Grunde schon anzunehmen beschlossen hatte.

Zuerst waren die Fragen noch ganz einfach – was war Parkers Vision für die Hochschule; welchen Dienst erwies sie der Gesellschaft und so weiter. Dann stellte jemand eine scheinbar simple Frage: „Parker, was würde dir am Dekan sein gefallen?"

Interessanterweise musste Parker darüber ziemlich lange nachdenken. „Na ja, mir würden die ganzen politischen Dinge nicht so liegen ... ich würde auch nicht so gern über finanzielle Fragen nachdenken müssen ..."

„Ja", erinnerte der Frager ihn, „aber ich wollte eigentlich wissen, was dir an dem Job gefallen würde!"

„Dazu komme ich ja noch", sagte er irritiert, führte dann aber noch einige unangenehme Dinge auf: „Ich würde nicht gern meinen Sommerurlaub aufgeben, und es würde mir auch nicht gefallen –"

Der Frager stellte seine Frage ein drittes Mal. Palmer schreibt:

„Ich fühlte mich gezwungen, die einzige ehrliche Antwort zu geben, die ich hatte – eine Antwort, die aus den Tiefen meines Herzens kam, eine Antwort, die mich abstieß, noch während ich sie aussprach: ‚Also', sagte ich mit ganz dünner Stimme, ‚ich denke, was mir an dieser Stellung am besten gefallen würde, ist die Tatsache, dass mein Bild in der Zeitung erscheinen würde mit dem Wort Dekan darunter.'

Ich saß da mit erfahrenen Quäkern, die wussten, dass ich meine eigene Antwort lächerlich fand. Doch sie lachten nicht, sondern schwiegen einfach nur. Ein Schweigen, während dessen ich nur schwitzen und innerlich stöhnen konnte.

Schließlich durchbrach mein Freund die Stille mit einer Frage, die uns alle traf und mich auf den Boden der Tatsachen zurückbrachte: ‚Parker', sagte er bedächtig, ‚gibt es keinen leichteren Weg, in die Zeitung zu kommen?'"[11]

Wenn Palmer die Stellung angenommen hätte, wäre vieles in seinem Leben nicht mehr so gewesen wie zuvor. Er wäre ständig erschöpft und überarbeitet gewesen, entmutigt, freudlos, energielos und frustriert.

> Dieses Verhalten wird von Psychologen als das „Heuchlersyndrom" bezeichnet – ein Gefühl, das Menschen (besonders erfolgreiche) oft haben: dass sie viel zu viel Zeit und Energie darauf verwenden, ihre eigene Unfähigkeit vor anderen zu verbergen.

Wenn er wie die meisten von uns gewesen wäre, hätte Palmer wohl angenommen, dass die Leute aus seiner Gemeinde eben etwas seltsam waren und die Situation nicht richtig einschätzten. Aber er erkannte, dass sie Recht hatten.

„Sie können Ihre Berufung nicht wählen", schreibt Palmer. „Sie müssen Ihr Leben sprechen lassen." Damit meint er, dass der größte Teil der Berufungsfindung nicht das Wählen ist, sondern das Zuhören!

Schon von Kindheit an fühlten Sie sich zu bestimmten Tätigkeiten hingezogen, taten gern bestimmte Dinge, auch wenn diese vielleicht nicht den größten Anklang in Ihrer Familie gefunden haben. Vielleicht lieben Sie die Einsamkeit, und das inmitten einer Gesellschaft, die extrovertierte Menschen fordert. Vielleicht sind Sie ein Freund spontaner Einfälle in einer Familie, die Vorhersagbarkeit schätzt. Es wird Mut und Durchhaltevermögen erfordern, die Persönlichkeit zu entdecken und ihr treu zu sein, als die Gott Sie geschaffen hat. Mit der Zeit wird Ihr Herz aber seine Sehnsüchte offenbaren.

Vielleicht sind Sie dazu bestimmt, zu lernen und durch Ihr Lernen anderen zu nützen. Sie fühlen sich zum Lesen, Nachdenken, Schreiben und Lehren hingezogen. Doch wenn man Sie davon überzeugt, dass Sie die Karriereleiter hochfallen müssen, um etwas zu sein, dann werden Sie Ihr Leben in die falsche Richtung führen. Ihr Leben darf nicht Zeugnis von dem ablegen, was eigentlich in Ihnen steckt.

Vielleicht sind Sie eine Frau, die Führungsqualitäten hat und im Grunde gern die Hügel des Lebens erstürmt. Doch Ihnen wurde immer gesagt, dass Frauen solche Dinge nicht tun, dass sie im Hintergrund bleiben sollen ... und Sie werden Ihre Begabung begraben. Ihr Leben darf nicht Zeugnis von dem ablegen, was eigentlich in Ihnen steckt.

> **Es ist sehr wichtig, dass man unterscheiden kann, was man einfach um seiner selbst willen tut und was man wegen der möglichen Vorteile tut, die es bringt.**

Der Forscher Mihaly Csikszentmihalyi hat eine Studie an 200 Künstlern durchgeführt, die 18 Jahre zuvor von der Kunstakademie abgegangen waren. Er fand heraus, dass nur die, die in ihrem Studium aus reiner Freude an der Kunst gemalt hatten, später auch wirklich ernsthafte Künstler geworden waren. Diejenigen, die in der Hoffnung auf Ruhm und Reichtum an die Hochschule gegangen waren, wanderten zu anderen Berufen ab. „Künstler müssen vor allem anderen malen wollen. Wenn der Künstler vor seiner Leinwand steht und sich ausmalt, für wie viel Geld er das fertige Gemälde wohl verkaufen kann oder was die Kritiker davon halten werden, wird er nicht in der Lage dazu sein, seine ganz eigenen Wege zu beschreiten. Kreative Errungenschaften beruhen immer auf absoluter Hingabe."[12]

Manchmal ist diese Entscheidung – ob man das Leben Zeugnis von dem ablegen lässt, was in ihm steckt, oder nicht – der kleine Schritt zwischen Versagen und Größe. William McFeelys Biografie von Ulysses Grant beschreibt einen Mann, der besondere Fähigkeiten für militärische Leitungspositionen und für das Schreiben besaß (seine Memoiren gelten als absoluter Klassiker der Militärliteratur), aber völlig unfähig war zu geschäftlichen Transaktionen und Politik. Grant verstand das Leben in Washington nicht, geschweige denn genoss er es, und er wird meist als einer der uneffektivsten Präsidenten der USA beurteilt. In seiner letzten – und außergewöhnlichsten – Rede entschuldigte er sich für seine Mängel: „Es war mein Glück, oder Unglück, dass ich ohne vorhergehende politische Schulung zum Präsidenten berufen wurde."[13]

Warum hatte sich dieser Kriegsheld so sehr um eine Position bemüht, die er weder mochte noch verstand? „Sein persönliches Bedürfnis war es, den enormen Respekt zu erhalten, den man ihm überall im Norden entgegengebracht hatte. [...] Er wollte in dieser Welt etwas bewirken. Ein bisschen Bekanntheit, ein wenig Verständnis, dass er wusste, was er tat ... das war alles, was er brauchte. Er wollte anerkannt werden." Die eigenen Wünsche hatten Grant davon abgehalten, seine Begrenzungen zu erkennen. Er liebte seine Aufgabe gar nicht ... auch er wollte im Grunde nur sein Bild in der Zeitung sehen mit dem Wörtchen „Präsident" darunter ...

Wir alle sind mit dieser Versuchung konfrontiert. Ein Bekannter von mir, dessen Vater sehr erfolgreich gewesen war, beschloss, in denselben Geschäftszweig einzusteigen. Niemand drängte ihn dazu, und vielleicht hätte er sogar Abstand davon genommen, wenn ihn jemand gedrängt hätte. Seine Versuchung war viel subtiler: Der Erfolg seines Vaters öffnete ihm Türen in diesem Bereich, die ihm sonst verschlossen geblieben wären. Außerdem war er mit Gesprächen, Diskussionen und Anerkennung rund um diesen Arbeitsbereich aufgewachsen. Andere Berufe schienen nicht so interessant zu sein. Wie auch immer – er hat jetzt 20 Jahre damit verbracht, seinen eigenen Vater zu spielen und sich selbst davon zu überzeugen, dass er recht gut darin ist. Doch es wird immer schwieriger für ihn, diese Fassade aufrechtzuerhalten. Die Realität – *Ich bin nicht mein Vater; ich habe nicht seine Begabungen und seine Energie* – wäre zu schmerzhaft für ihn. Seine Frau erkennt dies klar und deutlich und versucht ab und zu, ihm die Wahrheit mitzuteilen, doch er kann sie nicht hören. Er achtet sein Rohmaterial nicht.

Da gibt es diese Frau, die sich nach Aufmerksamkeit sehnt und ganz sicher ist, dass sie als Schauspielerin oder Sängerin Erfolg haben muss, um sie zu bekommen. Sie klammert sich an diesen Traum, obwohl es überwältigend viele Hinweise dafür gibt, dass dies nicht das ist, wozu Gott sie geschaffen hat. Sie hängt so sehr an diesem Wunschtraum, dass es sie jedes Mal tief verletzt, wenn jemand vorsichtig andeutet, dass sie vielleicht einen Fehler macht. Dann fühlt sie sich abgelehnt und läuft weg. Sie achtet ihr Rohmaterial nicht.

> Wenn ich meine Veranlagungen und Gaben nicht schätze, wird die Realität mein Feind. Ich verschließe meine Augen und Ohren für die Möglichkeit, dass ich etwas anstrebe, für das ich nicht berufen oder begabt bin. Und in meinem Inneren bin ich dazu verdammt, in chronischer Angst zu leben, Angst, die mir ständig zuflüstert, dass ich nicht der bin, der ich vorgebe zu sein.

Wenn ich den Mut habe, meine Begrenzungen zu erkennen und anzunehmen, kann ich große Freiheit erleben. Wenn mir dieser Mut fehlt, werde ich von meinen Grenzen gefangen gehalten. Manche stören mich nicht sehr; es beeinträchtigt mein Leben kaum, dass ich handwerklich unbegabt bin und keine gerade Linie malen kann. Doch ich habe ein paar Grenzen, die mir richtig wehtun. Sie schließen Träume mit ein, die ich schon so lange mit mir herumtrage, wie ich denken kann. Diese Grenzen anzuerkennen war für mich, als müsste ich sterben. Manchmal habe ich mich sogar gefragt, ob ich überhaupt eine wirkliche Berufung habe.

Ich denke gerade an Menschen, die besonders intelligent sind. Es gibt ja Leute, die die Fähigkeit besitzen, so viel zu lernen und Einsichten zu gewinnen, dass sie bleibende Beiträge zur Suche nach der Wahrheit und nach Wissen leisten können. Sie sitzen an dem Tisch, an dem die „große Konversation" der menschlichen Rasse stattfindet. Ich bin in der Schule ganz gut mitgekommen, aber an diesem Tisch werde ich niemals sitzen.

Ich beobachte geborene Leiter, die enorme Energie besitzen und tief in sich große Reserven an Optimismus und Vertrauen haben, mit denen sie die Menschen in ihrer Umgebung „betanken" können. Solche Leute haben eine Art inneren Detektor, der ihnen hilft, Menschen zu fördern und ihre Aufgabe zu erfüllen. Ich bewundere das sehr und bin schon oft verwirrt und verletzt gewesen, wenn ich mich mit ihnen verglichen habe.

Parker Palmer schreibt über den Mythos des „grenzenlosen Ich":

„Wie viele gutbürgerliche Amerikaner, vor allem männliche weiße, wurde ich in einer Subkultur geboren und erzogen, in der behauptet wurde, ich könnte alles tun und werden, was ich wollte, wenn ich nur willens war, mich genug anzustrengen. Die Botschaft war, dass sowohl das Universum als auch ich keine Grenzen hatten. Gott hatte alles so erschaffen, und alles, was ich zu tun hatte, war, in diesem Programm mitzuwirken. Meine Probleme begannen natürlich, als ich schmerzhaft an meine eigenen Grenzen stieß und Bekanntschaft mit dem Versagen machte."[14]

Während ich diese Worte schreibe, erinnere ich mich an mein eigenes enttäuschendes Versagen. Noch viele Jahre später birgt die Erinnerung an dieses Versagen den Wunsch, mich davor zu verstecken oder Erklärungen vorzuschieben. Die Gründe waren nicht einfach mangelnde Anstrengung oder ungünstige Umstände (die ja einfach nur mehr Bemühungen meinerseits erfordert hätten); ich prallte einfach unsanft an meine eigenen Grenzen. Es ist sehr demütigend für mich zu erkennen, wie oft mein Wunsch danach, als erfolgreicher, starker, selbstbewusster Mensch gesehen zu werden, mich davon abgehalten hat, mein Versagen zu untersuchen und daraus zu lernen, wer ich bin und wer nicht.

Ich denke an die Träume, die ich für eine Gemeinde hatte, an deren Gründung ich beteiligt war. Sie wuchs einfach nicht zu dem heran, was wir uns erhofft und erwartet hatten. Ich weiß, dass zumindest zum Teil meine Begrenzungen dabei eine Rolle gespielt hatten. Es ist eine der größten Herausforderungen des Lebens, aus einer solchen Erfahrung zu lernen, die Realität zu akzeptieren und die Gnade anzunehmen, dass ich dennoch eine Berufung von Gott und auch die Fähigkeiten bekommen habe, diese Berufung zu erfüllen. Ich bin ganz sicher, dass eine enorme Freiheit und Freude darin liegt, die Grenzen anzuerkennen, die mich am meisten schmerzen.

Jeder von uns hat ähnliche Erfahrungen gemacht, und darum denke ich, dass eine der wichtigsten und schwierigsten Fragen, die wir uns selbst stellen können, die Folgende ist:

Was ist Ihre schmerzlichste Begrenzung? Was ist die Grenze, die anzuerkennen Sie am meisten fürchten? Wo vermeiden Sie es, die Wahrheit über sich selbst zu sehen?

Suchen Sie sich Ihr eigenes „Klarheits-Komitee"!

Genauso ist auch Paulus' Gebot, sich selbst nüchtern zu beurteilen, eines der schwierigsten in der Bibel. Zu einem exakten Urteil über sich selbst zu kommen – ein Urteil über eigene Leidenschaften, Gaben und Grenzen – ist eine riesige Herausforderung. Es erfordert ein starkes „Selbst-Bewusstsein" in dem Sinne, dass man sich seiner selbst bewusst ist. Man braucht aber auch die Hilfe anderer Menschen, um die toten Winkel der eigenen Wahrnehmung zu überwinden.

Wenn ich mir eine Person vor Augen führen soll, die solche Hilfe angenommen hat, dann fällt mir Bob Buford ein. Bob war ein sehr erfolgreicher Fernsehproduzent, der spürte, wie Gott ihn aus seinem äußerst bequemen Boot rief. In seinem Buch „Halbzeit" schreibt Bob, dass er erfolgreich war und nun seinem Leben echte Bedeutung verleihen wollte. Seine Frau Linda und er trafen sich also mehrmals mit einem Mentor, der Bob sehr dabei half, seine vagen Gefühle zu klären. Dann schlug dieser Berater einen ausgesprochen fragwürdigen nächsten Schritt vor: „Verkaufen Sie Ihr Unternehmen und investieren Sie das Geld in die religiösen Projekte, von denen Sie gesprochen haben."

Bob schreibt:

„Ich saß da wie betäubt von den Konsequenzen, die eine solche Entscheidung nach sich ziehen würde. Linda schien nicht weniger erstarrt. Ich konnte beinahe sehen, wie stereotype Bilder von Predigern, Missionaren und Mönchen an ihr vorüberzogen. Würden wir zu einem Ehepaar werden, das sein Geld unter den Armen verteilte, bis nichts mehr übrig war? Würde von uns erwartet werden, dass wir nun in Sack und Asche gingen? War das Leben, das wir gekannt und genossen hatten, zu einem plötzlichen Ende gekommen?"[15]

Bob stellte sich daraufhin ein „Klarheits-Komitee" zusammen (wobei er nicht diesen Ausdruck dafür verwendete). Mit vereinten Kräften halfen ihm diese Ratgeber zu erkennen, dass seine größte Stärke und Leidenschaft darin liegt, strategisch zu denken und organisiert zu leiten. Wenn er sein Unternehmen verkaufen würde, würde er eine Plattform verlieren, mit der er viel Gutes erreichen kann. Stattdessen ist er eigentlich ideal dazu ausgerüstet, Pastoren und Gemeindeleitern bei komplexen organisatorischen Aufgaben und missionarischer Effektivität zu helfen. Heute leitet Bob einen Dienst, der Christen in Leitungspositionen der Gemeinde unterstützt – und es macht ihm unglaublich viel Spaß! Wenn er einfach dem Vorschlag seines ersten Ratgebers gefolgt wäre und sein Unternehmen verkauft hätte, hätte er diese Erfahrung nie gemacht und diese Erfüllung nie erlebt.

In der Tradition der Quäker kommt ein Klarheits-Komitee nicht zusammen, um jemandem einen Rat zu geben (das werden ohnehin schon genügend Leute tun, ohne dass Sie sie darum gebeten haben!). Es werden dazu auch keine Menschen benötigt, die schon ihren eigenen Zeitplan für Ihr Leben aufgestellt haben. Die Hauptaufgabe dieser Gruppe ist es einfach, Ihnen Fragen zu stellen, gut zuzuhören und dann Gott um einen Hinweis für Ihre Berufung zu bitten.

Ich brauche also Leute, die mir Fragen stellen, wie zum Beispiel folgende:

- Was tue ich einfach nur um seiner selbst willen gern?
- Was vermeide ich tunlichst? Warum?
- Für was soll man sich eines Tages an mich erinnern?
- Wie könnte ein lukratives oder prestigeträchtiges Angebot mich von meiner wahren Berufung abbringen?
- Wie würde mein Leben aussehen, wenn es gelingen würde?

Machen Sie „risikoarme Testfahrten"

Gott nimmt unsere Arbeit sehr ernst! Arthur Miller hat es einmal so ausgedrückt:

> *„Es ist falsch, es ist eine Sünde, in einer Position zu verharren oder sie zu akzeptieren, obwohl Sie wissen, dass Sie nicht zu Ihnen passt. Vielleicht haben Sie noch nie daran gedacht, dass ein solches Verhalten Sünde sein könnte. Doch Gott hat Sie nicht auf diese Erde gesetzt, damit Sie Ihre Zeit mit jahrelanger Schufterei in einem Job verschwenden, der nicht seinem Entwurf für Ihr Leben entspricht – ganz egal, wie viel Sie vielleicht darin verdienen!"*[16]

Da es normalerweise Zeit und Geduld erfordert, seine Berufung zu entdecken, und die meisten von uns Rechnungen bekommen, die bezahlt werden müssen – was machen wir in der Zwischenzeit?

Dieser Prozess ist unangenehm für diejenigen von uns, die alles gleich und sofort lösen möchten, sogar das Berufungsproblem. Man ist dann versucht, sich zu schnell in eine Sache hineinzustürzen.

Eine Alternative ist das, was Bob Buford eine „risikoarme Testfahrt" nennt. Dieser Testfahrt liegt die Idee zugrunde, dass Sie Ihre augenblickliche Arbeitsstelle behalten, aber gleichzeitig das Wasser einer möglichen neuen Berufung testen. Beginnen Sie, Ihre Begabungen auf dem Gebiet auszuprobieren, in das Sie sich von Gott geführt glauben. In Bobs Fall bestand diese Testfahrt darin, sein Unternehmen zu behalten, aber gleichzeitig eine Gruppe von Pastoren großer Gemeinden anzusprechen und zu sehen, ob sie von seinem Wissen und seine Erfahrungen im Bereich Organisation profitieren konnten. Dies führte dazu, dass er die Hauptberufung seiner zweiten Lebenshälfte entdeckte und ausleben konnte. Doch das Risiko war nicht so hoch, dass er nicht noch an anderer Stelle hätte suchen können, wenn sich dieser Weg als Sackgasse entpuppt hätte. Wenn er impulsiv seinen Job aufgegeben und irgendeine Position in einer Gemeinde angenommen hätte, hätte er diese Chance vielleicht vertan.

Gordon Smith merkt an, dass echte Unterscheidungsfähigkeit die Entscheidungen und Tätigkeiten der Vergangenheit mit berücksichtigt. Gott ist ein sorgfältiger Arbeitgeber und verschwendet keine Ressourcen. Die Fähigkeiten und Kompetenzen, die Sie im Laufe Ihres Lebens erworben haben, sind ihm wichtig und fallen vielleicht unter den Tisch, wenn Sie Ihre jetzige Position zu schnell aufgeben.[17]

Vielleicht würde für Sie eine „risikoarme Testfahrt" so aussehen, dass Sie einen Kurzzeit-Einsatz in dem Bereich machen, den Gott möglicherweise für Sie vorgesehen hat. Vielleicht können Sie probeweise ein Seminar halten und Ihre Begabungen testen. Es hilft Ihnen sicher zu wissen, dass solche „Testfahrten" auch in der Bibel geschildert werden. Amos zum Beispiel wechselte ins Prophetenfach, hatte aber immer noch seine Stellung als Hirte in der Hinterhand. Selbst Paulus hat scheinbar weiterhin Zelte hergestellt, während er als Missionar und Gemeindegründer unterwegs war.

Eine Berufung bedeutet oft Mühe und Schmerzen

> Manchmal neigen wir dazu, den Begriff der Berufung zu romantisieren. Eine Berufung von Gott zu erhalten ist nicht dasselbe wie über die absolute Traumkarriere zu stolpern. Eine Traumkarriere beinhaltet meist Reichtum, Macht, Status, Sicherheit und allgemeine Vorteile. Eine Berufung sieht oft ganz anders aus.

Gott berief Mose: „Geh zum Pharao – dem mächtigsten Mann der Erde. Sag ihm, dass er seine gesamten Arbeitskräfte ersatzlos ziehen lassen soll, damit sie einen Gott anbeten können, an den er nicht glaubt. Dann überrede ein starrsinniges, schwieriges Volk dazu, mit dir in die Wüste zu fliehen. Das ist deine Berufung."

Und Mose sagte: „Hier bin ich, Herr – sende Aaron!"

Gott berief Jona: „Geh in die Stadt Ninive – die korrupteste und brutalste Metropole der Welt. Sag ihren Bewohnern, die dich nicht kennen und mich schon gar nicht, dass sie ihr Leben völlig ändern sollen oder sterben werden."

Und Jona sagte: „Wo ist der nächste Wal, der mich in die entgegengesetzte Richtung bringt?"

Gott berief Jeremia, zu einem Volk zu predigen, das nicht zuhören wollte. Es war so schwer und Jeremia vergoss so viele bittere Tränen, dass er als der „weinende Prophet" bekannt wurde. Wie würde Ihnen dieser Titel gefallen? Wer hätte schon gern eine Visitenkarte, auf der „der ächzende Art-Director" oder „der depressive Dermatologe" steht?

Normalerweise fühlten sich die Menschen, die Gott in der Bibel beruft, vollkommen ungeeignet. Als Gott Abraham aufforderte, seine Heimat zu verlassen, oder Gideon dazu berief, eine Armee zu führen, oder Esther dazu brachte, den König herauszufordern, oder Maria mitteilte, dass sie den Messias gebären würde, war die erste Reaktion ganz sicher nicht Zuversicht: „Natürlich, Herr! Ich nehme die Herausforderung an! Das schaffe ich schon!"

> Die normale erste Reaktion auf eine Berufung der Größe „XXL" ist meist nackte Angst.

Henry Blackaby schreibt:

„Manche Menschen sagen: ‚Gott wird mich nie um etwas bitten, das ich nicht tun kann.' Ich habe aber in meinem Leben erfahren, dass eine Aufgabe vermutlich nicht von Gott kommt, wenn es etwas ist, von dem ich von vornherein weiß, dass ich es schaffen kann. Die Aufgaben, die Gott in der Bibel verteilt, sind meist übergroß. Sie gehen immer über das hinaus, was Menschen tun können, weil Gott darin seinem Volk und der Welt sein Wesen zeigen will – seine Stärke, seine Fürsorge und seine Freundlichkeit. Nur so kann die Welt ihn kennen lernen."[18]

Dies bedeutet nicht, dass Gott uns zu Dingen und Handlungsweisen beruft, die unserem „Rohmaterial" Gewalt antun. Wo Gott beruft, begabt er auch.

Es bedeutet aber sehr wohl, dass ein Naturtalent allein noch nicht ausreicht, um eine Berufung von Gott zu erfüllen. Dazu braucht man auch Ideen, Kraft und Kreativität, die weit über die eigenen Ressourcen hinausgehen. Gott und ich müssen zusammenarbeiten. Wir sind nicht dazu berufen, *für* Gott zu arbeiten, sondern *mit* Gott!

Jeder Mensch, der in der Bibel Ja zu seiner Berufung sagte, musste einen hohen Preis bezahlen. So wird es bei Ihnen und mir auch sein.

Manchmal wird das viele Stunden Arbeit und Anstrengung bedeuten, wenn Sie eigentlich keine Lust haben. Werden Sie es trotzdem tun?

Vielleicht wird Ihre Berufung Ihnen nicht die Anerkennung oder den Wohlstand einbringen, auf die Sie immer gehofft haben. Können Sie diese Sehnsüchte loslassen?

Manchmal werden Sie sich ganz einem Traum hingeben – wie Jeremia –, und die Dinge werden nicht so laufen, wie Sie wollen.

Sie werden eine niederschmetternde Enttäuschung erleben. Können Sie durchhalten?

Irgendwo unterwegs werden Menschen und Umstände Ihnen Steine in den Weg legen. Können Sie diese überwinden?

Vielleicht wird es lange dauern, Ihre Berufung zu entdecken. Vielleicht werden Sie in viele Sackgassen laufen und einige Fehlstarts hinlegen. Wir Menschen sind ein ungeduldiges Völkchen und möchten sofort Resultate sehen. Werden Sie Geduld haben?

Karriere kontra Berufung

Unsere Gesellschaft spricht nicht mehr oft von Berufung. Man denkt eher in Begriffen wie „Karriere" oder „Erfolg". Doch für manche Menschen wird die Karriere zu einem Altar, auf dem sie ihr Leben opfern.

Benjamin Hunnicutt ist ein Historiker, der sich vor allem auf die Geschichte der Arbeit spezialisiert hat. Er fand heraus, dass die Arbeit unsere neue Religion geworden ist, der wir huldigen und all unsere Zeit widmen. Während die Hingabe an die Familie, die Gemeinschaft und den Glauben nachlässt, wenden sich die Menschen an ihren Beruf, um dort Bedeutung, Verbindlichkeit, Identität und Wert zu finden.[19]

> Meine Berufung, bei der ich etwas *für* Gott und *mit* Gott tue, wird ersetzt durch eine Karriere, die mein Gott zu *werden* droht. Meine Karriere suche ich mir selbst aus; meine Berufung ist etwas, das ich erhalte. Meine Karriere strebe ich für mich selbst an; die Berufung erfülle ich für Gott. Meine Karriere verspricht Status, Geld, Macht; die Berufung meist Schwierigkeiten und sogar Leid – und die Gelegenheit, etwas Sinnvolles für Gott zu tun. Eine Karriere dreht sich um die Mobilität nach oben; eine Berufung macht uns meist beweglich nach unten.

Als ich in den pastoralen Dienst ging, fragten mich die Menschen oft, wann ich meine Berufung erhalten hätte – so als ob ein Job bei der Kirche eine eindeutige Berufung erforderte, ein Managerposten aber einfach nur ein Schritt auf der Karriereleiter darstellte. Doch so funktioniert es nicht. Ich weiß nur zu gut, dass es möglich ist, Gemeindearbeit zu einer Karriere zu machen, bei der es um Vorteile und Verbesserungen geht. Und es ist ebenfalls möglich, einen „säkularen" Job in eine Berufung zu verwandeln, die wirklich Gott und anderen Menschen dient.

Eine Karriere endet mit der Pensionierung und vielen hübschen Spielsachen. Eine Berufung ist aber erst dann zu Ende, wenn Sie sterben. Der Lohn einer Karriere mag offensichtlich sein, aber er ist nur von begrenzter Dauer. Die Bedeutung einer Berufung hat Ewigkeitswert. Eine Karriere kann von verschiedenen Ereignissen unterbrochen werden, eine Berufung nicht. Wenn Gott Menschen beruft, befähigt er sie dazu, diese Berufung zu erfüllen, auch wenn die Umstände noch so widrig sind.

Die Bibel ist angefüllt mit Beispielen von Menschen, die in die Sklaverei gerieten oder ins Gefängnis und ins Exil geschickt wurden. Ihre Karriereaussichten waren nicht gerade glänzend, aber ihre Berufung erfüllten sie dennoch außerordentlich gut.

Der Pharao hatte eine steile Karriere vorzuweisen – aber Mose hatte eine Berufung. Potifar hatte eine beachtliche Karriere – aber Josef hatte eine Berufung. Haman war die Karriereleiter hinaufgefallen – aber Esther hatte eine Berufung. Ahab hatte Karriere gemacht – aber Elija hatte eine Berufung. Pilatus war ein Karrieretyp – aber Jesus war der Berufene.

Und so ist es nicht nur bei Menschen aus der Bibel.

Charles Colson steckte mitten in einer der vielversprechendsten Karrieren Amerikas. Er hatte direkten Zugang zur Macht. Er hatte enormen Einfluss. Doch dann landete er im Gefängnis. Er dachte, seine Karriere sei vorbei – und irgendwie stimmte das auch, denn seine berufliche Laufbahn war zu Ende. Doch seine Berufung fing gerade erst an zu greifen! Er wurde dazu berufen, anderen Männern im Gefängnis zu dienen. Er würde einer ganzen Nation durch seine Begabungen und seine Gebrochenheit dienen. Colson reflektiert: „Der wirkliche Wendepunkt meines Lebens war mein größtes Versagen – ich war ein Ex-Sträfling. Meine große Demütigung war der Anfang meiner Verwendbarkeit für Gott. Er wählte die eine Erfahrung aus, in der ich nicht brillieren konnte, um seine Größe zu zeigen."[20]

Manchmal ist in Gottes Augen das Ende einer Karriere der Anfang einer Berufung. Und Sie haben eine Berufung! Sie sind kein Ersatzteil, sondern Sie sind im Auftrag des Herrn unterwegs!

Aber denken Sie dran: Elterliche Hilfe ist erforderlich ...

Steigen Sie aus dem Boot

1. Inwiefern spiegelt Ihre augenblickliche berufliche Tätigkeit Ihre wahren Talente und Leidenschaften wider?
2. Wo hat Impulsivität Ihnen schon Ärger eingebracht? Wo haben Sie schon Leichtsinn mit Glauben verwechselt?
3. Denken Sie an Ihre Kindheit zurück: Welche Tätigkeiten und Dinge haben Ihnen die größte Freude und Erfüllung gebracht?
4. Welche Ihrer persönlichen Begrenzungen macht Ihnen am meisten zu schaffen?
5. Wie klar ist Ihr Sinn für Ihre Berufung? Ergänzen Sie den folgenden Satz mit ein oder zwei prägnanten Aussagen.

    Meine Berufung ist _____

    _____

    _____

6. Wie könnte eine risikoarme Probefahrt aussehen, mit der Sie Ihre Berufung austesten könnten?

Kapitel 4

*„,Komm!', sagte Jesus. Petrus stieg aus dem Boot,
ging über das Wasser und kam zu Jesus"*
(Mt 14,29).

Auf dem Wasser gehen

*Ich zog in den Wald, weil ich den Wunsch hatte,
mit Überlegung zu leben, dem eigentlichen,
wirklichen Leben näher zu treten [...], damit ich nicht,
wenn es zum Sterben ginge, einsehen müsste,
dass ich nicht gelebt hatte.*
Henry David Thoreau[1]

Vor einiger Zeit waren wir im Urlaub auf einer Touristenranch in Arizona. Meine Frau, die schon als Kind in den Ferien dort gewesen war, bestand darauf, dass die Erfahrung nur perfekt wäre, wenn ich erleben würde, wie begeisternd ein herausfordernder Ausritt war. Wir hatten zwar schon Ausflüge zu Pferd unternommen, aber die zählten nicht, weil es wenig Gelegenheiten gegeben hatte, herunterzufallen oder sich ernsthaft zu verletzen. Tatsächlich hatte ich noch nicht viel mit Pferden zu tun gehabt und traute diesen großen Viechern nicht über den Weg. Natürlich hätte ich das niemals zugegeben.

Am nächsten Morgen ritt ich also mit fünf waschechten Ranch-Cowboys hinaus, um die nicht benötigten Pferde auf eine etwa 10 Kilometer entfernte Weide zu treiben. Ich war schon gespannt, „mein" Pferd kennen zu lernen. Oft erhalten Pferde ja einen Namen, der sich auf einen signifikanten Aspekt ihrer Persönlichkeit bezieht. Wenn man also ein Ross namens „Valium" oder „Schnarchi" bekommt, weiß man, was man zu erwarten hat. Mein Pferd hieß „Reverse", ein Name, der sich auf seine Angewohnheit bezog, blitzschnell rückwärts zu rennen, sobald jemand für seinen Geschmack zu fest an den Zügeln zog. Ich machte mir also eine mentale Notiz, mit meinen Händen vorsichtig zu sein.

Der Ritt verlief ereignislos. Wir ließen die Herde auf die Weide und machten uns auf den Rückweg. Dann beschloss einer der Cowboys, ein kleines Rennen einzulegen. Er stob im Galopp davon und die anderen taten es ihm sofort nach. Auch mein „Reverse" wollte durchstarten und ich zog instinktiv an den Zügeln. Reverse erhob sich auf die Hinterbeine und machte dabei ein paar Schritte rückwärts, so wie Lone Rangers berühmtes Pferd Silver. Ich ließ schleunigst die Zügel los und Reverse schoss davon wie eine Kanonenkugel.

Ungefähr 2 Kilometer legte er in gestrecktem Galopp zurück. Ich spreche nicht von einem gepflegten Galopp, sondern von rasendem Tempo. Die Cowboys verbrachten praktisch ihr ganzes Leben auf dem Pferderücken, und dennoch überholten Reverse und ich vier von ihnen. Ich sage „Reverse und ich", aber natürlich leistete Reverse die Hauptarbeit. Ich wartete einfach nur auf den Tod. Im Flussbett neben uns spähte ich schon die Steine aus, an denen mein Schädel nach dem unvermeidlichen Sturz zerschellen würde.

Während ich mich noch fragte, was Nancy wohl mit der Lebensversicherungspolice anstellen würde, passierte etwas Erstaunliches: Ich bemerkte, dass ich nicht herunterfiel und sogar recht gute Chancen hatte, die Erfahrung zu überleben. Und dann wurde es zu einem der aufregendsten, tollsten, begeisterndsten Momente meines Lebens. Ich hatte ein paar Augenblicke von dem, was Mihaly Csikszentmihalyi „Flow" nennt – ein perfektes Erlebnis. Ich war vollkommen von einer einzigen Tätigkeit gefesselt. Alles, was ich hören konnte, war das Donnern der Hufe; ich fühlte den Wind in meinem Gesicht und den hämmernden Rhythmus des Galopps unter mir. Aus den Augenwinkeln konnte ich die überraschten Gesichter der vier Reiter der Apokalypse sehen, die wir überholten (ein Genuss!). Ich fühlte mich *lebendig* – von meinem inzwischen hutlosen Kopf bis zu den Zehen in den Stiefeln. Ich fing aus reiner Freude an zu lachen. Das Adrenalin schoss mir durch die Adern, und als wir wieder an der Ranch angekommen waren, wusste ich, dass dies der Ritt meines Lebens gewesen war.

Diese Erfahrung hätte ich im Nachhinein um nichts in der Welt missen wollen!

Natürlich ließ mein männlicher Stolz es nicht zu, vor den anderen einzugestehen, dass mein halsbrecherisches Tempo keineswegs beabsichtigt gewesen war. „Ein gutes Pferd", sagte ich gönnerhaft. „Hat vielleicht nicht die beste Kondition, aber nicht schlecht."

Meine einzige Wahl war es gewesen, Ja oder Nein zu diesem Ritt zu sagen. Als ich das Pferd bestieg, hatte ich noch keine Ahnung, was passieren würde. Ich kannte die Details nicht; wenn ich sie gewusst hätte, hätte ich vielleicht dankend abgelehnt und wäre zu Hause geblieben. Doch dann hätte ich dieses großartige Erlebnis versäumt. Sobald ich den ersten Schritt gemacht hatte und in den Sattel gestiegen war, wurde eine ganze Maschinerie an Erfahrungen in Bewegung gesetzt. Alles andere lag am Pferd; ich konnte es nicht kontrollieren; ich hätte es höchstens ganz verpassen können.

Hellauf begeistert

Im Grunde ereignete sich der Höhepunkt in Petrus' Geschichte ungefähr in der Mitte der Passage. Er steckt in einem kleinen Satz: „Petrus ... ging über das Wasser." Es gibt viele andere Einzelheiten in der Geschichte; der Sturm, die Angst vorher und nachher, das Versagen, die Kritik. Auch sie sind wichtig, und wir lernen aus ihnen, weil wir all diese Widrigkeiten kennen. Aber sie sind nicht die ganze Geschichte. Mittendrin steckt ein bemerkenswertes Erlebnis: Petrus ging auf dem Wasser! Er erlebte die Freude und Freiheit, die es mit sich bringt, wenn man Gottes Macht erlebt, nachdem man ein gewaltiges Risiko eingegangen ist.

Ich denke, dass Petrus die Erinnerung an diesen Moment immer mit sich trug: das Gefühl des Wassers, das irgendwie fest unter seinen Füßen war; der Sturm, der ihm ins Gesicht blies; die fassungslosen Gesichter der anderen, als er an ihnen vorbeiging (ein Moment, den er sicher sehr genossen hat!). Ich denke, er wusste, dass dies der Gang seines Lebens war.

Ich frage mich, was wohl in ihm vorgegangen ist ...

„Ich kann es nicht fassen! Niemand hätte gedacht, dass ich das wirklich tun würde – ich habe es nicht mal selbst geglaubt! Als ich den Bootsrand losließ, was das der härteste Moment meines Lebens. Ich hatte Todesangst. Aber nun tue ich genau das, was Jesus tut. Ich weiß nicht, wie das geht – ich mache nichts Besonderes. Aber etwas – Jemand! – hält mich. Ich beginne zu verstehen ... Es ist wahr! Er ist wirklich der Eine! Nichts wird nach dieser Erfahrung mehr so sein wie vorher. Ich kann mich nie wieder mit einem Leben im sicheren Boot zufrieden geben ..."

Und ganz besonders gut wird sich Petrus an den Ausdruck in Jesu Gesicht erinnert haben, denn ich glaube, dass Jesus vor Freude gestrahlt hat, weil einer seiner Jünger ihm so sehr vertraute. Ich denke, dass sie sich die ganze Zeit in die Augen geschaut haben. Aus dem Boot zu steigen war Petrus' größtes Geschenk an Jesus; die Erfahrung des Wasserlaufens war Jesu größtes Geschenk an Petrus.

Es ist das Risiko wert

Die meisten von uns hören gern Berichte darüber, wie mächtig Gott ist. Die Bibel enthält viele Bilder und Beschreibungen, die uns daran erinnern: Er ist ein Fels, eine Festung, ein starker Turm; er ist ein König und Krieger; er fährt auf Wolkenwagen und Flammen sind sein Kleid (und ich dachte, mein Galopp mit Reverse sei aufregend gewesen!). Wir lesen, dass ein Blick von Gott die Welt zum Beben bringt, die Berge beginnen zu rauchen, und wenn er die Stimme hebt, schmilzt die Erde.

Ich lese auch gern von dem Gegensatz zwischen Jesu Vertrauen und der Angst der Jünger. Einmal, in einem anderen Boot, tobte ebenfalls ein schlimmer Sturm. Jesus hielt ein Nickerchen, während die Jünger sicher waren, dass sie bald sterben würden. Als sie ihn aufweckten, war Jesus nicht im Mindesten nervös. Er ging einfach zur Seite des Bootes und sagte zum Sturm: „Schweig! Sei still!" (Mk 4,39).

Stellen Sie sich vor, Sie seien mitten in einem wilden Sturm auf einem Boot und sähen dabei zu, wie ein Mann mit den Naturgewalten spricht – und diese gehorchen ihm! Was meinen Sie: Hatten die Jünger weiterhin Angst? Oder wurde ihre Angst in eine andere Richtung gelenkt?

> Die meisten Menschen mögen Geschichten über den mächtigen Gott, dem wir dienen. Doch da gibt es ein Problem: Diese Information allein ist nicht genug, um mutige Menschen zu schaffen. Ich kann jede Menge Informationen erhalten, die mir versichern, dass Gottes Macht riesengroß ist. Doch das verwandelt mein Herz und meinen Charakter noch längst nicht. Damit eine solche Transformation stattfinden kann, sind bestimmte Handlungsweisen und Erfahrungen nötig.

Ein klassisches Beispiel ist das Volk Israel, das sich immer wieder fragte, ob Gott auch weiterhin für sie sorgen würde. Immer wieder erinnert Gott sie: „Sei mutig und entschlossen! Hab keine Angst, und lass dich durch nichts erschrecken; denn ich, der Herr, dein Gott, bin bei dir, wohin du auch gehst!" (Jos 1,9).

Als die Israeliten den Jordan überqueren müssen, verspricht Gott, ihnen einen Weg zu bahnen. Sie können darauf vertrauen, dass er sie sicher ans andere Ufer bringt. Doch Gott bittet sie, einen ersten Schritt zu tun: „Sobald die Priester, die [die Bundeslade] tragen, ihre Füße ins Jordanwasser setzen, wird kein Wasser mehr nachfließen. Der Fluss wird sich weiter oben anstauen wie vor einem Damm. Daran sollt ihr erkennen, dass ihr einen lebendigen Gott habt" (Jos 3,10–13).

Mit anderen Worten: Das Volk wird die Macht Gottes erleben – aber sie müssen den ersten Schritt selbst tun. Dies schließt nicht nur eine rationale Anerkennung von Gottes Macht ein, sondern sie müssen *handeln*, basierend auf der Annahme, dass Gott vertrauenswürdig ist. Sie müssen sich die Füße nass machen.

Vor einigen Jahren stellte mir jemand eine sehr gute Frage, die mir geholfen hat festzustellen, ob ich mich in einigen Bereichen meines Lebens tatsächlich aus dem Boot herausbegebe: Was tue ich, das ich ohne die Macht Gottes nicht tun könnte?

Wenn man Petrus diese Frage stellen würde, wäre die Antwort ganz einfach und geradeheraus. Natürlich war Gottes Macht die einzige Erklärung für seinen kleinen Wasserspaziergang. Wie sieht es mit Ihnen aus? Gibt es in Ihrem Leben gerade eine Herausforderung, die so groß ist, dass Sie sie ohne Gottes Macht nicht bewältigen können?

> Wenn man auf dem Wasser gehen will, muss man zuerst bereit sein, nasse Füße zu bekommen. Dann entdeckt man, dass die Sache das Risiko wert ist.

Wenn ich zum Beispiel das Risiko eingehe, großzügig zu geben, entdecke ich, dass ich Gott wirklich zutrauen kann, dass er für mich sorgt – aber zuerst muss ich ins kalte Wasser springen.

Wenn ich das Risiko eingehe, einem anderen Menschen eine Sünde zu beichten, die ich begangen habe, entdecke ich, dass Gott Ehrlichkeit schätzt und belohnt. Aber zuerst werde ich gehörig kalte Füße bekommen!

Wenn ich das Risiko eingehe, meine geistlichen Gaben einzusetzen, entdecke ich die Freude, die es bedeutet, von Gott gebraucht zu werden. Aber ich muss zuerst bereit sein, mir nasse Füße zu holen.

Gott sorgt normalerweise für Glaubenswachstum, indem er Menschen darum bittet, den ersten Schritt zu tun. Als Gott Mose dazu berief, aus dem Boot zu steigen – indem er den Pharao vor den Kopf stieß und sein störrisches Volk leitete –, schreckte Mose zurück. Also bat Gott ihn um einen ersten kleinen Schritt: „Wirf [deinen Stab] auf die Erde" (Ex 4,3). Mose tat es und der Stock verwandelte sich in eine Schlange. Schlangen wurden in Ägypten angebetet und galten als gefährlich. Deshalb erwischte das nächste Kommando Mose eiskalt: „Pack sie beim Schwanz!" (Ex 4,4). Also, wenn ich jemals eine Giftschlange hochnehmen sollte – was zum Glück ziemlich unwahrscheinlich ist –, würde ich sie ganz sicher hinter dem Kopf packen, sodass sie mich nicht beißen kann.

Ich glaube kaum, dass eine Schlange besonders begeistert davon ist, gepackt zu werden, und wenn man sie am Schwanz anfasst, lässt ihr das beunruhigend viel Manövrierfähigkeit. Doch Gott wollte, dass Mose das Prinzip des ersten Schrittes kennen lernte. Deshalb musste er die Schlange aufheben und prompt verwandelte sie sich wieder in einen Stab. Mose merkte, dass Gott treu war, doch er musste die Schlange erst anfassen.

Gott versprach Mose und den Israeliten die Freiheit. Er rettete sie vor dem Pharao, aber zuerst mussten sie einen Vertrauensschritt wagen. Sie mussten zum Meer gehen, *bevor* Gott es teilte.

Dieses Muster wiederholt sich immer wieder in der Bibel.

Naaman muss sich siebenmal im Jordan waschen, *bevor* er von der Lepra geheilt wird. Gideon muss seine Armee von 32 000 Mann auf 300 „gesundschrumpfen", *bevor* Gott ihm den Sieg über die Midianiter schenkt. Die Brote und Fische müssen hergegeben werden, *bevor* Jesus sie vermehrt. Das Weizenkorn muss in die Erde fallen und sterben, *bevor* neue Frucht daraus entstehen kann.

Wenn ich eine größere Dosis von Gottes Macht in meinem Leben erfahren will, muss ich meist dem Prinzip des ersten Schritts folgen. Es fängt damit an, dass ich einen Glaubensschritt gehe, weil ich Gott genug vertraue. Einfach nur Informationen über seine Macht zu haben ist nicht genug. Ich muss mir die Füße nass machen.

Oft hat man in dem Schlüsselmoment, in dem man Ja sagt, noch keinen Einblick in mögliche Konsequenzen. Eltern wissen nicht, was es sie kosten wird, Kinder in die Welt zu setzen. Kein Paar kennt das Maß an Freude oder Schmerzen, das ihre Ehe ihnen einbringen wird. Und es ist gut, dass wir all das nicht vorher wissen, sonst würden wir wohl nie erste Schritte tun. Doch wenn ich Ja sage, setze ich ein Abenteuer in Bewegung, das mein Leben für immer verändern wird.

Wie Glaube wächst

Ich denke, dass ein wichtiger Grund, warum Gott uns so oft den ersten Schritt abverlangt, das Wesen des Glaubens betrifft. Die meisten Menschen wünschen sich zumindest in Teilbereichen ihres Lebens mehr Glauben. Ich kenne sogar Leute, die sich richtiggehend mit dem Gedanken herumquälen, dass sie zu wenig Glauben haben. Sie sind sicher, dass ihr mangelnder Glaube der Grund für ihre nicht erhörten Gebete, geistliche Lauheit oder ihre Distanz von Gott ist.

Martin Luther, der vor allem mit seinem Kampf für die Rechtfertigung allein durch den Glauben bekannt wurde, kannte auch Zweifel:

> *„In Thorgau kam eine verkrümmte kleine Frau zu mir und sagte: ‚Ach, Doktor Luther, ich denke, dass ich verloren bin und nicht gerettet werde, weil ich nicht glauben kann!' Ich gab zurück: ‚Glauben Sie, gute Frau, dass das, was Sie im Glaubensbekenntnis aussprechen, wahr ist?' Sie antwortete mit gefalteten Händen: ‚Oh ja, das glaube ich! Es ist ganz sicher wahr!' Dazu ich: ‚Dann gehen Sie in Gottes Namen, gute Frau! Sie glauben tiefer und fester als ich!'"*[2]

Es ist der Teufel, der solche Ideen in die Köpfe der Leute setzt und sagt: „Ach, du musst mehr glauben! Du musst fester glauben! Dein Glaube ist schwach und reicht nicht aus!" Und auf diese Weise treibt er sie in die Verzweiflung.

Wenn Menschen mit Zweifeln zu kämpfen haben, dann reden sie sich manchmal ein, sie müssten versuchen, *mehr* Glauben zu haben. Aber Glauben kann man nicht stärken, indem man sich einfach mehr Mühe gibt.

Stellen Sie sich vor, jemand würde zu Ihnen sagen: „Ich zweifle daran, dass es Arnold Schwarzenegger wirklich gibt." Was würden Sie dieser Person raten? Würden Sie sagen: „Gib dir einfach mehr Mühe, daran zu glauben!"? Der beste Rat für diese Person wäre etwas in der Art: „Versuch, ihm persönlich zu begegnen. Such dir Menschen, die ihn kennen, und frag sie, ob es ihn wirklich gibt und wie er so ist."

Mit Gott ist es ähnlich. Man kann nicht einfach versuchen, mehr zu glauben – man muss Gott immer besser kennen lernen, um an ihn zu glauben. Und weil Gott treu ist, vertraut man ihm immer mehr, je besser man ihn kennt. Um seine Vertrauenswürdigkeit zu überprüfen, muss man das Risiko eingehen, ihm zu gehorchen.

Ole Hallesby schreibt über den Vater, der zu Jesus kommt und ihn bittet, ihm zu helfen, „wenn du kannst" (Mk 9,23 ff.).

„Was heißt hier: ‚Wenn du kannst'?", fragt Jesus. „Wer Gott vertraut, dem ist alles möglich."

„Ich vertraue ihm ja", sagte der Mann, „und kann es doch nicht! Hilf mir vertrauen!"

Wie in den meisten von uns herrschte in ihm ein Durcheinander aus Glauben und Zweifeln. Wie viel Glauben hatte er wohl?

„Genug, um zu Jesus zu kommen", schreibt Ole Hallesby. „Und das reicht."[3]

Wie viel Glauben brauche ich? Ich brauche nicht das Gefühl absoluter Sicherheit. Nur genug Glauben, um einen Schritt zu wagen.

Ein einziger Schritt

Auf dem Höhepunkt des Films „Indiana Jones und der letzte Kreuzzug" muss Indy drei große Prüfungen bestehen, um den Heiligen Gral zu finden und seinen sterbenden Vater zu retten. Der erste Prüfstein ist der „Atem Gottes". Während er einen langen Gang hinuntergeht, muss Indy sich genau im richtigen Moment bücken, damit ihm nicht der Kopf von aus der Wand sausenden Klingen abgeschlagen wird.

Die zweite Prüfung nennt sich „Das Wort Gottes". Auf einzelnen Steinplatten sind Buchstaben des lateinischen Alphabets abgebildet. Indy muss lediglich auf die richtigen Steine treten – die lateinischen Buchstaben für „Gott" in der richtigen Reihenfolge –, damit sich nicht der Boden unter ihm auftut.

Die dritte Prüfung, „Der Pfad Gottes", ist die schwierigste. Indy kommt an den Rand eines Abgrunds, der ungefähr 30 Meter breit ist und in schwindelnde Tiefe reicht. Auf der anderen Seite befindet sich der Heilige Gral. Die Anweisung lautet: „Allein beim Sprung vom Kopf des Löwen wird er sich als würdig erweisen."

Indy sagt sich: „Völlig unmöglich. Das kann doch niemand schaffen!" Dann erkennt er, dass die Prüfung einen Sprung des Glaubens erfordert. Sein Vater ruft ihm zu: „Du musst glauben, mein Junge, glaube ganz fest!" Obwohl jede Faser seines Körpers schreit, dass er es nicht tun soll, geht Indy zum Rand des Abgrunds, hebt einen Fuß und – macht einen Schritt ins Nichts.

Wenn Sie den Film gesehen haben, wissen Sie, was dann passiert: Indy stürzt nicht in den Tod, sondern wird von einer unsichtbaren Hand gehalten.

„Es ist aber unmöglich, dass Gott an jemand Gefallen hat, der ihm nicht vertraut", sagt der Verfasser des Hebräer-Briefs (Hebr 11,6). Wie viel Glauben ist erforderlich? Die gute Nachricht lautet: Man braucht keine Sicherheit! Indiana Jones darf Zweifel haben, und zwar jede Menge. Es spricht nicht gegen ihn, wenn er wenig Zutrauen verspürt. Welch ein Glück, denn die Schweißperlen auf seiner Stirn sprechen dafür, dass er kein Fels in der Brandung ist.

Er braucht nur genug Glauben, um einen Schritt zu tun. Er muss sein Leben riskieren. Größtenteils ist das eine Willensfrage. Wenn er willens ist, so zu handeln, als sei eine Brücke da, wird auch eine Brücke da sein. Er wird nicht fallen. Doch er muss erst den Schritt tun. Wenn er ihn nicht tut, wird er es nie erfahren ...

Die geistliche Wohlfühlzone ausweiten

> Die meisten Menschen haben eine geistliche „Wohlfühlzone", in deren Rahmen wir Gott ganz gut vertrauen können. Wenn wir aber einen darüber hinausgehenden Glaubensschritt unternehmen sollen, werden wir nervös und unruhig. Wir würden es vorziehen, diese Zone nicht zu verlassen, zumindest, so lange wir uns so unsicher fühlen ...

Es ist kein Problem, sich mit unseren Freunden aus der Gemeinde über den Glauben zu unterhalten. Aber jemandem davon zu erzählen, der kein Christ ist ... das ist etwas ganz anderes! Wir sind vielleicht zufrieden mit unserem augenblicklichen Job, aber die Aussicht, dass Gott etwas ganz anderes für uns wollen könnte, macht uns nervös. Wir haben genug Glauben, um für Menschen zu beten, die wir gut kennen, aber der Gedanke, jemanden mit der Wahrheit zu konfrontieren, der sich uns gegenüber schlecht verhalten hat, lässt uns zusammenfahren. Wir diskutieren angeregt über abstrakte Themen, aber tatsächlich über unsere Probleme zu reden wäre einfach zu viel verlangt.

Es gibt nur einen Weg, diese Wohlfühlzone zu erweitern, und der besteht leider nicht darin, dass wir einfach mehr Informationen sammeln. Sie müssen dem Pfad Gottes folgen, und das bedeutet, jeden Tag einen Glaubensschritt zu tun. So, als sollten wir jeden Tag aus dem Boot steigen.

Beginnen Sie den Tag damit, Gott um Weisheit für den nächsten Schritt zu bitten und ihn zu fragen, wo Sie sich heute vielleicht die Füße nass machen sollten. Rufen Sie jemanden an, zu dem Sie den Kontakt aus Angst gemieden haben. Erzählen Sie jemandem von Ihrem Glauben, der noch nichts davon weiß. Ringen Sie sich eine freundliche Geste gegenüber jemandem ab, der nicht gerade Ihr bester Freund ist. Riskieren Sie es, einem Partner, Elternteil oder Freund die Wahrheit zu sagen, auch wenn Sie sie lieber zurückhalten würden. Es spielt keine Rolle, ob all diese Schritte zum gewünschten Ergebnis führen. Natürlich wird es auch Pannen und misslungene Versuche geben, aber Sie geben Ihrem Glauben eine Chance zu wachsen!

Wenn Sie jeden Tag ein bisschen aus dem Boot steigen, wird sich Ihr Glaube vertiefen und Ihre geistliche Wohlfühlzone erweitert sich.[4]

Wo beruft Gott Sie dazu, auf dem Wasser zu gehen? Lassen Sie mich Ihnen vier Indikatoren nennen, an denen Sie dies vielleicht erkennen können, und ich erzähle Ihnen unterwegs von einigen real existierenden Wasserläufern.

Der Indikator Angst

> Sehr oft bittet Gott uns an der Stelle um einen Schritt aus dem Boot, an der wir am meisten Angst haben – und zwar weil er möchte, dass wir diese Angst überwinden.

Zum Beispiel ist es eines der aufregendsten Erlebnisse überhaupt, einen anderen Menschen auf den Weg zu Gott zu führen. Was hält uns davon ab, im Bereich Evangelisation aktiv zu werden? In der Geschichte haben Menschen ihre Bequemlichkeit und ihr Leben riskiert, um die Gute Nachricht weiterzutragen. In vielen Teilen der Welt ist das heute noch so! Doch für die meisten von uns sieht ein

Misserfolg schlimmstenfalls so aus, dass die andere Person schlichtweg nicht über geistliche Dinge reden möchte. Wir erleben vielleicht kurzzeitig ein Gefühl der Enttäuschung oder Peinlichkeit. Das war's aber auch schon.

Andererseits, sehen Sie sich das positive Potenzial an! Wir werden vielleicht tatsächlich zu einem Teil von Gottes Erlösungsplan für die Welt! Wenn wir warten wollen, bis wir hundertprozentig sicher sind, dass der andere bereitwillig mit uns diskutiert, kommt es vielleicht nie zu einem Gespräch. Ein bisschen Risiko muss sein und nasse Füße haben noch niemandem geschadet.

Jeffrey Cotter erzählt von einem unvergesslichen Flug, auf dem er ein solches Risiko eingegangen ist.[5] Er war Pastor und kam gerade von einem Vorstellungsgespräch zurück. Neben ihm saß ein wichtig aussehender Geschäftsmann im Nadelstreifenanzug, der das *Wall Street Journal* las. Cotters erster Impuls war, jegliches Gespräch zu vermeiden (besonders über Jobs), aber als Mr. Manager ihn freundlich grüßte, war diese Möglichkeit dahin. Es stellte sich heraus, dass der Mann Finanzierungsmodelle für Frauen verkaufte, die sich einer Schönheitsoperation unterziehen wollten. Er erzählte begeistert davon, wie sehr sich das Selbstbewusstsein dieser Frauen durch die Operation verbesserte. Es war offensichtlich, dass er völlig in seinem Beruf und dessen Bedeutung aufging.

Cotter war beeindruckt davon, wie stolz der Mann auf seine Arbeit war, und er fragte sich, warum wir Christen nicht auch ein wenig mehr von dieser Begeisterung ausstrahlen. Wir meinen so oft, dass wir uns für unsere Überzeugungen entschuldigen müssen. Er selbst war wieder einmal aus lauter Angst den ganzen Flug über den Vermeidungskurs gefahren.

In diesem Moment sah der Manager skeptisch auf Cotters lockere Kleidung und fragte ihn, was er denn so mache. Cotter erzählt:

„Da kam der Geist des Herrn über mich. Ordnung und Kraft erstanden aus dem Chaos und eine Stimme flüsterte mir zu: ‚Wer prahlt, der prahle im Herrn!'
‚Ist ja interessant, wir vertreten ganz ähnliche Geschäftsinteressen', sagte ich. ‚Sie verändern Körper und wir verändern Persönlichkeiten. Wir wenden theokratische Basisprinzipien an, um

eine positive Modifikation der Persönlichkeit unserer Klienten herbeizuführen.'
Er hatte keine Ahnung, wovon ich redete, hätte das aber nie zugegeben (oh, dieser Stolz!).
‚Äh, irgendwo habe ich schon mal davon gehört', meinte er zögernd. ‚Aber haben Sie ein Büro hier in der Stadt?'
‚Oh, wir haben mindestens eins in fast jeder Stadt, Alaska und Hawaii eingeschlossen.'
Er hatte diesen völlig erstaunten Gesichtsausdruck. Man sah richtig, wie er sein Gehirn durchstöberte, um diese große Firma zu identifizieren, über die er doch sicher schon einmal etwas im Wall Street Journal gelesen hatte.
‚Tatsächlich arbeiten wir auf internationaler Ebene. Unsere Führungsebene plant, bis zum Ende der Geschäftsperiode mindestens ein Standbein in jedem Land der Welt zu haben.'
Ich legte eine Kunstpause ein. ‚Haben Sie auch so etwas vor?'
‚Äh, nein. Noch nicht', stammelte er. ‚Aber Sie haben Ihre Führungsebene erwähnt. Wie machen die das?'
‚Es ist ein Familienunternehmen. Es gibt einen Vater, einen Sohn und ... nun ja, die beiden halten alles am Laufen.'
‚Es muss ein Haufen Kapital im Spiel sein', sinnierte er skeptisch.
‚Meinen Sie Geld?', fragte ich. ‚Ja, das nehme ich auch an. Niemand weiß genau wie viel, aber wir machen uns auch keine Gedanken darüber, weil wir nie knapp an Geld sind. Der Boss scheint immer genug zu haben. Er ist ein sehr kreativer Typ ... das Geld ist irgendwie einfach da, Sie verstehen?'
‚Und die Mitarbeiter?', fragte mein neuer Freund.
‚Oh, die sollten Sie mal sehen!', sagte ich. ‚Sie haben einen ganz besonderen Geist, der das ganze Unternehmen prägt. Es läuft ungefähr so: Der Vater und der Sohn gehen so liebevoll miteinander um, dass die Liebe ihnen aus allen Knopflöchern scheint und sich auf die Mitarbeiter überträgt. Und so kommt es, dass wir uns untereinander auch alle lieben. Ich weiß, das klingt in unserer heutigen Welt ziemlich altmodisch, aber ich kenne Menschen in diesem Unternehmen, die bereit wären, für mich zu sterben. Ist das bei Ihnen auch so?' Ich redete ziemlich laut, und die Leute begannen, sich zu uns umzudrehen.

‚Noch nicht', sagte er und änderte dann die Strategie. ‚Und haben Sie gute Vergünstigungen?'
‚Allerdings!', strahlte ich. ‚Ich habe eine umfassende Lebensversicherung, Altersvorsorge, alles Mögliche! Sie werden das vielleicht nicht glauben, aber mein Boss hat bereits ein großzügiges Apartment in einer riesigen, tollen Wohnanlage für mich reserviert, die nach meiner Pensionierung auf mich wartet. Ist das bei Ihnen auch so?'
‚Äh, nein', sagte er verwirrt. ‚Wissen Sie, eines beschäftigt mich noch. Ich lese viel, und wenn Ihr Unternehmen wirklich so ist, wie Sie es beschreiben, warum habe ich dann noch nie davon gehört?'
‚Das ist eine gute Frage', sagte ich. ‚Immerhin blicken wir auf eine 2 000 Jahre alte Tradition zurück ... möchten Sie sich uns anschließen?'
In den nächsten Minuten wurden wir mehr als nur flüchtige Bekannte ..."

Stellen Sie sich vor, Gott gebraucht Sie, um so mit einem anderen Menschen zu reden! Natürlich könnte es auch schief gehen, wenn Sie ein solches Gespräch anfangen. Sie stolpern vielleicht ziemlich herum. Doch wenn Sie dieses Risiko nicht eingehen, kann der Geist Gottes Sie nie gebrauchen, um zu einem Menschen zu sprechen.

> Statt Ihrer Angst zu erlauben, dass Sie sie in einen Vermeidungsmodus drängt, könnten Sie die Angst als das sehen, was sie vielleicht ist: einen Indikator dafür, dass Gott Sie einen Schritt aus dem Boot locken will. Machen Sie sich ruhig die Füße nass!

Der Indikator Frustration

Manchmal ließen sich Menschen in der Bibel motivieren, Gott auf besondere Weise zu vertrauen, wenn sie von der gefallenen Welt um sie herum frustriert waren.

Nehemia konnte den Gedanken nicht ertragen, Jerusalem in Trümmern zu sehen. Er riskierte das Missfallen eines Königs und tödliche Gefahr, um Gottes Volk dorthin zurückzubringen.

David konnte es nicht tolerieren, dass ein philistinischer Riese den Gott Israels verspottete. Er riskierte sein Leben im Namen dieses Gottes.

Elija konnte nicht hinnehmen, dass vor seinen Augen barbarische religiöse Riten vollzogen wurden. Er stellte sich allein gegen alle Propheten Baals.

Selbst in unserer heutigen Welt kommen wir oft an einen Punkt, an dem der Abgrund zwischen der Realität und Gottes Wünschen so groß ist, dass wir in einer Sache zum Handeln bewegt werden, die größer ist als wir selbst.

Ein herausragendes Beispiel dafür ist eine Frau namens Henrietta Mears. Miss Mears leitete viele Jahre lang eine Singlegruppe junger Leute in der *Hollywood Presbyterian Church*. Eine ganze Generation junger Christen wurde von ihr geprägt, unter ihnen Billy Graham, Bill Bright, der ehemalige Senatskaplan Richard Halverson und Hunderte andere. Henrietta war frustriert, dass sie ihren Jugendlichen kein erstklassiges Material mitgeben konnte, also gründete sie einen kleinen Eigenverlag. Heute ist *Gospel Light* einer der größten christlichen Verlage Amerikas.

Henrietta war frustriert, weil sie so viele Christen kannte, die im hektischen Los Angeles lebten und einen Ort brauchten, an den sie sich zurückziehen konnten, um auf Gott zu hören. Also fuhr sie in die San Gabriel-Berge hinaus und fand den perfekten Ort für ihre Zwecke. Sie sprach mit Gott darüber, wie notwendig dieses Projekt war. Dann sprach sie mit dem Mann, dem das Grundstück gehörte. Und obwohl er eigentlich gar nicht hatte verkaufen wollen, hatte er gegen Henriettas Gebete wenig auszurichten. Heute heißt der Ort *Forest Home* und ist eines der bekanntesten Einkehrzentren des Landes.

Henrietta war frustriert, weil es keine handliche Einführung in die Bibel gab, die einem Neueinsteiger erklärte, um was es in diesem Buch ging. Also schrieb sie selbst eine, die sich bis zum heutigen Tag zu Hunderttausenden verkauft, Jahrzehnte nach Henriettas Tod. Sie tat all diese Dinge und noch viel mehr, obwohl eine Frau zu ihrer Zeit nach Meinung vieler Leute gar nichts im Geschäftsleben zu suchen hatte. Immer wieder wagte sie Glaubensschritte, und immer wieder war die unsichtbare Brücke da.

Am Ende ihres bemerkenswerten Lebens, als sie auf dem Sterbebett lag, fragte sie jemand: „Miss Mears, wenn Sie Ihr Leben noch einmal leben könnten, würden Sie etwas anders machen?"

Sie dachte einen Moment nach und sagte dann: „Wenn ich alles noch einmal von vorn machen könnte, würde ich Jesus mehr vertrauen!"

Vielleicht ruft Gott Sie heute dazu auf, ihm in einem bestimmten Frustrationspunkt in Ihrem Leben zu vertrauen. Niemand hat es je bereuen müssen, wenn er Gott Vertrauen geschenkt hat – niemals!

Der Indikator Mitgefühl

Toby überreichte bei unserer Hochzeit die Ringe. Er sah aus wie ein Mädchen aus einer Erzählung von Dickens – große blaue Augen, weißblondes Haar, alabasterfarbene Haut. Ein bildhübsches Kind!

Kurz nach unserer Heirat zog Tobys Familie weg und der Kontakt zu ihnen brach ab. Jahre später bekam ich einen neuen Mitarbeiter, der mit Tobys Eltern gut befreundet war. Er erzählte uns, was unser Ringträger in der Zwischenzeit gemacht hatte. Als Toby in der Highschool war, machte er bei einem Aufsatzwettbewerb zum Thema „Welthungerhilfe" mit und gewann eine dreiwöchige Studienreise nach Afrika mit der Organisation *World Vision*.

Toby beeindruckte nicht nur die Schönheit Äthiopiens, sondern vor allem die schreckliche Armut der Menschen. Eines Tages war er gerade damit beschäftigt, in einem Camp Essen auszugeben und mit den Kindern zu spielen. Als sie fertig waren und alles zusammenpackten, kam ein etwa elfjähriger Junge zu Toby und tippte ihm auf die Schulter. Er starrte auf Tobys T-Shirt, dann sah er auf sein eigenes hinunter. Seines war schmutzig und voller Löcher. Schüchtern fragte er Toby: „Kann ich dein T-Shirt haben?"

Toby war auf diese Bitte nicht vorbereitet. Sein restliches Gepäck war weit weg und er hatte erst am nächsten Tag wieder die

Chance daranzukommen. Das bedeutete, dass er den ganzen Tag mit seiner hellen Haut ohne ein schützendes T-Shirt in der glühenden Sonne verbringen musste. Er hatte keine Zeit zum Nachdenken, deshalb wich er einfach nur zurück und zuckte hilflos die Achseln.

Als sie wegfuhren, drückte die Last dieses Augenblicks gewaltig auf Tobys Seele und ließ ihn nicht mehr los. Am Abend unterhielten sich alle über ihre Erlebnisse des Tages, doch Toby konnte an nichts anderes denken als an diesen Jungen, der einfach nur sein T-Shirt gewollt hatte. Ihm fiel ein, was Jesus gesagt hatte: „Was ihr diesen Geringsten unter euch getan habt, das habt ihr mir getan." Toby ging auf sein Zimmer und brach weinend zusammen.

Die Erinnerung an diese Szene verfolgte ihn auf dem ganzen Rest der Reise. Überall sah er das Gesicht des Jungen vor sich und auch zu Hause in Michigan konnte er ihn nicht vergessen. Er dachte ständig daran, dass die Menschen in Amerika gar nicht wussten, was sie mit ihren T-Shirts machen sollten, und er beschloss, aktiv zu werden.

Toby organisierte eine groß angelegte T-Shirt-Sammlung. Er ging von Tür zu Tür und bat um T-Shirt-Spenden. In diversen Läden stellte er Sammeltonnen für ausrangierte T-Shirts auf. Ein örtlicher Radiosender hörte von seiner Aktion und machte kostenlos Werbung für ihn. Ehe Toby sich versah, hatte er über 10 000 T-Shirts zusammen.

Doch dann kam das nächste Problem auf ihn zu: Wie sollte er zwei Tonnen T-Shirts nach Afrika senden? Er rief eine Hilfsorganisation nach der anderen an und erzählte seine Geschichte. Doch immer bekam er dieselbe Antwort: „Wir würden gern helfen, aber das lohnt sich nicht. Der Transport ist zu teuer." Wie teuer? Toby rief bei der Post an und fragte, was es kosten würde, zwei Tonnen T-Shirts nach Afrika zu schicken. Die Antwort: 65 000 Dollar.

Also betete Toby: „Okay, Gott, du hast das mit diesen T-Shirts angeleiert. Wie willst du sie da hinkriegen, wo sie hingehören?"

Schließlich kam Toby in Kontakt mit einer Organisation, die in Kürze eine Schiffsladung voller Ausrüstung nach Afrika bringen würden. Sie erklärten sich bereit, Tobys T-Shirts mitzunehmen. Doch sie konnten nur einen einzigen Zielhafen in Afrika ansteuern, hieß es – ob es Toby recht sei, wenn die T-Shirts nach Äthiopien gingen?

Toby weiß nicht genau, wo seine T-Shirts gelandet sind. Doch natürlich hofft er, dass zumindest eines in die Hände eines bestimmten Jungen in Äthiopien gekommen ist, den er nie vergessen wird.

Vielleicht teilt Gott auch Ihnen durch ein ausgeprägtes Mitgefühl oder Ähnliches mit, wo er Sie zu einem Schritt aus dem Boot auffordert. Wann sind Sie das letzte Mal das Risiko eingegangen, echtes Mitgefühl mit jemandem zu haben? Jesus hat das ständig getan – er hat Leprakranke berührt, mit Steuereintreibern gegessen und sich mit Prostituierten unterhalten. Vielleicht sind Sie zu etwas Ähnlichem berufen? Vielleicht bedeutet das aber auch einfach, dass Sie sich die Zeit nehmen sollten, um sich mit jemandem zu beschäftigen, der im Büro nebenan arbeitet oder in einer Parallelstraße wohnt.

Der Indikator Gebet

Es ist immer wieder verblüffend für mich, dass Geschichten über Wasserläufer – in der Bibel und im heutigen Leben – fast immer auch Geschichten über das Gebet sind. Da ist etwas am Aus-dem-Boot-Steigen, das Menschen zu Gebetskriegern macht – weil sie sich bewusst sind, dass sie dies nicht ohne Gottes Hilfe schaffen können.

Eine meiner liebsten Gebets-Abenteuergeschichten ist die von Doug Coe, der als Seelsorger für Polizisten und Staatsdiener in Washington tätig ist. Doug begegnete eines Tages Bob, einem Versicherungsvertreter, der gar nichts mit seinem normalen Klientel zu tun hatte. Bob war erst vor kurzem Christ geworden und traf sich öfter mit Doug, um mehr über den Glauben zu erfahren.

Eines Tages erzählte Bob ganz aufgeregt von einer Bibelstelle, die er entdeckt hatte und in der Jesus sagt, dass wir alles bekommen werden, um das wir in seinem Namen bitten.

„Ist das wirklich wahr?", wollte Bob wissen.

Doug erklärte: „Na ja, es ist kein Blankoscheck oder so was. Man muss diese Aussage im Kontext der Gesamtaussage der Bibel zum Thema Gebet sehen. Aber ja, es ist wirklich wahr. Jesus erhört Gebete!"

„Super!", rief Bob. „Dann fange ich jetzt an, für eine bestimmte Sache zu beten. Wie wäre es mit Afrika?"

„Das ist ein weites Feld. Wie wäre es damit, es ein bisschen zu spezifizieren? Vielleicht beschränkst du dich erst mal auf ein Land", schlug Doug vor.

„Okay, dann nehme ich Kenia."

„Kennst du denn jemanden dort?"

„Nein!"

„Warst du schon mal in Kenia?", wollte Doug wissen.

„Nein. Ich will einfach nur für dieses Land beten."

Also trafen sie eine eher ungewöhnliche Abmachung. Doug schlug Bob vor, 6 Monate lang jeden Tag für Kenia zu beten. Wenn Bob das tat und nichts Ungewöhnliches geschah, würde Doug ihm 500 Dollar zahlen. Doch wenn etwas Bemerkenswertes geschehen würde, musste Bob Doug 500 Dollar bezahlen. Wenn Bob nicht jeden Tag betete, war die Abmachung ungültig. Es war eine etwas unkonventionelle Wette, aber Doug ist eben ein kreativer Typ.

Bob begann also zu beten und eine ganze Weile passierte nichts. Dann ging er eines Tages mit einer Gruppe von Leuten zum Abendessen, von denen er einige nicht kannte. Sie tauschten sich über ihre Berufe aus, und eine Dame erzählte, dass sie in einem Waisenhaus in Kenia arbeitete.

Bob sah seine 500 Dollar entschwinden. Doch er konnte nicht ruhig bleiben. Er hatte bisher noch nicht viel gesagt, aber nun löcherte er die arme Frau förmlich mit Fragen.

„Sie haben offensichtlich starkes Interesse an Kenia", meinte die Frau schließlich überwältigt. „Waren Sie schon mal da?"

„Nein."

„Kennen Sie jemanden in Kenia?"

„Nein."

„Warum interessiert es Sie dann so?"

„Nun ja, das ist so ...", meinte Bob und begann zu erklären.

Die Dame lud ihn ein, nach Kenia zu kommen und sich das Waisenhaus anzusehen. Bob wäre am liebsten noch am selben Abend aufgebrochen!

Als er schließlich in Kenia ankam, war er entsetzt über die Armut und die katastrophale medizinische Versorgung. Zurück in Washington konnte er an nichts anderes mehr denken. Er schrieb an verschiedene pharmazeutische Großkonzerne und beschrieb ihnen das Elend, das er gesehen hatte. Er bat sie, die unverkauften Restbestände ihrer Produkte nicht wegzuwerfen, sondern ihm zu spenden.

Manche taten es tatsächlich und das Waisenhaus erhielt Medikamente im Wert von über einer Million Dollar.

Die Leiterin rief Bob an und lud ihn zu einer großen Dankesparty ein. Er flog wieder nach Kenia und wurde sogar dem kenianischen Präsidenten vorgestellt (es handelte sich um das größte Waisenhaus des Landes). Gemeinsam machten sie eine Stadtrundfahrt durch Nairobi und besichtigten dabei auch ein Gefängnis. Bob erkundigte sich nach einer Gruppe von Gefangenen.

„Das sind politische Gefangene", erklärte man ihm.

„Sie sollten sie freilassen", fand Bob.

Als er wieder zu Hause war, erhielt Bob einen Anruf aus dem Weißen Haus.

„Sind Sie Bob?", fragte der Regierungsbeamte.

„Ja."

„Waren Sie kürzlich in Kenia?"

„Ja."

„Haben Sie gegenüber dem Präsidenten irgendwelche Statements zu politischen Gefangenen abgegeben?"

„Ja."

„Was haben Sie gesagt?"

„Ich sagte, er solle sie freilassen."

Der Regierungsbeamte erzählte Bob, dass seine Abteilung seit Jahren versuchte, die Freilassung dieser Gefangenen zu erwirken – ohne Erfolg. Alle diplomatischen Möglichkeiten waren ausgeschöpft. Doch plötzlich waren die Gefangenen freigelassen worden, und man hatte ihnen mitgeteilt, dass dies der Verdienst eines gewissen Bob sei. Sie wollten sich nur bei ihm bedanken.

Einige Monate später rief der kenianische Präsident bei Bob an. Er wollte sein Kabinett neu besetzen. Er fragte, ob Bob bereit sei, nach Kenia zu fliegen und für ihn zu beten, während er diese wichtige Auswahl traf.

Und so flog Bob – ein völlig unpolitischer Mann – wieder nach Kenia, wo er für den Präsidenten betete und um Weisheit für die Auswahl seines Kabinetts bat. Und all das passierte, weil Bob aus dem Boot gestiegen war!

Wie sieht's mit Ihnen aus? Wofür beten Sie? Geben Sie der Sache sechs Monate Zeit. Ich wette mit Ihnen, dass etwas passiert. Wenn Sie sechs Monate lang jeden Tag für diese Sache beten und nichts Außergewöhnliches geschieht, dann schreiben Sie mir. Ich kann Ihnen keine 500 Dollar versprechen, aber ein Exemplar dieses Buches. Und wenn doch etwas Außergewöhnliches passiert, dann schreiben Sie mir bitte auch und berichten Sie mir davon!

Auf dem Wasser zu laufen bedeutet nicht unbedingt, dass Sie großartige Dinge vollbringen. Tatsächlich können Sie allein wenig von bleibendem Wert tun. Es geht eigentlich um das, was Gott sich für Sie wünscht, und Sie können es mit seiner Macht und Gnade tun.

Doch Sie müssen bereit sein, sich die Füße nass zu machen ...

Steigen Sie aus dem Boot

1. Wann haben Sie Gott am stärksten in Ihnen und durch Sie wirken sehen? Beschreiben Sie, was Sie dabei empfanden.
2. Wie würden Sie die folgende Frage beantworten: „Was tue ich heute, das ich ohne Gottes Kraft nicht tun könnte?"
3. „Versuche nie, mehr Glauben zu haben. Versuche immer, Gott besser kennen zu lernen." Wie würden Sie Ihr augenblickliches Glaubensleben beschreiben? Was könnten Sie tun, um Gott besser kennen zu lernen?
4. Welchen Schritt könnten Sie heute tun, um Ihren geistlichen „Wohlfühlbereich" zu verlassen?
5. Wie ist es mit Bob? Welche Gegend, welches Problem oder welche Not, die Ihre Kraft übersteigt, könnten Sie in den nächsten sechs Monaten zu Ihrem Gebetsanliegen machen?

Kapitel 5

"Als er dann aber die hohen Wellen sah, bekam er Angst. Er begann zu sinken und schrie: ‚Hilf mir, Herr!' Sofort streckte Jesus seine Hand aus, fasste Petrus und sagte: ‚Du hast zu wenig Vertrauen! Warum hast du gezweifelt?' Dann stiegen beide ins Boot und der Wind legte sich"
(Mt 14,30–32).

Den Wind sehen

Jesus versprach denen, die bereit waren, ihm zu folgen, lediglich drei Dinge ... dass sie absurd glücklich sein würden, vollkommen angstfrei und ständig in Schwierigkeiten!
Gregg Leavoy[1]

Undaunted Courage („Ungebrochener Mut") lautet der Titel des Bestsellers von Stephen Ambrose, der über die Expedition von Lewis und Clark berichtet.[2] Nach zweijährigem Kampf gegen alle möglichen Widrigkeiten – Hunger, Erschöpfung, Orientierungslosigkeit, feindliche Ureinwohner, Krankheit und Tod – hatten sie schließlich den Missouri erreicht. Soweit sie vorher in Erfahrung bringen konnten, würden sie auf ihm bis zur „Continental Divide" (die von den Rocky Mountains gebildete Wasserscheide des nordamerikanischen Kontinents zwischen Montana und Idaho) fahren können, um dann dem Columbia River in aller Ruhe bis zum Pazifik zu folgen. Sie waren auf dem besten Weg, Helden zu werden. Das Schlimmste lag hinter ihnen. Dachten sie zumindest.

Lewis verließ den Rest der Gruppe, um eine Klippe zu erklimmen, von der aus er bis ans andere Ufer sehen konnte. Er hoffte, den Fluss zu sehen, der sie den Rest des Weges tragen würde. Stellen Sie sich vor, wie er sich fühlte, als er statt einer Ebene als erster

Nicht-Ureinwohner einen Blick auf die Rocky Mountains erhaschte!

Was tun Sie, wenn Sie gedacht haben, Ihre größten Probleme lägen hinter Ihnen, nur um herauszufinden, dass sie gerade erst begonnen haben? Wie sammeln Sie die Reste Ihrer Truppen? Ich stelle mir vor, wie Lewis die anderen zurückwinkt, während er fieberhaft überlegt, wie er ihnen die Nachricht beibringen soll. „Äh, wartet noch einen Moment, Leute, ich habe da ein paar Neuigkeiten ..."

Letztendlich würde die Überquerung der Rocky Mountains die größte Leistung der ganzen Expedition sein. Diese Herausforderung würde sie alle zu enormer Kreativität und übermenschlichem Durchhaltevermögen beflügeln. Sie würden unvergessliche Erinnerungen und spektakuläre Anblicke mitnehmen. Es würde ihr Selbstvertrauen stärken, denn wenn sie die Rocky Mountains überwunden hatten, konnten sie alles überwinden!

Doch auf dieser Seite der Berge konnten sie all das noch nicht wissen. Alles, was sie sahen, war ein riesiger Berg statt eines sanften Stroms, der sie flussabwärts tragen würde.

Petrus war auch auf dem besten Weg, ein Held zu werden. Der härteste Teil lag hinter ihm – er war aus dem Boot gestiegen. Er meisterte auch das Laufen auf dem Wasser. Doch dann passierte es: Die Realität holte ihn ein. Als sein anfänglicher Enthusiasmus nachließ, bemerkte er, wie stark dieser Sturm war. Er sah den Wind.

Dieses Detail fasziniert mich.

> Ich hätte mir vorgestellt, dass man, wenn man erst einmal auf dem Wasser geht, gar nicht mehr wahrnimmt, ob die Wellen nun hoch oder flach sind. Die gewohnten Gesetze der Physik waren sowieso außer Kraft gesetzt. Doch Matthäus will uns offensichtlich deutlich machen, dass sich selbst jemand, der schon eine Weile im Glauben unterwegs ist, trotzdem von einem Sturm irritieren lässt. Petrus sah den Wind.

Auch uns geht es oft so: Wir stürzen uns in ein großes Abenteuer – ein neuer Job, ein herausfordernder Dienst, die Familiengründung. Am Anfang sind wir voller Hoffnung. Wir sind aus dem Boot gestiegen! Wir sind unterwegs zu etwas Großem!

Dann holt uns die Realität ein. Wir sehen den Wind. Hindernisse stellen sich uns in den Weg. Unerwartete Konflikte dämpfen unsere Begeisterung. Wo wir auf eine leichte Fahrt stromabwärts gehofft hatten, türmen sich die Rocky Mountains auf. Was nun?

Jetzt wird es richtig interessant! Es gibt ein Feld der Sozialforschung, das sich mit „Resilienz" beschäftigt. Als Resilienz wird in der psychologischen Forschung die psychische und physische Stärke bezeichnet, die es Menschen ermöglicht, Lebenskrisen wie schwere Krankheiten ohne langfristige Beeinträchtigungen zu meistern. Die Forscher untersuchen Menschen, die traumatische Erfahrungen überstanden haben – deren Leben zum Beispiel nicht so verlaufen ist, wie sie erwartet hatten. Klassische Fälle waren zum Beispiel die 3 000 Kriegsveteranen, die in koreanischen Gefangenenlagern eine Gehirnwäsche über sich ergehen lassen mussten, außerdem 550 Männer, die in Vietnam interniert gewesen waren, sowie 52 Geiseln, die 14 Monate lang im Iran festgehalten worden waren. Andere Studien befassten sich mit Überlebenden der Konzentrationslager, Opfern von schweren Verkehrsunfällen, die verkrüppelt wurden, und Kindern aus extrem schwierigen familiären Bedingungen.

All diese Studien belegen, dass Menschen generell auf zwei Arten auf solche traumatischen Erfahrungen reagieren: Viele sind nach solch schwierigen Erlebnissen so niedergeschmettert, wie man gemeinhin erwarten könnte. Doch andere zeichnen sich durch eine „elastische Unverwüstlichkeit" aus, eine Eigenschaft, die sie nicht nur überleben, sondern sogar noch in ihrer Widerstandskraft und Fähigkeit zum Lösen von Problemen wachsen lässt. Was bewirkt diesen Unterschied? Wie hält man mitten im Sturm durch? Warum gibt der Anblick der Rocky Mountains manchen Menschen neue Energie und lähmt andere?

Die Antwort zeigt sich in den folgenden Eigenschaften:

- Unverwüstliche Menschen versuchen immer, möglichst viel Einfluss auf ihr Schicksal zu nehmen, statt sich als hilflose Opfer zu sehen.
- Unverwüstliche Menschen haben eine besonders große Zivilcourage – sie weigern sich standhaft, ihre Prinzipien über Bord zu werfen.
- Unverwüstliche Menschen sehen einen Sinn in ihrem Leiden.

Für diejenigen, die weise auf dem Wasser gehen möchten, sind diese Eigenschaften nicht einfach die Folge eines starken Charakters. Jede dieser Qualitäten erwächst aus einer tiefen Abhängigkeit von Gott. Lassen Sie uns einen Blick auf einen „Sturm-ins-Auge-Schauer" und Bergsteiger aus der Bibel werfen, der Josef hieß. Zuerst werden wir uns mit dem Moment befassen, in dem er dem Berg ins Auge schauen musste. Dann werden wir sehen, wie ihn drei Eigenschaften zu einem bemerkenswert widerstandsfähigen Glauben führten.

Gute Nachricht – schlechte Nachricht

Als Kind liebte ich diese „Gute-Nachricht-schlechte-Nachricht"-Geschichten. Sie wissen schon: Zwei Freunde, die beide Fußball lieben, versprechen sich, dass derjenige, der zuerst stirbt, noch einmal zurückkommt, um seinem Freund zu berichten, ob im Himmel Fußball gespielt wird. Tatsächlich stirbt einer von ihnen und nimmt Kontakt zu seinem Freund auf. „Die gute Nachricht ist, dass es im Himmel wirklich Fußballspiele gibt. Die schlechte Nachricht ist, dass du in der Aufstellung für das Spiel am Freitag stehst!"

Josefs Leben war auch so eine „Gute-Nachricht-schlechte-Nachricht"-Story.

Josef ist der Liebling seines Vaters. Das ist gut.

Josef wird von seinen Brüdern gehasst. Das ist schlecht.

Sein Vater schenkt ihm einen wunderschönen Mantel. Das ist gut.

Seine Brüder reißen ihm den Mantel herunter, behaupten, dass er tot sei, und verkaufen ihn an Sklavenhändler. Das ist ziemlich schlecht.

Er ergattert einen Job im ägyptischen „Silicon Valley" bei

Potifar – einem reichen, nicht allzu schlauen Chef mit einem sehr lockeren Führungsstil. Potifar mag Josef und verleiht ihm viel Einfluss. Bald ist dieser Vize-Chef. Außerdem sieht er fantastisch aus, ungefähr wie Tom Cruise, nur größer. Das ist alles sehr gut.

Potifars Frau sieht das auch so und möchte mit Josef ins Bett. Das ist schlecht.

Josef widersteht der Versuchung. Sehr gut.

Die Frau wird wütend. Sie behauptet ihrem Mann gegenüber, Josef hätte versucht, sie zu vergewaltigen. Weil Ägypten für die Problematik der sexuellen Belästigung am Arbeitsplatz noch nicht sensibilisiert war, wird Josef ins Gefängnis gesteckt. Sehr schlecht.

Dort begegnet er einem Diener des Pharao, interpretiert einen Traum, demzufolge der Diener bald freigelassen wird, was auch so eintrifft. Der Diener wiederum verspricht, an Josef zu denken. Sehr, sehr gut!

Doch der Diener vergisst Josef, der weiter im Gefängnis verrottet. Ganz schlecht.

Wir fragen uns: Wie geht diese Geschichte wohl aus? Das Entscheidende an diesen „Gute-Nachricht-schlechte-Nachricht"-Geschichten ist ja die letzte Wendung. Wie wird sie aussehen? Wenn sie hier mit einer schlechten Nachricht endet, waren all die guten Nachrichten nur eine grausame Farce, die falsche Hoffnungen weckte. Wenn sie mit einer guten Nachricht ausgeht, passt alles zusammen und man sieht alle schlechten Nachrichten in einem anderen Licht.

Aber zuerst müssen wir wieder zurück zum Anfang.

Den Mantel tragen

Josef trug den Mantel. Das bedeutete, dass er auserwählt war. Er musste sich nie fragen, ob sein Vater ihn liebte. Der Mantel war das Versprechen eines sorglosen Lebens.

Wenn seine Brüder nach Hause kamen, fragte sein Vater sie, was die Herden machten oder ob sie ihre Aufgaben erledigt hatten. Wenn Josef hereinkam, leuchteten Jakobs Augen und sein Gesicht strahlte. Josef war derjenige, von dem der Vater vor anderen schwärmte. Josef war derjenige, der länger aufbleiben durfte, weniger arbeiten musste und sich mehr erlauben konnte als sie alle zusammen. Jakob wusste, wie Josef in der Schule mitkam und wie seine Freunde hießen. Die Details im Leben seiner anderen Söhne waren ihm nicht so wichtig.

Auf tausend Arten – die den meisten Eltern gar nicht auffallen, die aber Kinder sofort bemerken – ließ Jakob durchblicken, dass er Josef bevorzugte. Eines Tages nahm das die konkreteste Form an: Er gab Josef den Mantel.

Das hebräische Wort, das dieses Kleidungsstück beschreibt, ist etwas unklar: „Ein langer Mantel mit Ärmeln", heißt es in manchen Übersetzungen. Die griechische Übersetzung Septuaginta nennt es „einen Mantel in vielen Farben". So stellen ihn sich die meisten von uns wohl auch vor.

Josef bekam also einen maßgeschneiderten Mantel, sozusagen ein Designerstück von Armani, während die anderen Jungs ihre Sachen gegenseitig auftrugen oder bestenfalls etwas von C & A bekamen. Nun gut, man kann als einfacher Schafhirte nicht 12 Kinder vom Feinsten einkleiden. Aber was Josef anging, war das Beste gerade gut genug. Also trug Josef den Mantel.

Was den Mantel zu einem explosiven Thema machte, war nicht nur die Tatsache, dass er kostbar und edel war. In dieser Zeit war die Kleidung ein absolutes Statussymbol. Dieser Mantel in all seiner Pracht war ein deutliches Zeichen dafür, dass Jakob Josef bevorzugte.

Josef trug den Mantel oft, weil er sich gut darin fühlte. Er war für ihn so etwas wie ein Versprechen, dass er nie einfach nur „normal" sein würde, dass er immer unter dem Schutz seines Vaters stehen und nie die Probleme der anderen haben würde. Doch jedes Mal, wenn sie ihn darin sahen, wurden seine Brüder daran erinnert, dass ihr Vater sie niemals so lieben würde, wie er Josef liebte. Jedes Mal, wenn Josef den Mantel trug, starben sie innerlich ein bisschen mehr.

Dieser schöne Mantel wurde für die Familie zum Todesboten. Eines Tages konnten es Josefs Brüder einfach nicht mehr aushalten. Sie zerrissen den Mantel und verkauften Josef in die Sklaverei. Und damit fingen seine Probleme an. Josef würde im Boot in der ersten Reihe sitzen – freier Blick auf den Sturm und die Wellen!

Die Macht der Träume

Josef trug nicht nur seinen Mantel, sondern er hatte auch große Träume über seine Zukunft. Träume wurden in der damaligen Zeit durchaus als prophetisch angesehen, obwohl der Verfasser der Josef-Geschichte interessanterweise nicht explizit schreibt, dass Josefs Träume von Gott stammten. Die Träume waren sehr hochfahrend, und man sollte meinen, dass Josef klug genug wäre, sie für sich zu behalten. Aber das tat er nicht. Stattdessen versammelte er seine Brüder um sich – die keinen besonderen Mantel hatten, die tief verletzt waren und ihn hassten! – und erzählte ihnen von seinem neuesten Traum. (Wenn Sie Geschwister haben, stellen Sie sich diese Szene mal im Kreis Ihrer Familie vor!)

Er berichtete ihnen, dass er von einem Kornfeld geträumt habe. Seine Garbe hatte sich erhoben und die Garben seiner Brüder hatten sich vor ihr verneigt. „Das bedeutet, dass ich eines Tages über euch alle herrschen werde. Ich werde befehlen und ihr werdet gehorchen. Ist das nicht cool? Freut ihr euch für mich? Kommt, wir üben das schon mal ein bisschen! Los, verbeugt euch!"

Der Verfasser stellt klar: „Wegen seiner Träume und weil er sie so offen erzählte, hassten ihn seine Brüder noch mehr" (Gen 37,8). Ein schwerer Fall von Frustration und Neid.

Dann hatte Josef wieder einen Traum. Wenn Sie jetzt denken, dass er inzwischen sicher gelernt hatte, den Mund zu halten, liegen Sie falsch. Er war so fasziniert von sich und seinen Träumen, dass ihm gar nicht einfiel, sich zurückzuhalten.

Er würde Großes erreichen. Er würde berühmt und mächtig sein. Er würde seinen Vater stolz machen. Er würde auf dem Wasser gehen. Josef trug den Mantel.

Den Wind im Gesicht

Und dann überwältigten die wütenden Brüder Josef, verkauften ihn an Sklavenhändler, die ihn wiederum in ein fremdes Land verschleppten.

Josef sah den Wind.

Ohne Geld, Macht, Freunde oder ein Zuhause musste er lernen, was jeder von uns früher oder später lernt: *Dein Herz und dein Charakter zeigen sich dann, wenn das Leben nicht so läuft, wie du es geplant hast.* Es ist schwierig genug, aus dem Boot zu steigen, wenn die See ruhig ist. Doch das ist nur selten im Leben der Fall. Früher oder später kommt Gegenwind auf – in Ihrer Ehe, dem Job, der Gemeinde, im finanziellen Bereich oder der Gesundheit. Erst im Angesicht des Sturms entdecken Sie, was in Ihnen steckt, und Sie entscheiden, wie es weitergehen soll.

Welche Schlüsselentscheidungen erzwingt ein solcher Sturm?

Unverwüstliche Menschen üben Kontrolle aus, statt einfach passiv zu resignieren

Eine Haupteigenschaft unverwüstlicher Menschen ist ihre überraschende Fähigkeit, selbst in stressigen Zeiten weiterhin die Kontrolle innezuhaben. Viele Opfer von Entführungen und Geiselnahmen berichten, dass das Schlimmste an ihrer Situation der totale Kontrollverlust gewesen sei. Diejenigen, die in einen Zustand passiver Akzeptanz und Selbstaufgabe verfielen, hatten die geringsten Überlebenschancen. Erstaunlicherweise war der Kontrollverlust für ihr psychisches Wohlbefinden schädlicher als die anderen, viel offensichtlicheren Entbehrungen wie Hunger, Drohungen, Misshandlungen oder Isolation.

Im Gegensatz dazu hatten Geiseln, die das Erlebnis relativ gut verkraftet hatten, eine Gemeinsamkeit: Sie schafften es, ein gewisses Gefühl von Kontrolle über ihre Zukunft zu behalten. Statt in Resignation zu verfallen, konzentrierten sie sich auf die wenigen Möglichkeiten und Dinge, auf die sie noch Einfluss hatten.

Das traf auch auf Kriegsgefangene in Vietnam zu. Sie legten sich selbst strenge Trainingsprogramme auf, versuchten, sich an Geschichten und Märchen zu erinnern, und erfanden kreative Spiele. Manche brachten eine gewisse Ordnung in ihren Tagesablauf, indem sie die Insekten in ihrer Zelle kategorisierten und beobachteten. Äußerst kreativ umgingen sie auch das Verbot, miteinander zu sprechen. Manche von ihnen erfanden eine Geheimsprache aus Klopfsignalen, die für bestimmte Buchstaben standen. Ein Gefangener versandte codierte Botschaften durch Striche mit seinem Besen. Ein anderer schleifte auf eine bestimmte Art mit seinen Sandalen-Sohlen über den Boden. So schafften die Gefangenen es, sich gegenseitig zu ermutigen und mitzuteilen, dass sie zwar körperlich gefangen, aber innerlich noch frei waren.

Josef war auch ein Gefangener – weit weg von zu Hause, getrennt von seinem Vater, verraten von seinen Brüdern, umgeben von Fremden, die ihn kauften und verkauften. Sein Mantel war schon lange fort, gestohlen, zerfetzt, blutverschmiert und dem Vater als Beweisstück für seinen Tod vorgelegt. Der Mantel, der für ein schönes, einfaches Leben stand, war nur noch eine Erinnerung.

Doch gerade als der Sturm kam, macht der Verfasser die interessanteste Aussage über Josef – im Grunde die beste Aussage, die man überhaupt über einen Menschen machen kann.

Josef ist weit von zu Hause entfernt, getrennt von seinem Vater, verraten von seinen Brüdern, entführt von Sklavenhändlern und umgeben von Fremden – aber der Autor schreibt über ihn: „Aber der Herr in seiner Treue stand ihm bei" (Gen 40,21). Stellen Sie sich vor, was mit Josefs Mut und Vertrauen passierte, als er herausfand, dass all das Schlimme, das ihm widerfahren war, am Ende zu seinem Besten diente. Gott war bei ihm. Er konnte dem Sturm ins Auge blicken.

Obwohl er seine Freiheit verloren hatte, weigerte Josef sich einfach, den Mut sinken zu lassen. Er begann, erstaunliche Ansätze von Initiative und Autonomie zu zeigen – denn der Herr war mit ihm!

Im Grunde ist die ganze Bibel voll von Berichten über Geiseln und Gefangene, die sich weigerten, passiv zu bleiben. Daniel bestimmte im Exil seine Diät selbst, indem er sich weigerte, das Essen am Königshof zu sich zu nehmen (vgl. Dan 1,8).

Petrus und die anderen Apostel lehnten eine Beschränkung ihrer evangelistischen Tätigkeit ab, obwohl dies die Freilassung aus dem Gefängnis bedeutet hätte (vgl. Apg 4,18–21).

Paulus und Silas verbrachten ihre Zeit im Gefängnis mit einem privaten Lobpreisgottesdienst. Die anderen Gefangenen hörten ihnen zu, heißt es in der Bibel. Was blieb ihnen auch anderes übrig (vgl. Apg 16,25)?

Der Glaube besagt, dass wir mit Gott an unserer Seite niemals hilflose Opfer sind.

Obwohl dies ganz und gar nicht sein Traum war, passte sich Josef der Situation an. Ich wäre versucht gewesen, einfach aufzugeben. *Hey, dafür habe ich mich nicht gemeldet! Vielleicht muss ich für Potifar arbeiten, aber ich muss es noch lange nicht gern tun!*

Doch Josef, obwohl er Sklave war, arbeitete hart, um Gott und seinem irdischen Herrn zu gefallen.

Josef wurde befördert. In der Bibel heißt es, er war „in seinem [Potifars] Haus" (Gen 39,2). Er war kein einfacher Feldarbeiter, sondern schon in die Führungsetage aufgestiegen. Wenig später war er schon Potifars persönlicher Assistent. Danach wurde er Aufseher (sozusagen Geschäftsführer). Potifar vertraute ihm so sehr, dass er nicht einmal mehr die Bücher überprüfte.

Weil Josef nicht aufgab, setzte er die Entwicklung seines Potenzials in Bewegung. Sein Glaube und sein Durchhaltevermögen wuchsen, und das würde ihn dazu befähigen, eines Tages einer der wichtigsten Männer Ägyptens zu werden und seine Rolle in Gottes großem Plan zu spielen.

Was, wenn Josef einfach resigniert hätte? Er hätte seine Bestimmung verpasst! Es ist immer einfacher, aufzugeben als durchzuhalten. Jeder macht lieber eine Pause und isst ein Stück Kuchen, statt eine weitere Runde zu laufen. Es ist leichter, Türen schlagend aus dem Raum zu stürmen, als zu bleiben und den Konflikt zu lösen.

Wenn das Leben nicht so läuft, wie man will, sieht die Alternative „Aufgeben" immer ausgesprochen verlockend aus.

- „Diese Ehe ist so schwierig! Ich will einfach da raus. Und selbst wenn ich keine Scheidung durchziehen würde, dann finde ich mich lieber mit gleichgültigem Nebeneinanderherleben ab. Ich will einfach nicht mehr!"
- „Mit so wenig Geld auszukommen und dann noch Gott den Zehnten zu spenden ist so schwierig. Ich will jetzt auch mal was für mich ausgeben!"
- „Dieser Job, dieser Dienst ist nicht das, was ich erwartet hatte. Ich wollte Großes erreichen ... diese Situation ist einfach unerträglich. Vielleicht suche ich mir lieber etwas Neues."

Jemand fragte den Eremiten Abba Antonius einmal: „Was muss man tun, um Gott zu gefallen?" Die ersten beiden Regeln lauteten so wie erwartet: „Sei dir Gottes Gegenwart immer bewusst und lebe nach seinen Geboten." Doch die dritte war überraschend: „In welcher Situation auch immer du dich befindest – geh nicht leichtfertig fort."[3] Der Grundgedanke dieser Antwort war, dass Gemeinschaft schwierig ist, wahre Freundschaft Mühe kostet und Geduld in einem Job auch. Es sieht auf kurze Sicht immer verlockend aus, einfach aufzugeben und wegzugehen. Doch auf lange Sicht bringt es ein Volk von Menschen hervor, die kein Durchhaltevermögen haben und viel zu schnell aufgeben.

> Wachstum vollzieht sich dann, wenn man sich bemüht, die Kontrolle nicht zu verlieren, obwohl man eigentlich lieber weglaufen würde. Es vollzieht sich, wenn Sie entscheiden, in einer Situation treu zu sein, die Ihnen nicht gefällt und die Sie nicht begreifen können. Es vollzieht sich, wenn Sie weitergehen, obwohl Sie die Wellen gesehen haben. Dann entdecken Sie irgendwann, dass Sie nicht allein sind. Denn so, wie Gott mit Josef war, ist er auch mit Ihnen und mir.

Wie dem auch sei – Josef, der Ausländer und Sklave, kletterte die Karriereleiter hinauf und wurde zum Verwalter von Potifars Besitztümern. Es sah ganz so aus, als seien die schlechten Zeiten jetzt vorbei.

Doch dann kamen Schwierigkeiten einer anderen Art auf ihn zu: Potifars Frau „wirft ein Auge auf ihn" und wollte mit ihm ins Bett. Sie war nicht gerade diskret in ihrer Annäherung. Und sie brachte Josef an eine weitere Wegkreuzung.

Unverwüstliche Menschen bleiben ihren Werten treu, wenn sie in Versuchung geraten

Josef hat nun also mit Versuchung zu kämpfen. Zumindest nehmen wir das an. Der Text verrät uns zwar, dass Josef ausgesprochen gut aussah, aber Potifars Frau wird nicht genauer beschrieben. Vielleicht hat sie ja ausgesehen wie Jabba the Hut (falls Sie die Film-Trilogie „Krieg der Sterne" nicht kennen: Jabba The Hut ist ein fettes, krötenartiges, abstoßendes Monsterwesen), was Josefs Flucht eine ganz andere Gewichtung geben würde ... In jeder Predigtversion, die ich bisher gehört habe, wird sie allerdings eher als eine Art Supermodel dargestellt. Vielleicht macht das die Story pikanter? Ich gehe auf jeden Fall davon aus, dass Josef in seiner Einsamkeit durchaus durch sie in Versuchung geraten war.

Ich vermute, dass Josef ungefähr Folgendes gedacht hat: *Wo ist Gott? Ich bin nur noch ein Sklave und werde es immer bleiben. Ich werde nie haben, was mein Vater für mich erträumt hat – mein eigenes Leben, eine Frau, Kinder, Besitz, einen Namen. Warum sollte ich mir nicht das bisschen Freude nehmen, das ich hier haben kann? Ich habe nichts zu verlieren ...*

Doch Josef sagte Nein.

Er sprach von dem Vertrauen, das Potifar in ihn gesetzt hatte, und über die Bedeutung der Vertrauenswürdigkeit. Sein Leben und seine Welt hatten durch diese Loyalität einen Wert bekommen. Einem anderen Weg zu folgen würde einen Rückfall in die Dunkelheit bedeuten.

Josefs Verhalten ist ein ganz klassisches Beispiel für unverwüstliches Denken. Ein Grund, warum die amerikanische Öffentlichkeit 2000 von dem Präsidentschaftskandidaten John McCain so fasziniert war, war die Tatsache, dass er aus dem Kriegsgefangenenlager in Hanoi hätte entlassen werden können, sich aber weigerte, seine Kameraden im Stich zu lassen. Loyalität gegenüber bestimmten Werten, auch wenn es Opfer bedeutet, formt den Charakter.

Aber wieder zurück zu unserer Geschichte. Potifars Frau ließ nicht so schnell locker. Sie sprach Josef immer wieder auf das Thema an, aber er ging nicht auf ihre direkten Avancen ein (vgl. Gen 39,10).

Schließlich versuchte sie sogar, ihn zu zwingen: „Da hielt sie ihn an seinem Gewand fest und sagte: ‚Komm jetzt mit ins Bett!' Er riss sich los und lief hinaus; das Gewand blieb in ihrer Hand zurück" (Gen 39,12).

Es gibt Zeiten, in denen das Leben nicht so läuft wie geplant und die Versuchung ausgesprochen fest an Ihrem Gewand zieht. Dann hilft nur noch Weglaufen!

Vor einiger Zeit waren wir zum Abendessen bei Freunden eingeladen. Es war Sommer und wir aßen im Freien. Die beiden hatten eine blaue Lampe aufgestellt und ab und zu hörte man ein Geräusch, das ungefähr so klang: „ZZZZZZapp!" Wir fragten, was das sei.

„Das sind die Insekten, die in die Falle gehen. Sie werden von dem blauen Licht angezogen, fliegen hinein und ... werden gegrillt."

Es ging den ganzen Abend so. Hunderte und Aberhunderte von Insekten gingen in die Falle. Man sollte doch meinen, dass sie die Leichen ihrer unvorsichtigen Verwandten unten in der Falle gesehen hätten und dass irgendeiner von ihnen sagen würde: „Moment mal! Ich werde nicht einfach blind meinen Gelüsten folgen. Mir fällt auf, dass alle meine Freunde von diesem Ding angezogen werden und nie mehr zurückkommen. Also werde ich mir überlegen, ob der Preis, den ich für dieses Abenteuer zu zahlen bereit bin, nicht zu hoch ist!"

Doch natürlich denkt kein Insekt so weit. Scheinbar sagen die kleinen Kerlchen sich: „Ich weiß schon, was ich tue! Ich bin stark und schlau genug, um diese Anziehung zu riskieren, ohne mich zu verbrennen. Vorsicht ist was für Feiglinge!"

Und so ging es immer weiter: ZZZZZZapp! ZZZZZZapp! ZZZZZZapp!

Manchmal frage ich mich, ob wir Menschen wirklich so viel schlauer sind. Vielleicht wurden auch Sie mit Versuchungen konfrontiert, als das Leben schwierig war. Eine Sünde, die Sie an einem anderen Punkt Ihres Lebens völlig uninteressant gefunden hätten, wirkt nun plötzlich sehr verlockend. Ein Engelchen und ein Teufelchen sitzen auf ihren Schultern und flüstern Ihnen ihre Ratschläge ins Ohr.

C. S. Lewis hat in seinem berühmten Buch „Dienstanweisungen an einen Unterteufel" geschrieben, dass man zwar annehmen könnte, man sei am anfälligsten für Versuchungen, wenn man unter Strom steht und großen „Appetit" auf Leben hat. Doch in Wirklichkeit ist es so, dass man sich in der größten Gefahr befindet, wenn man im Tal ist und mit Traurigkeit und Problemen zu kämpfen hat.

Probleme und Entmutigung sind die blauen Lampen, die die Sünde auf einmal unwiderstehlich aussehen lassen. Diese Erfahrung habe ich jedenfalls gemacht. Ich weiß, dass ich gerade dann Gefahr laufe zu sündigen, wenn das Leben nicht so toll ist. Zum Beispiel bin ich einmal nach einem sehr schlechten Arbeitstag nach Hause gekommen. Ich fragte mich wirklich, ob ich noch am richtigen Platz war, und machte mir Sorgen über die Zukunft. Meine Frau und ich fuhren zum Abendessen in ein Restaurant, und unsere zwei Töchter, sieben und fünf Jahre alt, kabbelten sich auf dem Rücksitz. Nach einigen Ermahnungen drehte ich mich zu ihnen um und schrie sie mit einer derartigen Wut an, dass alle verstummten. Ich wusste, dass diese Wut verletzend und mein Ausbruch völlig unangemessen war, aber ich hörte nicht auf. Ich wollte nicht aufhören. Ich fühlte mich so mächtig, stark und berechtigt dazu, wütend zu sein. Doch als ich endlich fertig war, sah ich die Angst in ihren Augen, und wusste, dass diese mich verfolgen würde. Ich fragte mich, wo diese schreckliche Wut hergekommen war und warum ich sie an diesen relativ unschuldigen Opfern ausgelassen hatte, die ich doch so sehr liebte. Auch wenn es mir nicht gefiel: Ich musste mir eingestehen, dass ich lieber ein falsches Gefühl von Macht verspürte, als mich der Wahrheit bezüglich meiner Ängste zu stellen.

Einer meiner Freunde, der im Management einer großen Firma arbeitet, erzählte mir einmal von einer misslungenen Geschäftsreise. Ein Auftrag, den er bereits in der Tasche zu haben glaubte, ging doch verloren. Als er so in der Hotelbar saß und sein Versagen beklagte, allein und frustriert, kam unerwartet Potifars Frau herein. Eine Versuchung, der er normalerweise keinen zweiten Blick geschenkt hätte, schien plötzlich unwiderstehlich.

Ein unsportliches Kind kennt den Schmerz der Zurückweisung nur allzu gut. Es darf nie mit der Clique der Kinder mitspielen, die bei den anderen beliebt sind. Eines Tages bekommt es die Chance, in diesen Kreis aufzusteigen – allerdings nur, wenn es bereit ist, dafür zusammen mit den anderen seinem besten Freund einen gemeinen Streich zu spielen.

Diese Menschen kennen alle die Versuchung, vor der Josef gestanden hat und die kommt, wenn das Leben nicht so läuft wie geplant. Wenn Josef nachgegeben hätte, hätte er den einzigen Menschen betrogen, der ihm vertraute. Und er hätte Gott betrogen und vermutlich nie seine eigentliche Bestimmung erreicht. Doch er rannte weg. Er floh vor der Versuchung, die ihn ins blaue Licht locken wollte. Wir lesen, dass er hinauslief, und ich frage mich, ob er zu Gott lief. Vielleicht hat er ihm sein Herz ausgeschüttet und ihm all die Enttäuschungen und Einsamkeit hingelegt, die die Versuchung so verlockend machten. Ich denke nämlich nicht, dass es reicht, einfach nur vor der Versuchung zu fliehen. Sie ist sehr hartnäckig, und früher oder später müssen Sie sich dem Schmerz stellen, der Sie angreifbar macht. Und dann rennt man am besten zu Gott.

Josef ist auf jeden Fall standhaft geblieben. Er war loyal gegenüber seinem Arbeitgeber, direkt gegenüber seiner Verführerin und treu gegenüber seinen Werten. Jetzt würde Gott ihn doch sicher belohnen – oder?

Frau Potifar stand da, sein Gewand noch in den Händen. Wieder einmal war Josef seines Umhangs beraubt und er wurde gegen ihn verwendet. Die Dame rief ihren Angestellten zu: „Seht euch das an! Mein Mann hat uns diesen Hebräer ins Haus gebracht, der nun seinen Mutwillen mit uns treibt. Er drang bei mir ein und wollte mit mir ins Bett. Da habe ich laut geschrien. Und als er mich schreien hörte, ließ er sein Gewand neben mir liegen und rannte davon!" (Gen 39,13–14). Ausgesprochen clever, wie sie die Angestellten manipuliert, indem sie an ihre Abneigung gegenüber Sklaven und Fremde appelliert. Dann log sie auch ihren Ehemann an und erzählte ihm, Josef habe versucht, sie zu vergewaltigen.

Wir lesen das und denken: *Das kann nicht sein! Gott wird die Schnepfe doch nicht mit so etwas davonkommen lassen! Die Wahrheit muss herauskommen. Potifar wird dieses abgekartete Spiel doch wohl durchschauen und Josef bekommt seine verdiente Belohnung.*

Wir sind noch nicht am Ende der Geschichte. Es würde noch schlimmer kommen. Aber mitten in den schlechten Nachrichten lesen wir einen vertrauten Satz: „Aber der Herr in seiner Treue stand ihm bei. Er verschaffte ihm die Gunst des Gefängnisverwalters."

Gott rettete Josef nicht vor dem Gefängnis. Er scheint seine Kinder oftmals nicht zu verschonen. Doch er war bei ihm, und er ist auch bei Ihnen. Josef beschloss, das Leben lieber ohne alles, aber mit Gott zu leben als umgekehrt. Und hier sehen wir eine weitere bemerkenswerte Facette seines Lebens.

Unverwüstliche Menschen finden Sinn und Ziel mitten im Sturm
Viktor Frankl war ein Wiener Psychiater, der die Nazi-Konzentrationslager in Auschwitz und Treblinka überlebt hat. Er entdeckte, dass ein Gefangener, der kein Ziel mehr hat, wahrscheinlich nicht überleben wird. Seine Arbeit brachte ihn zu dem Schluss, dass das, was er „die Suche nach dem Sinn" nannte, im Grunde die treibende Kraft unseres Lebens ist:

> *„Wir, die wir im KZ waren, können uns noch an die Männer erinnern, die durch die Baracken gingen, andere trösteten und ihren letzten Brotkrusten weggaben. Es mögen wenige gewesen sein, aber sie sind der lebende Beweis dafür, dass alles einem Menschen genommen werden kann, nur eines nicht: die letzte Freiheit, über den eigenen Umgang mit einer Situation zu entscheiden."*

> „Die Art, wie ein Mensch mit seinem Schicksal umgeht und mit all dem Leiden, das es beinhalten mag, die Art, wie er sein Kreuz auf sich nimmt und geht, ist eine große Gelegenheit für ihn, selbst in den widrigsten Umständen seinem Leben eine tiefere Bedeutung zu geben."[4]

Auch der Warschauer Psychiater Adam Szymusik fand heraus, dass Gefangene, die keine starken Überzeugungen mitbrachten, wesentlich schlechter im Lager zurechtkamen als solche, die wussten, dass sie für ihre politischen oder religiösen Überzeugungen litten.[5] Breit angelegte Untersuchungen an den Abschiedsbriefen von Selbstmördern belegen, dass sie selten Gründe wie Krankheit, Ablehnung oder finanzielle Probleme als Motivation für die Tat angeben, sondern meist davon sprechen, „des Lebens müde zu sein" und den Selbstmord als „Ausweg" zu sehen.[6] Der Psychologe Julius Segal sagt: „Zahllose Menschen berichten mir, dass ihr Hauptproblem eine Existenz ohne Bedeutung ist."

Wir wissen, dass Josef selbst im Gefängnis genau wusste, was sein Ziel und der Sinn seines Lebens war: „Aber der Herr in seiner Treue stand ihm bei." In der Sprache der Theophanie ausgedrückt: Der Herr wollte an Josef vorüberziehen ... im Gefängnis!

David Garland hat die Beobachtung gemacht, dass Begegnungen mit Gott meist auf Berggipfeln stattfinden.[7] Dort ist die Aussicht unbegrenzt und man ist weit von den täglichen Geschäften entfernt. Mose erging es so und auch Elija und einigen anderen.

Doch immer wieder einmal läuft es anders. Gott schenkt einem Menschen eine Theophanie mitten auf dem Meer. Der Ozean galt bei den Israeliten als feindliches Terrain voller gefährlicher Stürme und böser Mächte. In der Offenbarung des Johannes wird das Meer in einem Atemzug mit dem Totenreich als Ort genannt, der eines Tages seine Toten herausgeben muss. Manchmal begegnet uns Gott nicht in den Momenten, in denen es uns gut geht und wir obenauf sind, sondern wenn wir ganz unten sind, inmitten von Angst und Verletzlichkeit. Manchmal erscheint er nicht auf dem Berggipfel, sondern im Sturm. So ging es den Jüngern im Boot und so ging es Josef.

> „Aber der Herr in seiner Treue stand ihm bei. Er verschaffte ihm die Gunst des Gefängnisverwalters. Der Verwalter übertrug Josef die Aufsicht über alle anderen Gefangenen, und alle Arbeiten im Gefängnis geschahen unter Josefs Leitung. Der Verwalter vertraute ihm völlig und gab ihm freie Hand; denn er sah, dass der Herr ihm beistand und alles gelingen ließ, was er tat" (Gen 39,21–23).

Im Gefängnis fand Josef zunächst eine sehr einfache Aufgabe: Er half zwei Mitinsassen, die Besorgnis erregende Träume hatten. Wir lesen: „Als Josef am Morgen bei ihnen eintrat, *sah er gleich*, dass sie in schlechter Stimmung waren. ‚Warum lasst ihr heute den Kopf hängen?', fragte er sie" (Gen 40,6–7).

Das ist ein hochinteressantes Detail!

> Es wäre für Josef nur allzu leicht gewesen, sich abzukapseln und sich nur auf seine eigene Enttäuschung zu konzentrieren. Wenn das Leben nicht so läuft, wie man sich das vorgestellt hat, vergisst man oft, dass auch andere Menschen Probleme haben. Die eigene Welt schrumpft so sehr zusammen, dass man nur noch die eigenen Schmerzen sieht. Dies ist der Tod des Herzens, der Verlust jeden Sinns.

Doch Josef begreift, dass er nicht der Einzige ist, dem das Leben übel mitgespielt hat. Er lebt so, wie Jesus sich verhalten hätte: Er behandelt seine Mitgefangenen gut, bemerkt sie, fragt sie nach ihrem Befinden und drückt sein Interesse an ihnen aus.

In einer Zeit, in der man erwarten könnte, dass er völlig auf sich und seine Schwierigkeiten fixiert wäre, fragte er seine Mitinsassen, warum sie so traurig aussahen. Er tat dies, obwohl er nichts von den beiden zu erwarten hatte. Und so verlieh er seinem Dasein im Gefängnis einen Sinn.

Ich frage mich, ob einer der Gründe, warum er so viel Schlechtes erleben musste, der ist, dass er Mitgefühl entwickeln konnte. Damit will ich nicht sagen, dass menschliches Leid immer eine moralische Lektion Gottes darstellt. Mit einer solchen Theologie trivialisiert man menschliche Tragödien und gibt ein falsches Bild von Gottes Wesen. Doch es wäre durchaus möglich, dass Josef den einen oder anderen Sturm in seinem Leben brauchte.

Josef war Papas Liebling gewesen und hatte den Mantel getragen. Das kann eine undankbare Aufgabe sein. Auf jeden Fall hat es seinen Brüdern und vermutlich auch Josef selbst geschadet. Negative Dinge können passieren, wenn man mit gesteigerten Erwartungen und Bevorzugung aufwächst:

- Man wächst mit der Erwartungshaltung auf, immer etwas Besonderes zu sein. Wenn jemand kommt, der klüger, mächtiger oder schöner als man selbst ist, gibt es Probleme.
- Man wird seiner Wirkung anderen Menschen gegenüber unsensibel.

- Unter dem Mantel lauert die Angst, dass man seine Sonderstellung verlieren könnte. Wer wäre man dann noch?

Vielleicht war es gar nicht so schlimm, dass Josef einige Jahre als Sklave zubringen musste und dann im Gefängnis landete, bevor er bereit war, eine große Machtposition einzunehmen und sich von Gott gebrauchen zu lassen. Stürme können uns Dinge lehren, die wir sonst nie erkennen und verstehen würden. Scott Peck drückt dies folgendermaßen aus:

„In diesem ganzen Prozess des Umgangs mit Problemen liegt der Sinn des Lebens. [...] Nur durch Probleme wachsen wir geistig und geistlich. [...] Das ist der Grund, warum weise Menschen Probleme nicht fürchten, sondern begrüßen, mitsamt dem Schmerz, den sie mit sich bringen."[8]

David Weiner schreibt in seinem Buch mit dem amüsanten Titel *Battling the Inner Dummy* („Den inneren Dummkopf bekämpfen") über etwas, das er „kontrolliertes Trauma" nennt und das dazu dient, Veränderungen herbeizuführen.[9] Wir wissen alle, dass traumatische Erfahrungen unser Leben verändern können – zum Guten oder zum Schlechten. Seine Jünger allein einem nächtlichen Sturm ins Auge blicken zu lassen ist ein solch kontrolliertes Trauma, das diesen helfen sollte, einen Schritt zu gehen, den sie niemals von allein gewagt hätten. Vielleicht konnte ja auch Josef ein kleines kontrolliertes Trauma gebrauchen.

Solange er den Mantel trug, konnte Josef niemals echte Gemeinschaft mit seinen Brüdern haben. Solange er den Mantel trug, würde er nicht herausfinden, zu was er in schwierigen Umständen in der Lage war. Solange er den Mantel trug, würde er nie verstehen, dass Gott allein genügt, auch wenn man alles verloren hat.

Jedes Ereignis in Josefs Leben – sei es nun von Gott gesandt, um Josef etwas zu lehren, oder einfach eine Folge davon, dass er in einer gefallenen Welt lebte – hatte seinen Sinn. Josef lernte, wie das Leben ohne den schützenden Mantel aussah. Als er noch zu Hause lebte, hatte er nie bemerkt, dass sein Verhalten und seine Bevorzugung seine Brüder verletzte. Doch nun, im Gefängnis, da *sah* er plötzlich, wenn es anderen schlecht ging. Sein eigenes Leid hatte ihm die Augen für die Probleme anderer geöffnet.

Wie viel Mitgefühl haben Sie?

Sehen *Sie* inmitten des Sturms noch die Bedürfnisse anderer Menschen, so wie Josef es tat? Den meisten Menschen kann man meist ansehen, ob es ihnen gut geht oder nicht.

Sehen Sie Ihre Freunde, Kollegen, Kinder an und bemerken, wenn sie den Kopf hängen lassen? Es ist paradox, aber Ichbezogenheit ist im Grunde selbstzerstörerisch und bringt Einsamkeit hervor.

Josef zeigte sein Mitgefühl mit der Frage, warum die beiden Mitgefangenen den Kopf hängen ließen. Jemand bemerkte sie und interessierte sich für sie. Ein kleines Wort, das Sie aussprechen, kann jemandem neue Hoffnung geben ... oder diese zerstören.

Bei einer Konferenz kam einer der Teilnehmer zu mir und sagte: „Ich erkenne Ihre Stimme. Ich habe einen Freund, der alle Ihre Predigten auf Kassette hat und mir die guten immer zuschickt." Ich traute mich nicht zu fragen, wie groß der Prozentsatz der „guten" wohl war.

> **Hier kommt ein kleiner Test: Wie oft haben Sie in schwierigen Phasen Ihres Lebens echtes Interesse an anderen Menschen gezeigt, auch wenn Sie selbst aus der Situation keinen Nutzen ziehen konnten?**

Die Gefangenen erklärten Josef, dass sie beunruhigende Träume gehabt hatten. Josef entgegnete daraufhin: „Träume zu deuten ist Gottes Sache. Erzählt mir doch einmal, was ihr geträumt habt" (Gen 40,8).

Der Mundschenk erzählte von seinem Traum, in dem ein Weinstock und drei Ranken vorkamen. Josef sagte ihm, dass er innerhalb von drei Tagen aus dem Gefängnis kommen und wieder in den Dienst des Pharao treten würde.

Der Bäcker schöpfte neue Hoffnung und erzählte auch seinen Traum. Doch Josef musste ihm mitteilen: „Heute in drei Tagen wird der Pharao dich erhöhen und an einen Baum hängen" (Gen 40,19).

Tatsächlich traf beides so ein, wie Josef es angekündigt hatte. Der Mundschenk wurde freigelassen. Das war gut, denn Josef hatte ihn gebeten, beim Pharao für ihn einzutreten, damit auch er frei kam.

Stellen Sie sich Josefs Hoffnung und Freude vor. Er wird ein freier Mann sein. Keine Gefängnismauern mehr. Keine Sklaverei. Er könnte zu seinem Vater zurückkehren.

Er wartete. Einen Tag. Nichts geschieht. *Vielleicht morgen*, dachte er. *Morgen ist mein großer Tag!* Doch der nächste Tag verging, ohne dass etwas geschah. Wahrscheinlich wartete der Mundschenk nur auf den richtigen Moment, um den Pharao anzusprechen ...

Die Tage wurden zu Wochen, dann Monaten, und noch immer saß Josef im Gefängnis. Schließlich wurde es klar: Der Mundschenk hatte ihn einfach vergessen. Die Menschen neigen dazu, ganz von ihren eigenen Bedürfnissen eingenommen zu werden. Zwei Jahre lang saß Josef allein da – so lange, wie Clark und Lewis zur Durchquerung des amerikanischen Kontinents brauchten. Ich frage mich, wie oft er wohl gedacht hat, dass dies jetzt wohl das Ende seiner Geschichte war.

Aber natürlich war das nicht das Ende. Gott war noch lange nicht mit ihm fertig. Josef würde den tieferen Sinn seines Leids erkennen und seinen Brüdern sagen: „Ihr hattet Böses mit mir vor, aber er hat es zum Guten gewendet; denn er wollte auf diese Weise vielen Menschen das Leben retten" (Gen 50,19). Die besten Tage in Josefs Leben – sein Aufstieg in Ägypten, sein Dienst an einer ganzen Nation, sein Einfluss als Leiter, die Wiedervereinigung mit seinem Vater und die Versöhnung mit seinen Brüdern – lagen alle auf der anderen Seite der hohen Berge. Und das hängt damit zusammen, dass seine Geschichte von Anfang an ein Teil von Gottes Gesamtgeschichte mit den Menschen war.

Josefs Geschichte erinnert mich an die eines anderen jungen Mannes, der ebenfalls von seinem Leben enttäuscht war. Seine Geschichte wird in dem alten Filmklassiker „Ist das Leben nicht schön?" erzählt (1946; mit James Stewart in der Hauptrolle). George Bailey war wie Josef ein Träumer. Er wollte die Welt bereisen, Großes vollbringen, sein Vater sollte stolz auf ihn sein. Doch keiner dieser Träume wurde Wirklichkeit. Er fand sich in einer Kleinstadt wieder, wo er den Leuten Kredite gewährte und sich fragte, ob das alles war. Auch eine Art des Sturms.

Ich habe neulich gelesen, dass dieser Film heute wesentlich beliebter ist als damals. 1946 war sein Kassenerfolg eher bescheiden. Scheinbar spricht der Film heute viele Menschen an, die auch enttäuscht sind, weil ihr Leben nicht so verlaufen ist, wie sie es sich erträumt haben. Sie möchten das Gefühl haben, dass ihr Leben etwas bedeutet, dass es einen Wert hat. Sie wollen die Sicherheit haben, dass sie am Ende nicht einfach nur mit einem Gefühl der Enttäuschung zurückbleiben.

Dallas Willard schreibt:

> „Ich begegne vielen treuen Christen, die trotz ihres Glaubens zutiefst enttäuscht sind von der Art und Weise, wie ihr Leben verläuft. Manchmal ist es einfach das Älterwerden, das ihnen suggeriert, ihr Leben sei vorbei. Doch oft haben sie – auf Grund widriger Umstände oder falscher Entscheidungen – nicht erreicht, was sie sich erhofft oder vorgenommen hatten. Schmerzlich berührt fragen sie sich, was sie falsch gemacht haben oder ob Gott überhaupt bei ihnen gewesen ist."[10]

Teilweise entsteht die Enttäuschung dieser Menschen aus der Verkennung der Tatsache, dass ihr Leben noch vor ihnen liegt. Weil das Ende unseres irdischen Lebens schnell kommt, ist es im Grunde nicht so bedeutend. Wichtiger ist die Frage, was für eine Art von Mensch man geworden ist. Umstände und andere Menschen bestimmen keineswegs den Charakter einer Person und schon gar nicht das Leben, das im Reich Gottes auf uns wartet. Keine neidischen Brüder oder dumme Väter, kein Potifar und keine wütende Ehefrau, keine vergesslichen Mundschenke oder stolzen Pharaos. Vor uns liegt ein wundervolles Leben!

Es ist nicht immer leicht, dies auch zu glauben. Manchmal scheinen die schlechten Nachrichten das letzte Wort zu haben. Vielleicht sollte es uns daher nicht überraschen, dass Gott in der größten Geschichte von allen einen anderen jungen Mann sandte, für den die Dinge scheinbar ebenfalls nicht so gut liefen. Er trug auch einen Mantel, einen purpurroten Mantel, der seinen königlichen Status symbolisierte. Doch diesen hatte man ihm umgehängt, um sich über ihn lustig zu machen, und auch ihm wurde der Mantel von Menschen abgenommen, die seinen Tod im Sinn hatten.

Die Menge verhöhnte ihn, seine Freunde verließen und verleugneten ihn. Judas verriet ihn, Soldaten nagelten ihn ans Kreuz, und dann wurde sein Leichnam in ein Grab gelegt. Wieder ein Träumer, ein junger Mann, dessen Leben in einer schrecklichen Enttäuschung endete.

Bis er am dritten Tag auferstand und das Beispiel für die ultimative Resilienz wurde.

Am dritten Tag haben die schlechten Nachrichten ihre Macht für immer verloren.

Seit diesem dritten Tag hat keine schlechte Nachricht mehr die Macht, Sie von Gott zu trennen. Warten Sie nur, bis Sie Ihre „Rocky Mountains" überquert haben!

Steigen Sie aus dem Boot

1. Welche Rolle haben Probleme in letzter Zeit in Ihrem geistlichen Wachstum gespielt?
2. Welche Probleme bereiten Ihnen im Moment die größten Sorgen? Wie sehen Ihre „Rocky Mountains" aus? Was könnte in Folge dieser Probleme passieren, das Ihnen so viel Kopfzerbrechen macht?
3. Wie würden Sie auf einer Skala von 1 bis 10 Ihren „Resilienz"-Faktor bewerten? Wie könnten Sie ihn erhöhen?
4. Denken Sie an ein konkretes Problem in Ihrem Leben. Wie könnte es Ihnen gelingen, nicht mehr passiv zu bleiben, son-

dern die Kontrolle in die Hand zu nehmen und initiativ zu werden?
5. Wenn Sie unter Stress stehen und Probleme haben, in welchem Bereich sind Sie dann für Versuchungen am anfälligsten?
6. Wenn Gott Ihnen etwas zu Ihrem augenblicklich größten Problem sagen würde, was würde er Ihnen Ihrer Meinung nach mitteilen?

Kapitel 6

"Als die Jünger ihn auf dem Wasser gehen sahen, erschraken sie und sagten: ‚Ein Gespenst!', und schrien vor Angst. Sofort sprach Jesus sie an: ‚Fasst Mut! Ich bin's, fürchtet euch nicht!'
Da sagte Petrus: ‚Herr, wenn du es bist, dann befiehl mir, auf dem Wasser zu dir zu kommen!' – ‚Komm!', sagte Jesus. Petrus stieg aus dem Boot, ging über das Wasser und kam zu Jesus. Als er dann aber die hohen Wellen sah, bekam er Angst. Er begann zu sinken und schrie: ‚Hilf mir, Herr!'"
(Mt 14,26–30).

Angstschreie

Nichts ist so sehr zu fürchten wie die Angst.
Henry David Thoreau[1]

Was, meinen Sie, ist der meistbenutzte Imperativ in der Bibel?

Es ist nicht die Aufforderung, mehr zu lieben. Das ist zwar sicher das, was Gott sich für die Menschen wünscht, aber es ist nicht die meistgebrauchte Ermutigung.

„Stolz" wird oft als einer der Hauptgründe für menschliches Versagen angesehen. Doch auch diesen Bereich spricht die Bibel nicht am häufigsten an.

Die Aufforderung, die häufiger als alle anderen in der Bibel auftaucht, besteht nur aus drei Worten:

„Fürchte dich nicht."

Hab keine Angst. Seit stark und mutig. Du kannst mir vertrauen. Fürchte dich nicht.

Angst scheint das ernst zu nehmendste Übel der Welt zu sein. Seltsamerweise hat sie es nie auf die Liste der sieben Todsünden geschafft. Es wird auch niemand öffentlich in der Gemeinde angeprangert, weil er Angst hat. Warum sagt Gott dann den Menschen öfter als alles andere, dass sie keine Angst haben sollen?

Ich vermute, dass es ihm nicht darum geht, uns negative Gefühle zu ersparen. Tatsächlich sagt er dies meist zu Menschen, denen er befiehlt, etwas zu tun, das ihnen noch mehr Angst einjagt. *Angst ist der Hauptgrund, warum Menschen nicht das tun, was Gott von ihnen will.*

Angst ist der Grund Nr. 1, warum Menschen nicht aus dem Boot steigen. Darum brauchen wir diese ermunternde Aufforderung immer wieder. Lloyd Ogilvie hat festgestellt, dass die Bibel 366-mal die Anweisung enthält, dass wir uns nicht fürchten sollen – eine für jeden Tag des Jahres inklusive eine für Schaltjahre![2] Ist das nicht großartig?

Eine Parabel zum Thema Mut

Ein zweijähriges Mädchen steht am Rand des Schwimmbeckens.

„Spring!", ruft ihr Vater und breitet die Arme aus. „Hab keine Angst. Du kannst mir vertrauen. Ich fang dich auf. Komm, spring!"

Sie wird in diesem Moment von inneren Konflikten hin- und hergerissen. Einerseits schreit alles in ihr danach, dort zu bleiben, wo sie ist. Das Wasser ist tief, kalt und gefährlich. Sie hat so etwas noch nie gemacht. Schwimmen kann sie auch nicht. Was ist, wenn etwas schief geht? Es könnte ja alles Mögliche passieren.

Andererseits ist der Mann im Wasser ihr Vater. Er ist größer und stärker als sie und hat sich in den letzten zwei Jahren als einigermaßen vertrauenswürdig erwiesen. Er scheint auch recht zuversichtlich, was den Verlauf der Dinge angeht.

In ihr findet ein Kampf zwischen Angst und Vertrauen statt.

Sie kann nicht ewig am Rand stehen bleiben. Der Moment der Entscheidung naht. Sie ist mehr als ihre Ängste oder ihr Vertrauen. In ihr steckt ein Funke Willenskraft und mit diesem bestimmt sie ihr Schicksal. Sie wird springen oder zurücktreten.

Welchen Weg sie wählt, wird entscheidende Konsequenzen haben. Wenn sie springt, wird ihr Zutrauen in die Fähigkeit ihres Vaters, sie aufzufangen, wachsen. Das nächste Mal wird ihr der Sprung deshalb schon viel leichter fallen. Das Wasser wird ihr nicht mehr so viel Angst einflößen, und schließlich wird sie sich selbst als eine Person sehen, die sich nicht von ihrer Angst daran hindern lässt, etwas zu tun.

Wenn sie sich aber dazu entschließt, nicht zu springen, wird auch das Konsequenzen haben. Sie verpasst eine Gelegenheit zu entdecken, dass man ihrem Vater vertrauen kann. Sie wird auch das nächste Mal eher auf Sicherheit bauen. Sie wird den Eindruck gewinnen, dass sie selbst nicht sehr mutig ist, und in Zukunft versuchen, Situationen zu vermeiden, in denen sie mit ihrer Angst konfrontiert werden würde.

Ich möchte durchaus, dass meine Kinder einen gesunden Respekt vor dem Wasser haben. Als unsere Töchter noch sehr klein waren, spielte ich mit ihnen im Pool eines Hotels. Wir hatten Mallory (damals zwei) gewarnt, dass sie nicht allein ins tiefe Wasser gehen sollte, weil sie dann vielleicht ertrinken würde. Scheinbar hatten wir ihr aber nicht deutlich genug gesagt, was dieses Wort bedeutet.

Als ich mich gerade um ihre größere Schwester kümmerte, vernahm ich hinter mir ein Platschen. Als ich mich umdrehte, sah ich, dass Mallory ins Schwimmerbecken abgewandert und sofort komplett untergegangen war. Ich sprang hinein und zog sie heraus (sie war nur eine halbe Sekunde unter Wasser gewesen). Sie weinte ganz verzweifelt: „Oh, ich bin ertrunken!"

> Angst hat ihre Berechtigung. Aber ich möchte, dass mein Vertrauen stärker ist. Ich möchte nicht, dass das „Nein" der Angst lauter ist als das „Ja" des Glaubens.

Angst spielt in der Geschichte von Jesus auf dem Wasser zweimal eine Rolle. Zuerst bekommen die Jünger Angst, weil sie nicht begreifen, dass Jesus im Sturm bei ihnen ist. Dale Bruner schreibt:

„Jesus sagt daher: ‚Fasst Mut! Ich bin's, fürchtet euch nicht!' Jesus identifiziert sich damit nicht nur selbst, sondern es ist auch die Offenbarung, dass der große ‚Ich bin' bei ihnen ist. Die Worte Jesajas werden lebendig: ‚Fürchte dich nicht, ich befreie

dich! Ich habe dich bei deinem Namen gerufen, du gehörst mir. Musst du durchs Wasser gehen, so bin ich bei dir; auch in reißenden Strömen wirst du nicht ertrinken [...]. Denn ich bin *der Herr, dein Gott; ich, der heilige Gott Israels, bin dein Retter'* (Jes 43,1–2.3)."³

Einer der Jünger stand am Bootsrand. Jesus war auf dem Wasser. Er streckte die Hand aus und sagte: „Komm!"
Petrus kam. Und eine Weile ging alles glatt.
Dann schlug die Angst ein zweites Mal zu. Der Jünger sah den Wind und dies führte zur nächsten Phase: Er fürchtete sich. Seine Reaktion auf Wind und Wellen war es, der Angst nachzugeben. Er verlor sein Vertrauen in Jesus als den Herrn über die Situation. Er versank nicht nur in den Fluten, sondern auch in seinen eigenen Ängsten und Sorgen.

Kennen Sie den Film „Angst essen Seele auf"? Ein eindrucksvoller Titel! Ich glaube, der Grund für Gottes Abneigung gegen Angst ist die Tatsache, dass sie uns schneller zum Sinken bringt als alles andere. Angst tötet den Glauben und wird zum größten Hindernis auf dem Weg zu Vertrauen in und Gehorsam auf Gott.

Ein Mann mittleren Alters fühlt sich dazu berufen, den Job zu wechseln und etwas Mutiges für Gott zu tun. Doch Angst hält ihn davon ab.

Eine Frau ist gefangen in einer schmerzvollen, schädlichen Beziehung. Doch Angst hält sie davon ab, sich das einzugestehen und Hilfe zu suchen.

Ein langjähriger Christ kann Gott nicht wirklich lieben, weil er irgendwo tief in sich noch immer fürchtet, dass Gott etwas schrecklich Unangenehmes von ihm will. Wenn das Leben eine Weile gut läuft, wird er misstrauisch: Wann kommt wohl der nächste Schlag?

Eine junge Frau wird von ihren Eltern auf einen Lebensweg gedrängt, den sie gar nicht will. Doch Angst hält sie davon ab, ihren eigenen Weg zu finden.

Ein junger Mann ist mit einer Frau zusammen, die er nicht wirklich liebt. Doch jeder erwartet, dass sie bald heiraten. Angst hält ihn davon ab, das zu tun, was wirklich in seinem Herzen ist, und ein authentisches Leben zu führen.

Ein anderer Mann sehnt sich nach Nähe und Vertrautheit, doch Angst hält ihn davon ab, sich auf eine wirklich tiefe Beziehung einzulassen.

Eine ältere Frau hat Angst vor dem Sterben. Sie hat noch nie jemandem davon erzählt, weil sie sich davor fürchtet, was die anderen dann von ihr denken könnten.

Ein erfolgreicher Geschäftsmann riskiert jeden Tag ein Vermögen an der Börse. Er sieht sich selbst keineswegs als ängstlichen Typ – er ist ein Abenteurer, ein risikofreudiges Beispiel an Mut! Doch emotionale Intimität oder Ehrlichkeit hat er schon seit seiner Kindheit nicht mehr gewagt. Er hat zu viel Angst davor, die Kontrolle zu verlieren oder Schwäche zu zeigen.

Ich habe den allergrößten Respekt vor Menschen, die wirklich mit tiefen Ängsten zu kämpfen haben und sich dennoch im entscheidenden Moment entschließen zu springen.

> **Es ist eine Sache, wenn ein wirklich risikofreudiger Mensch den Sprung wagt. Doch für jemanden, der kein abenteuerlustiger Typ ist und mit Sorgen und Zweifeln zu kämpfen hat, aber trotzdem gehorcht – zitternd und zagend, aber vertrauensvoll –, ist das wirklicher Mut. Und jeder von uns kann das tun. Sicher verwandeln wir uns nicht von heute auf morgen in bungeespringende, paraglidende, fallschirmspringende Tausendsassas, aber jeder Mensch ist immer wieder mit Situationen konfrontiert, in denen er zwischen Angst und Vertrauen wählen muss.**

Angst und Vertrauen kämpfen schon seit Urzeiten um Ihr Herz. Irgendwann wird das eine oder das andere gewinnen.

Halten Sie sich Ihr Leben vor Augen. Wo beruft Jesus Sie dazu, voller Vertrauen seine Hand zu ergreifen? Was hält Sie im Boot? Ich denke, es ist Angst.

Lassen Sie uns die Anatomie der Angst näher betrachten. Was ist Angst eigentlich genau? Und was kostet es uns, in ihr zu leben?

Was ist Angst?

Im Grunde ist Angst ein innerer Warnschrei, dass Gefahr droht und wir lieber etwas unternehmen sollten. Sie dient dazu, etwas auszulösen, das Forscher einen „Selbstkorrekturmechanismus" nennen – es muss ungemütlich genug sein, um uns zum Handeln zu bewegen, damit wir uns aus der Gefahrenzone entfernen. Angst macht unseren Körper bereit, zu fliehen, sich zu verstecken oder den Kampf aufzunehmen.

Angst hat auch eine stark ausgeprägte physiologische Seite. Einer meiner Freunde versuchte sich einmal auf ein Gespräch mit einem sehr schwierigen Menschen vorzubereiten. Er sprach mit seiner Frau darüber und sagte ihr: „Weißt du, wenn ich nur daran denke, bekomme ich ganz feuchte Hände und mein Mund wird trocken!"

Sie lachte: „Dann leck doch deine Handflächen ab!"

Im Ernst – was war es, das seinen Körper zu einer so starken Reaktion veranlasste? Angst schließt mehrere Reaktionen ein. Zuerst fühlt man, dass man in Gefahr ist. Tatsächlich hat das englische Wort „fear" (Angst) denselben Wortstamm wie „Gefahr". Der Wissenschaftler Rush Dozier spricht von einem primitiven Angstprozess, der innerhalb von Sekundenbruchteilen auf unsere Gliedmaßen einwirkt, viel schneller, als jede bewusste Entscheidung stattfinden kann.[4] Erfahrungen wie plötzliche laute Geräusche oder der Blick in einen Abgrund scheinen schon von klein auf eingebaute Alarmsysteme in uns wachzurufen. Die Forschung spricht von einigen angeborenen Ängsten, andere sind erlernt. Der Kabarettist Dave Barry drückt es so aus:

> *„Wir werden alle mit bestimmten instinktiven Urängsten geboren: Angst vor dem Fallen, vor der Dunkelheit, vor Spinnen, davor, in der Dunkelheit über einen Hummer zu stolpern, vor öffentlichen Reden und vor den Worten: ‚Kannst du mir mal eben kurz helfen?'"*

Die unglaubliche Geschwindigkeit dieses instinktiven Prozesses hilft uns dabei, *sofort* auf mögliche Probleme zu reagieren, doch das bedeutet auch, dass unsere erste Reaktion noch nicht den langsameren Prozess durchlaufen hat, der sich „rationales Angstsystem" nennt. Die Existenz dieser beiden Systeme erklärt, warum zum Beispiel Menschen in einer Achterbahn gleichzeitig vor Entsetzen und vor Vergnügen kreischen. Das primitive Angstsystem warnt vor der Gefahr, während das rationale uns signalisiert, dass alles in Ordnung ist.

Wenn unsere Systeme uns signalisieren, dass wir Angst haben sollten, kommt unser Körper in Wallung. Adrenalin wird in unsere Blutbahn gepumpt. Das Blut weicht aus unserer Unterhaut (darum wird man auch blass vor Angst!) und wird in die Muskeln geleitet, damit diese für eine schnelle Flucht bereit sind. Das Herz arbeitet auf Hochtouren und hält alle Systeme in Alarmbereitschaft. Die Pupillen weiten sich, um alle nur möglichen Informationen aufzunehmen. Viele der anderen Körperfunktionen – Reproduktionsorgane, Verdauung und so weiter – werden heruntergefahren, damit wir völlig mobil sind.

Es gibt jedoch auch so etwas wie „gute Angst" – eine gesunde Vorsicht, die ein Kind davon abhält, die heiße Herdplatte anzufassen; die einen Fahrer davon abhält, kopflos zu rasen; die einen Mann davon abhält, sich einfach so anzuziehen, wie er gern möchte, ohne zuerst seine Frau zu fragen.

Wenn Angst nur auftauchen würde, wenn man sie wirklich dringend braucht – zum Beispiel wenn man sonst von einem Laster überfahren oder von einem irren Massenmörder gemeuchelt würde –, dann bräuchten wir uns keine Gedanken darüber zu machen. Das Problem ist aber, dass die Angst oft genau dann zuschlägt, wenn sie weder hilfreich noch erwünscht ist. Sie kann bei etwas auftreten, das uns keineswegs bedroht, und dann ist sie eher lähmend als motivierend.

Bei manchen Menschen tritt Angst nicht nur sporadisch auf, sondern wird zu einer grundsätzlichen Haltung. Wenn das passiert, werden wir zu „Sorgengeistern". Sorge ist eine besondere Form der Angst. Gewöhnlich unterscheidet man beide Begriffe folgendermaßen: Angst wird durch eine äußere Quelle hervorgerufen, während Sorge oder Befürchtungen aus unserem Inneren kommen. Beide rufen aber dieselben körperlichen Reaktionen hervor.

> Sorge ist Angst, die ihre Koffer ausgepackt und sich auf einen längeren Aufenthalt eingestellt hat. Sie zieht auch nie von selbst wieder aus – man muss sie rauswerfen.

Dummerweise verstärkt die wunderbare *menschliche* Fähigkeit zur Imagination auch unsere Neigung zur Sorge. Joseph LeDoux, ein Neurologe an der Universität von New York, fasst es so zusammen: „Eine Ratte macht sich keine Sorgen um einen möglichen Börsencrash."[5] Wir aber schon!

Wir sollten die physischen Aspekte der Angst ernst nehmen. Sie ist ein Teil unseres Menschseins. Ein Artikel in der *New York Times* zitierte einen Forschungsbericht, der belegt, dass manche Menschen eine stärkere Veranlagung zu Angstgefühlen haben als andere, die wiederum offensichtlich erblich ist. Man hat sogar das zuständige Gen lokalisiert: das slc6a4-Gen auf dem Chromosom 17q12.[6] Menschen, die eine kürzere Version dieses Gens besitzen, neigen mehr zu Sorgen als die, die die längere Version haben.

Wo Sie das jetzt wissen – machen Sie sich da Sorgen, dass Sie die kürzere Version haben könnten?

In diesem Fall kann es unter Umständen sogar angebracht sein, einen Arzt oder Psychologen aufzusuchen, um festzustellen, ob tatsächlich ein physiologisches Problem der Grund für ständige Angstzustände ist. Zum Beispiel können bestimmte obsessive Sorgen mit einem Problem in dem Teil des Gehirns zusammenhängen, der sich Cingulate Cortex nennt.[7] Medikamente, die dabei helfen, die Zellen in diesem Bereich von Überreaktionen abzuhalten, sind kein Ersatz für tieferen Glauben, sondern eine Reflektion der Tatsache, dass wir körperliche und geistige Wesen sind.

Hauptsächlich besagt die Anzahl der „Fürchte dich nicht"-Stellen in der Bibel aber eines: Angst spielt eine zerstörerische Rolle im Leben von Männern und Frauen. Angst, wie wir sie gewöhnlich erfahren, ist keine gute Sache.

Immer wieder begegnen uns in der Bibel Beispiele dafür, wie Angst Menschen davon abhält, Gott zu vertrauen und ihm zu gehorchen.

Wenn das kleine Mädchen am Rand des Schwimmbeckens steht, ist ihr der Preis bewusst, den sie vielleicht für das Springen zahlen muss. Das Wasser ist kalt, sie wird sich fürchten und schlimmstenfalls könnte sie sogar umkommen.

Doch ihr – und ebenso mir und Ihnen – ist meist nicht bewusst, dass auch das Nicht-Springen einen Preis hat. In chronischer Angst zu leben ist im Grunde der höchste Preis überhaupt. Susan Jeffers macht dies sehr prägnant deutlich: „Die Angst zu überwinden ist weniger beängstigend als die Aussicht, mit einer unterschwelligen Angst zu leben, die auf einem Gefühl der Hilflosigkeit beruht."[8] Wie sieht also die Kosten-Nutzen-Rechnung eines Lebens in Angst aus?

Verlust des Selbstwertgefühls

Die *American Psychological Association* hat vor einigen Jahren ein Buch veröffentlicht, das die Forschungsergebnisse auf dem Gebiet des Selbstwertgefühls zusammenfasst.[9] Man betrachtet darin ein Paradoxon: Warum haben so viele Menschen ein geringes Selbstwertgefühl, die eigentlich jeden Grund hätten, ein gutes Selbstwertgefühl zu haben? Sie erreichen viel, sind begabt, attraktiv, beliebt ... und doch haben sie mit einem schwachen Selbstwertgefühl zu kämpfen. Selbst Menschen, die offensichtlich sehr erfolgreich sind, haben dieses Problem. Und ebenso ergeht es anderen, die viel Lob und Anerkennung von bedeutenden Menschen erhalten; sie tendieren dazu, nicht zu glauben, dass diese es tatsächlich ernst meinen!

Die Forschungsergebnisse machen eines deutlich: Das Selbstwertgefühl eines Menschen hängt mit einer Sache zusammen: Wenn Sie mit einer schwierigen Situation konfrontiert werden – stürzen Sie sich dann hinein und kämpfen sich durch, oder vermeiden Sie sie, machen auf dem Absatz kehrt und rennen davon?

Wenn Sie Ersteres tun, erleben Sie eine tiefe Befriedigung, selbst wenn der Ausgang der Sache nicht so ist wie gewünscht. Sie haben etwas Schwieriges bewältigt. Sie haben eine Herausforderung angenommen. Sie wachsen.

Wenn Sie der Situation ausweichen, dann kann der Ausgang noch so positiv sein, tief in Ihrem Inneren denken Sie: *Aber die Wahrheit ist, dass ich mich davongestohlen habe. Ich habe nichts bewältigt. Ich habe die Herausforderung vermieden. Ich habe den einfachen Weg gewählt.*

> Problemvermeidung tötet auf Dauer unser Gefühl von Zutrauen und Selbstwert. Darum hilft auch Lob von anderen nichts, auch wenn es ernst gemeint ist. Vermeider sind Experten im „Eindruck-Management" – sie geben vor, etwas zu sein, das andere Menschen in ihren Augen für akzeptabel halten.

Doch selbst wenn es uns gelingt, den Eindruck, den andere von uns haben, hervorragend zu beeinflussen und Lob und Zustimmung zu ernten, werten wir dies innerlich ab: *Wenn ihr nur die Wahrheit über mich wüsstet, dann würdet ihr mich nicht mehr bewundern. Ihr seht ja nur das, was ich euch sehen lassen will.* Doch wenn man eine Herausforderung annimmt, baut das den Kern Ihres Selbst auf, auch wenn nicht alles perfekt klappt.

Neulich befand ich mich mit drei Freunden, die auch in unserer Gemeinde arbeiten, auf einem Inlandsflug. Die Maschine war ausgebucht, daher konnten wir nicht nebeneinander sitzen. Einer von uns forderte die anderen heraus: „Lasst uns mal sehen, wer unterwegs das beste geistliche Gespräch mit einem Fremden führt!" (Unsere Gemeinde liebt Herausforderungen! Ich kenne tatsächlich einige Leute, die auf praktisch jedem Flug einen Mitreisenden zu Jesus führen. Ich muss wohl jedes Mal die falsche Fluggesellschaft nehmen, denn mir passiert so etwas nie!)

Die Herausforderung stand. Nun war es an mir, sie anzunehmen oder ihr aus dem Weg zu gehen.

Ich setzte mich auf meinen Platz und stellte mich dem Herrn zu meiner Linken vor. Er war ein Geschäftsmann, der auf seinen Laptop einhämmerte und den tollsten Anzug trug, den ich je gesehen hatte. Er sah aus, als entstamme er einer Werbeanzeige von Armani oder Boss.

Das ist gut, dachte ich, *denn er hat bestimmt einen superteuren Kuli, den ich mir ausleihen kann, um eine leicht verständliche Illustration des Evangeliums zu zeichnen. Dann muss er ja aufpassen!*

Es war jedoch nicht gerade die ideale Umgebung für ein tief gehendes Gespräch. Alle Mitreisenden waren in gereizter Stimmung, weil es so voll war und wir Verspätung hatten.

Beim Abendessen fing ich ein Gespräch mit ihm an und wollte gerade in geistliche Gefilde vordringen, als sich ein Problem mit meinem Salatdressing ergab. Es wollte einfach nicht aus dem Loch in diesem kleinen Tütchen fließen. Ich drückte also fester zu und auf einmal schoss die ganze Soße heraus und bedeckte den teuren Anzug meines Nachbarn.

Und es war kein kleiner Fleck. Seine Hose sah aus wie eine schwarzbunte Holsteiner Kuh. Die Flugbegleiterin und ich brauchten 20 Minuten, um ihn davon zu überzeugen, dass das Zeug mit Wasser rausgehen würde. Weitere 30 Minuten verbrachte er daraufhin auf der Toilette.

Jetzt wollte ich wirklich gern in einen Vermeidungsmodus schalten! Ich fragte mich, was ich jetzt tun sollte. In meinem Kopf formte sich ein platter Spruch nach dem Motto: *Ein Salatsoßenfleck geht mit Wasser raus, aber was ist mit den Flecken auf Ihrer Seele?* Das schien mir nicht besonders Erfolg versprechend ...

Trotzdem unterhielten wir uns nach seiner Rückkehr weiter, und wie sich herausstellte, war er bereits Christ. Tatsächlich kannte er sogar unsere Gemeinde, die *Willow Creek Community Church.*

„Ach, dort arbeiten Sie also?", fragte er interessiert.

Wir führten schließlich ein wirklich sehr gutes Gespräch über unser geistliches Leben. Doch nicht darum hatte ich so ein angenehmes Gefühl, als ich aus der Maschine stieg, sondern weil ich die Herausforderung angenommen hatte. Ich hatte es nicht besonders geschickt angestellt, aber trotzdem tat es mir gut.

Halten wir fest: Wenn Sie in einer Angst erregenden Situation stecken, sie aber mutig anpacken, werden Sie ein Gefühl der Befriedigung erleben, weil Sie Mut bewiesen haben. Führen Sie doch heute einmal Ihr ganz persönliches Mut-Experiment durch! Wenn

Sie merken, dass Sie gern auf Vermeidung schalten würden, bleiben Sie dennoch fest und gehen Sie vorwärts.

Sprechen Sie einen Kollegen an, der andere (oder Sie) schlecht behandelt. Stürzen Sie sich in eine Aufgabe, vor der Sie sich bislang zu drücken versucht haben, weil es unbequem oder unerfreulich werden könnte. Sagen Sie Ihre ehrliche Meinung, wenn Sie mit einer Person reden, bei der Sie normalerweise Konfrontation vermeiden. Treffen Sie eine schwierige Entscheidung, die Sie vor sich hergeschoben haben. Führen Sie ein Telefonat, das Sie lieber vermeiden würden. Geben Sie vor Gott einen Fehler oder eine schlechte Angewohnheit zu, die Sie bisher zu verstecken versucht haben. Bitten Sie ihn um Hilfe und erzählen Sie einem anderen Menschen davon.

Wenn Sie das tun, werden Sie jedes Mal innerlich ein bisschen stärker.

Doch wenn Sie sich rauswinden, weil Sie den schwierigen Schritt nicht gehen oder den schweren Satz nicht aussprechen wollen, sterben Sie innerlich ein bisschen. Und wenn dies zu einem festen Verhaltensmuster wird, beginnen Sie sich mit der Zeit als jemand zu sehen, der mit den Anforderungen des Lebens nicht fertig wird. Wo innere Stärke und Entschlussfreudigkeit sein sollte, erleben Sie Angst und Unsicherheit. Sie lernen, in Furcht und Vermeidung zu leben.

Und selbst wenn Dinge sich äußerlich gut entwickeln und Menschen vom äußeren Anschein Ihres Lebens beeindruckt sind, häufen Sie innerlich einen Schuldenberg an, den Sie für den Rest Ihres Lebens abzahlen werden.

Zielverlust

Wenn Angst ein ständiger Begleiter ist, wird man nie das Potenzial freisetzen, das Gott in einen hineingelegt hat. Wie wir gesehen haben, schließt Wachstum immer ein gewisses Risiko ein, und ein Risiko hat immer etwas mit Angst zu tun.

Neulich war ich mit einem Freund essen, der ganz eindeutig von Gott zu großen Dingen berufen ist. Er ist enorm begabt – ein begnadeter Künstler und Schriftsteller. Und doch steckt er in einem Job fest, der ihn fertig macht. Er widmet sich nicht seinen größten

Talenten, hat aber keine Leidenschaft für das, was er tagtäglich tut. Im Grunde schlägt er nur die Zeit tot. Warum tut er das?

Angst! Und um genauer zu sein: Angst vor Versagen. Was ist, wenn er etwas Neues probiert und es nicht klappt? Was ist, wenn er nicht genug verdient? Was ist, wenn sich herausstellt, dass er gar nicht so begabt ist, wie er gedacht hatte? Was ist, wenn die Leute ihn für einen Spinner halten?

Und so seltsam es klingt: Er hat auch Angst davor, Erfolg zu haben. Denn in diesem Fall könnten die Menschen ja erwarten, dass er immer so gut bleibt oder noch besser wird. Der Druck würde immer größer ...

> **Manchmal haben Menschen mehr Angst vor dem Erfolg als vor dem Misserfolg.**

Daher wird er schön bleiben, wo er ist, bis er hundertzehnprozentig sicher sein kann, dass alles prima klappen wird und jedes Risiko ausgeschaltet ist ... und er wird stagnieren ...

Wenn dieses Muster nicht durchbrochen wird, wird irgendwann die Zeit kommen, in der mein Freund in den Ruhestand geht. Er wird froh sein, aussteigen zu dürfen, und die ihm noch bleibenden Jahre wird er sich so bequem wie möglich machen.

Und er wird nie das tun, für das Gott ihn geschaffen hat. Er wird nie der werden, als der Gott ihn gedacht hat. Die Angst wird ihn seine Bestimmung kosten – und das ist ein zu hoher Preis!

Verlust der Freude

Haben Sie je eine fröhliche Person getroffen, die sich ständig Sorgen machte? Eben! Angst zerstört Freude. Leben Sie in Angst, und Sie wissen, was ich meine.

Ein anderer Freund von mir steckt bis zum Hals in Schwierigkeiten. Die Widrigkeiten, mit denen er zu kämpfen hat – emotional, zwischenmenschlich und geistlich – sind extrem. „Ich habe noch nie auf einem so dünnen Ast gesessen", sagte er mir. „Den anderen Leuten, die mit drinstecken, sage ich ständig: ‚Vertraut

Gott! Er wird handeln!' Und bei mir denke ich: ‚Wehe, wenn nicht!'"

Ich blickte meinen Freund an und fand bei ihm alle Kennzeichen eines Menschen, der mutig versucht, zu vertrauen und zu gehorchen: Aufregung, Erwartung, Spannung, Glauben, ein tiefes Gefühl der Abhängigkeit, ein hohes Aktivitätsniveau. Mir wurde klar, dass er *Spaß* an dieser Stresssituation hatte! Sein Leben ist reich und gut. Er ist aus dem Boot gestiegen. Vertrauen im Angesicht von Angst und Herausforderungen bringt Freude hervor.

Umgekehrt tötet es Ihre Freude, wenn Sie der Angst nachgeben. Neuesten Forschungsergebnissen zu Folge haben die meisten Menschen, die von Sorgen geplagt werden, ein lebhaftes Vorstellungsvermögen. Meist besitzen sie auch eine überdurchschnittliche Intelligenz und großes kreatives Potenzial.

Doch ihre Vorstellungskraft tendiert dazu, Schreckensbilder zu malen:

- „Was ist, wenn etwas Schlimmes passiert?"
- „Was ist, wenn ich in einen Unfall verwickelt werde und das Auto zu Schrott fahre?"
- „Was ist, wenn ich meine Brieftasche verliere?"
- „Was ist, wenn ich eine schlechte Predigt halte?"

All diese Dinge könnten tatsächlich irgendwann in der Zukunft passieren – sie könnten aber auch nicht passieren. Tatsächlich werden die meisten nie eintreten. Doch wenn ich mit einer angsterfüllten Perspektive lebe, gebe ich solchen Dingen die Macht, mich meiner ganzen Freude zu berauben!

Ein gesundes Gefühl für die richtige Perspektive macht es uns möglich, diesen Gedanken eine realistische Basis zu geben, damit wir mit dem Leben weitermachen können:

- „Wenn das Auto einen Totalschaden hat, kann ich ein Neues anschaffen!"
- „Wenn ich meine Brieftasche verliere, ist das ärgerlich, aber ich kann alle Papiere ersetzen!"
- „Wenn meine Predigten nicht mehr so gut sind, kann ich ein Sabbatjahr auf Hawaii verbringen ..."

Doch wenn man in Angst lebt, wird die Macht der „Was wäre, wenn?"-Fragen übergroß, und man kann nur noch freudlos durchs Leben gehen. Freude und Angst passen einfach nicht zusammen.

Verlust echter Nähe

Angst und Verstecken gehören zusammen wie Pubertät und Hormone. Der erste Bericht zum Thema Angst zeigt dies anschaulich.
„Wo bist du, Adam?", fragte Gott damals.
Adam antwortete: „Ich hörte dich kommen und *bekam Angst, weil ich nackt bin. Da habe ich mich versteckt!*" (Gen 3,9–11; Hervorhebung des Autors).

Und seitdem verstecken wir uns – hinter einem Lächeln, das wir gar nicht ernst meinen; hinter zustimmenden Worten, die wir selbst nicht glauben; sehr oft hinter Dingen, die wir wirklich denken und fühlen, aber nicht auszusprechen wagen.

Als ich ein Kind war, spielten meine Eltern manchmal mit mir und meinen Geschwistern das „Schweigespiel". Es ist ganz einfach: Wer am längsten still sein kann, hat gewonnen. Eltern lieben dieses Spiel ...

Eines Tages spielten wir es schon seit Stunden – wir Kinder waren diesmal untypisch gut darin. Plötzlich kam mir der Gedanke: *Ich muss das Schweigespiel nicht mitspielen.*

Ich musste es nicht mitspielen, weil meine Eltern mich sicherlich nicht bestraft hätten, wenn ich angefangen hätte zu reden.

Ich musste es nicht mitspielen, weil selbst die schlimmste Strafe nicht schlimmer sein konnte als dieses schreckliche Schweigen.

Ich musste nicht mitspielen, weil ich bereits 17 Jahre alt war und das Ganze langsam lächerlich wurde.

Ich gebe es ungern zu, aber manchmal spiele ich das Schweigespiel noch immer, wenn auch aus ganz anderen Gründen als früher. Und viel zu oft sage ich nicht, was ich wirklich denke oder fühle, weil ich Angst habe. Ich habe Angst davor, was die Leute denken könnten oder dass die Sache schmerzlich werden würde oder dass ich viel Energie darauf verwenden müsste, die emotionalen Trümmer aufzuräumen, die dann zurückbleiben ...

Wir spielen das Schweigespiel, wenn wir so tun, als würde uns etwas nichts ausmachen, das uns in Wirklichkeit sehr viel ausmacht. Oder wenn wir jemandem zustimmen, obwohl wir eigentlich ganz anderer Meinung sind. Oder wenn wir so tun, als wäre uns alles egal, obwohl es das nicht ist.

Besonders Gemeindemitglieder sind oft wahre Meister dieses Spiels – um des lieben Friedens willen, der gar kein lieber Frieden ist, weil er nicht auf der Wahrheit beruht. Es ist lediglich die Abwesenheit von Konflikten, die möglich gemacht wird, weil man sich versteckt.

Ich kenne Ehepaare, die seit Jahren das Schweigespiel miteinander spielen. Sie vermeiden damit Konflikte ... aber auch echte Nähe. Ich kenne Angestellte, die das Schweigespiel bei der Arbeit spielen. Sie tun das, um keine Wellen zu schlagen oder das Boot zum Schaukeln zu bringen. Doch dafür verbringen sie dann Jahre in Frustration und Reue.

Ich kenne Christen, die das Schweigespiel mit nichtgläubigen Freunden und Nachbarn spielen. Sie mögen damit peinlichen Fragen oder Ablehnung aus dem Weg gehen – doch sie verpassen auch die Chance, ihren Glauben mitzuteilen und Menschen, die Gott nicht kennen, die Rettung zu ermöglichen.

Ich frage mich, mit wem Sie wohl das Schweigespiel spielen. Mit Ihrem Chef? Ihrem Partner? Einem Verwandten? Einem Kind? Einem Kollegen?

Immer liegt hinter dem Schweigespiel tiefe Angst.

Verlust der Verfügbarkeit für Gott

Die Angst flüstert uns zu, dass Gott nicht wirklich groß genug ist, um auf uns aufzupassen. Sie redet uns ein, dass wir in seiner Hand nicht sicher sind. Sie bringt uns dazu, unsere Sichtweise von Gott zu verzerren.

Als ich als Schulseelsorger arbeitete, litt eine meiner jungen Schülerinnen unter ausgeprägter Flugangst. Sie hatte als kleines Mädchen einmal einen traumatischen Beinahe-Absturz erlebt und sich nie davon erholt.

Ich führte sie durch einen Prozess, der sich „systematische Desensibilisierung" nennt. Dabei lernt man, sich zu entspannen, denn in entspanntem Zustand ist es dem Körper unmöglich, Panikgefühle zu entwickeln. Währenddessen wird man immer deutlicheren inneren Bildern ausgesetzt, die etwas mit dem Fliegen zu tun haben. Irgendwann ist die Person dann fähig, in ein Flugzeug zu steigen und mitzufliegen, ohne in Panik auszubrechen. Weil das Mädchen eine Christin war, sprachen wir auch über die Rolle, die Gott in dem Ganzen spielte.

„Sie wissen doch", sagte ich zu ihr, „dass Jesus immer bei Ihnen ist. Das hat er immer wieder zugesagt."

„Na ja", lachte sie. „Wahrscheinlich haben Sie Recht. Und eigentlich ist ja das ‚Auffahren in den Himmel' sozusagen sein Spezialgebiet, nicht wahr?"

Gottes Gegenwart ist unbegrenzt. Es gibt keinen Ort, keine Tätigkeit, bei der er nicht über uns wacht.

Doch die Angst versucht, uns davon zu überzeugen, dass es nicht so ist.

> Angst hat mehr praktizierende Häretiker hervorgebracht als jede schlechte Theologie der Welt, denn sie veranlasst uns, so zu leben, als wären wir die Kinder eines begrenzten, endlichen, nur teilweise anwesenden und halb inkompetenten Gottes.

Ich denke da an eine Frau, die in einer Beziehung zu einem Mann steckte und genau wusste, dass dies ein Fehler war. Sie war sich auch bewusst, was auf dem Spiel stand. Doch wenn sie sich von diesem Mann trennte, würde sie allein sein. Sie dachte, dass sie das nicht aushalten könnte. Also heiratete sie den Mann – und heute ist sie einsamer, als sie es als Single je war.

Was hat sie in dieser Beziehung gehalten, wo sie doch ganz genau *wusste*, dass sie sich von ihm trennen sollte?

Angst.

Sie hatte Angst, dass Gott sie aus irgendeinem Grund nicht vor der unerträglichen Einsamkeit beschützen würde. Und nun steht sie vor einem Berg aus Reue und fragt sich: „Was hätte sein können, wenn ich ihm vertraut hätte?"

Sie werden nie erfahren, ob Gott vertrauenswürdig ist, wenn Sie nicht riskieren, ihm auch tatsächlich zu vertrauen. Wenn Sie am

Ende Ihres Lebens angekommen sind, dann verwandeln sich alle „Was wäre, wenns" in „Hätte sein könnens".
Was hätte sein können, wenn ich Gott vertraut hätte?
Wenn Sie der Angst nachgeben und sich eines Tages dabei ertappen, dass Sie Ihre Tage in einem bequemen Sessel vor dem Fernseher verbringen, dann wird der Gedanke kommen: „Was hätte sein können? Was hätte ich werden können?"
Dieser Preis ist zu hoch!

Angst ist vererbbar

Sozialwissenschaftler sagen, dass wir die „besorgteste" Kultur sind, die es je gegeben hat.

Die Lebenserwartung hat sich im letzten Jahrhundert mehr als verdoppelt. Wir sind in der Lage, mehr Krankheiten zu heilen als je zuvor. Keine Generation ist bisher gesünder gewesen als unsere – und keine hat sich je so viel Sorgen um ihre Gesundheit gemacht!

Der Journalist Bob Garfield hat Artikel zu Gesundheitsthemen in den verschiedensten Zeitungen untersucht und festgestellt, dass laut Expertenaussage:

- 59 Millionen Amerikaner eine Herzerkrankung haben,
- 53 Millionen an Migräne leiden,
- 25 Millionen Osteoporose haben,
- 16 Millionen mit Fettleibigkeit zu kämpfen haben,
- 3 Millionen an Krebs erkrankt sind,
- 12 Millionen schwere Krankheiten wie Hirnschäden aufweisen etc.

Die komplette Untersuchung ergab, dass 543 Millionen Amerikaner schwer krank sind. Das ist ausgesprochen schockierend, wenn man bedenkt, dass es nur 266 Millionen Amerikaner gibt! Wie Garfield anmerkt: „Entweder ist unser Land dem Untergang geweiht oder jemand übertreibt ein bisschen!"

Leonard Sweet schreibt:

„Diese Sache mit der Angst dominiert unser Bedürfnis nach Sicherheit. Sehen Sie sich doch nur mal unsere Autos an. Zuerst

hat man Sicherheitsgurte erfunden. Dann wurden diese immer wieder verbessert. Als Nächstes kamen die Knautschzonen, dann die Airbags für Fahrer, Beifahrer und jetzt sogar noch diese Seitenaufprallschutz-Dinger. Demnächst fahren wir in gigantischen Marshmallows durch die Gegend!"[10]

Die Medien jagen uns gern Angst ein, weil sich Angst gut verkaufen lässt. Viele von uns haben auch in unserer Familie das Prinzip der Angst erlernt. Was hat Ihre Mutter zu Ihnen gesagt, wenn Sie morgens in Richtung Schule losliefen? Wohl kaum: „Geh heute Risiken ein! Setz dich der Gefahr aus! Blick nur in eine Richtung, bevor du über die Straße gehst!"

Normalerweise klingen mütterliche Anweisungen eher so: „Sei vorsichtig. Du könntest verletzt werden. Nicht mit dem Stock herumspielen, sonst stichst du noch jemandem ein Auge aus." Haben Sie jemals einen Menschen kennen gelernt, dem ein Auge von einem Stock ausgestochen wurde? Wir werden dazu erzogen, Angst zu haben.

Für Eltern ist dies wahrscheinlich die schlimmste Aussage. Ihren Hoffnungen, Träumen und Berufungen werden durch verselbstständigte Ängste und Sorgen Grenzen gesetzt. Und damit setzen Sie automatisch auch den Hoffnungen, Träumen und Berufungen Ihrer Kinder Grenzen. Sie lernen von Ihnen, dass man voller Angst und Furcht durchs Leben gehen muss.

Andererseits ist Angst nicht das Einzige, was man lernen kann. Auch Vertrauen ist ansteckend.

Vor einiger Zeit ging ich mit meinem damals 10-jährigen Sohn zum Parasailing. Bei dieser Sportart hängt man einen Flugdrachen an ein Boot und lässt sich von ihm nach oben ziehen. Der Bootsführer teilte uns mit, dass wir 130, 200 oder 260 Meter hoch fliegen könnten. „Wie hoch hätten Sie's denn gern?"

Mein Sohn fand das Ganze ein bisschen beängstigend, und ich erkannte, dass einen Zehnjährigen die Aussicht, Hunderte von Metern über einem tiefen, dunklen See zu fliegen, schon ein wenig beunruhigen musste. Ich wollte nicht, dass er Angst hatte, also überließ ich ihm die Entscheidung.

Er überlegte ein paar Minuten und sagte dann: „Ich will die 260 Meter. Am Anfang werde ich bestimmt total Angst haben, aber ich will es trotzdem machen. Der Flug dauert ja nur ein paar Minuten. Aber wenn er vorbei ist, werde ich die Erinnerung für immer haben!"

Ich denke, dass Gott Ihnen im Moment etwa Folgendes sagen will: „Der Flug dauert nur ein paar Minuten. Dein Leben ist nicht sehr lang und vergeht schnell. Im Hinblick auf die Ewigkeit ist es nur ein winziger Augenblick. Doch alles, was du darin tust, tu im Glauben. Jedes Mal, wenn du mir vertraust, wenn du riskante Gehorsamsschritte gehst und meinen Einladungen folgst ... die Erinnerung hast du für immer. Na, komm schon, spring!"

Steigen Sie aus dem Boot

1. Wie kommen Sie mit Ihrer Angst zurecht? Wo würden Sie sich auf einer Skala von 1 bis 10 einschätzen, wenn 1 heißt „Ich bin oft wie gelähmt vor Angst" und 10 „Ich lasse mich fast nie durch Angst von etwas abhalten"?
2. Was haben Sie über Angst gelernt, als Sie aufwuchsen? War Ihre Familie eher ängstlich oder angstfrei?
3. Wovor haben Sie am meisten Angst?
4. Welche der „hohen Kosten der Angst" spüren Sie im Moment besonders deutlich?
5. Welchen Schritt können Sie heute tun, wenn Sie die Angst spüren und „es" trotzdem machen wollen?

Kapitel 7

*„Petrus stieg aus dem Boot, ging über
das Wasser und kam zu Jesus. Als er dann aber
die hohen Wellen sah, bekam er Angst.
Er begann zu sinken und schrie: ‚Hilf mir, Herr!'
Sofort streckte Jesus seine Hand aus, fasste Petrus
und sagte: ‚Du hast zu wenig Vertrauen!
Warum hast du gezweifelt?'"
(Mt 14,29–31).*

Das Gefühl unterzugehen

*Jemand, der noch nie versagt hat,
kann keine wahre Größe erlangen.
Versagen ist die Prüfungszeit der Größe.*
Herman Melville[1]

Unser Streben nach Meisterschaft und Größe scheint schon in der Wiege seinen Anfang zu nehmen. Als unsere eine Tochter (deren frühester selbst verliehener Spitzname „May-May" war) noch sehr klein war, lautete ihr Lieblingssatz wie folgt: „May-May selber machen!" Sie sagte dies immer, wenn Menschen ihr unerwünschte Hilfe anboten. Ich könnte wetten, dass sie diesen Satz an die tausend Mal gesagt hat. Sie wollte es selbst versuchen, auch wenn es misslang. Der garantierte Erfolg, der mit Passivität und fehlendem Abenteuer einherging, war nicht verlockend für sie.

Sie versuchte, allein zu laufen, und fiel in Regale und gegen Tischkanten. Dennoch winkte sie uns immer weg. „May-May selber machen." Als sie etwas älter war, stieg sie auf ihr kleines Fahrrad ... und wieder krachte sie gegen Zaunpfosten und parkende Autos. Als wir helfen wollten, schrie sie: „May-May selber machen!"

Das macht mich etwas nervös, denn bald ist May-May alt genug, um selbst Auto zu fahren, und ich weiß schon jetzt, was sie sagen wird ...

Wenn wir jung sind, scheinen Pleiten, Pech und Pannen uns nicht sehr zu deprimieren. Wenn ein Einjähriger hinfällt, sagt er sich nicht: „Oh nein, wie dumm und ungeschickt von mir! Wahrscheinlich bin ich einfach nicht zum aufrechten Gehen geschaffen. Hoffentlich hat mich niemand fallen sehen! Ich krabble lieber den Rest meines Lebens herum, als noch einmal so eine schreckliche Erfahrung zu machen!"

> **Kinder können gut damit leben, dass sie noch nicht alles können und öfter hinfallen. Doch wenn wir älter werden, scheinen wir immer mehr Angst vor dem Fallen zu bekommen. Wir vermeiden lieber einen möglichen Sturz, als Laufen zu lernen.**

Petrus war sozusagen ein Wasser-Krabbelkind. Seine Schritte waren so unsicher wie sein Glaube. Aber er war bereit, für das Abenteuer des Glaubens an Jesus Christus Fehltritte zu riskieren. Und Jesus sieht Petrus' Versagen ganz sicher nicht als Kündigungsgrund an. Er nimmt seinen Glauben ernst, doch er rettet ihn zuerst einmal. Wie Dale Brunner bemerkt, tadelt Jesus Petrus zwar und diagnostiziert die Schwachstelle, doch zuerst rettet er ihn. Beides, der Tadel und die Rettung, sind Zeichen dafür, wie sehr Jesus Petrus liebt.[2]

Ich halte dies für eine der wichtigsten Fragen des Lebens: Warum wirkt Versagen und Misserfolg für einige Menschen belebend, während andere davon gelähmt werden?

Jeder erlebt Misserfolge und niemandem gefällt dies. Doch manche Menschen erhalten dadurch die Motivation, neue Erfahrungen zu machen, Neues zu lernen. Diese Erlebnisse stärken ihr Durchhaltevermögen, ihre Hingabe und ihren Mut. Für andere wirkt Versagen vollkommen niederschmetternd. Sie verlieren allen Mut, alle Hoffnung, möchten sich verkriechen und am liebsten nie mehr aus dem Boot steigen.

Die Auffassungen und Reaktionen auf Misserfolge haben enorme Auswirkungen auf das Leben der Betroffenen – weit mehr als die Intelligenz, äußere Attraktivität, Charme und finanzielle Stellung zusammen! Menschen, die aus ihren Fehlern lernen können, bekommen ein tieferes Gefühl ihres eigenen Werts und erhalten die Motivation, es noch einmal zu versuchen. So werden sie zu „Meistern des Fehlermanagements". Der Psychologe Daniel Goleman zitiert eine Reihe von Studien, die die Besten aus diversen Bereichen – von Sport bis Musik – untersuchten. Was sie von der Masse abhob, war diese gewisse Hartnäckigkeit, die aus „starkem Enthusiasmus und Durchhaltevermögen im Angesicht von Widrigkeiten entspringt".[3]

Um uns diesen Charaktereigenschaften anzunähern, sollten wir uns die Misserfolge und das Versagen einer der faszinierendsten Persönlichkeiten der Bibel ansehen: König David.

In der Bibel lesen wir, dass David zunächst eine lange Reihe von Erfolgen erlebte. Er wurde von Samuel zum König gesalbt. Als Jugendlicher besiegte er den gefürchtetsten Feind Israels. König Saul hielt große Stücke auf ihn als Krieger und Musiker. Die Soldaten verehrten ihn und die Menschen schrieben Lieder über seine Großtaten.

David wusste, wie es ist, übers Wasser zu gehen. Er vertraute Gott, und eine lange Weile wurde alles, was er berührte, zu Gold.

Doch dann geschah etwas Seltsames. Eine nach der anderen wurden ihm diese wunderbaren Errungenschaften wieder genommen. Er verlor seine Anstellung als erfolgreicher Offizier. Saul war neidisch auf ihn und bewarf ihn mit Speeren. Mit seinem Job verlor er auch sein Einkommen und alle Sicherheiten. Nie wieder würde er in Sauls Armee dienen.

Als Nächstes verlor er seine Frau. Er hatte Sauls Tochter Michal geheiratet. Als Saul seine Soldaten schickte, um David zu töten, half ihm Michal zwar, wurde dann aber von Saul kurzerhand mit einem anderen Mann verheiratet. Später holte David sie sich wieder zurück, wie wir in 2 Samuel 3 lesen – man hatte damals doch recht seltsame Sitten, was die Ehe anging!

David floh nach Rama, wo sein geistlicher Mentor Samuel lebte. Samuel hatte ihn gesalbt. Samuel hatte ihn endgültig von der Gegenwart Gottes in seinem Leben überzeugt. Samuel war derjenige, durch den Gott zu David sprach. Samuel war ein sicherer Hafen.

Doch Saul bekam Wind davon, wohin David unterwegs war, und schickte ihm seine Killer hinterher. David musste wieder flüchten, und Samuel konnte ihn nicht begleiten; er war ein alter Mann. Tatsächlich starb er bald darauf.

Also eilte David zu seinem besten Freund, Jonatan, der David vor seinem Vater Saul verteidigt und sein Leben für ihn aufs Spiel gesetzt hatte. Doch Jonatan konnte – oder wollte – die Waffe nicht gegen seinen eigenen Vater erheben. Einmal mehr war David auf sich allein gestellt und musste um sein Leben rennen.

Sein Job und seine Ehe waren gescheitert, sein Mentor war tot, sein bester Freund außer Reichweite. Und dann wurde es noch schlimmer.

David sah keinen anderen Ausweg, als bei den Philistern unterzukriechen, den Erzfeinden Israels. Doch dieser Schachzug erwies sich ebenfalls nicht als erfolgreicher als die anderen ... David wurde natürlich sofort erkannt und vor den Philisterkönig Achisch geschleppt.

„David [...] geriet in große Furcht vor Achisch, dem König von Gat. Darum stellte er sich wahnsinnig und tobte, als sie ihn festhalten wollten. Er kritzelte auf die Torflügel und ließ Speichel in seinen Bart laufen. Da sagte Achisch zu seinen Leuten: ‚Ihr seht doch, dass der Mann wahnsinnig ist. Warum bringt ihr ihn zu mir? Haben wir nicht schon Verrückte genug hier? Der soll sich anderswo austoben. Was hat er in meinem Haus zu suchen?'" (1 Sam 21,13–16).

Und wieder floh er und versteckte sich in der Höhle von Adullam.

Die Höhle namens Scheitern

David, der einmal Vermögen, Macht, Ruhm, Freunde, Sicherheit und scheinbar auch eine aussichtsreiche Zukunft besessen hatte, rannte nun um sein Leben und hauste in einer Höhle.

Es war die Höhle von Adullam, aber wir könnten sie genauso

gut „Scheitern" nennen. In diesem Loch endet man, wenn alle Stützen, Absicherungen und Hilfskonstruktionen zusammenbrechen. Diese Höhle sehen Sie von innen, wenn Sie eigentlich vorhatten, Großes zu erreichen und da hinzugehen, wo noch nie zuvor ein Mensch gewesen ist. Doch dann wird deutlich, dass die Dinge nicht so laufen, wie Sie sich das gedacht haben. Vielleicht stecken Sie in dieser Höhle fest, weil Sie falsche Entscheidungen getroffen haben. Vielleicht ist es auch die Folge von Umständen, auf die Sie gar keinen Einfluss hatten. Wahrscheinlich ist es eine Kombination aus beidem.

Vielleicht sitzen Sie gerade jetzt im dunkelsten Teil der Höhle.

Vielleicht haben Sie Ihren Job verloren oder stecken in finanziellen Schwierigkeiten. Vielleicht sind Ihre Träume von einer heilen Familie zerbrochen. Vielleicht haben Sie einen geliebten Menschen verloren; es gab da eine Beziehung, die Ihnen viel bedeutet hat, und jetzt ist sie zerbrochen. Vielleicht haben Sie auch gesundheitliche Probleme. Oder Sie stehen einfach allein da.

Wenn Sie gerade nicht in einer solchen Höhlensituation stecken, dann warten Sie ein Weilchen ... es wird auch Sie erwischen. Niemand plant eine Höhlenbesichtigung ein, aber früher oder später muss jeder Mensch einmal in ein solches Loch.

Das Schlimmste daran ist die Tatsache, dass man sich zu fragen beginnt, ob Gott einen wohl aus den Augen verloren hat. Hat er seine Versprechen vergessen? Weiß er noch, wo man ist? Wird man noch einmal das Tageslicht sehen oder in der Höhle sterben?

Es gibt etwas, das Sie wissen sollten:

> Die Höhle ist der Ort, an dem Gott oft am stärksten am Werk* ist, um Menschen umzuformen und zu verändern. Wenn uns alle Hilfskonstruktionen und Krücken im Leben genommen werden und wir uns allein auf Gott verlassen müssen, dann merken wir manchmal erst, dass Gott allein genug ist. Wenn Ihre größten Ängste bestätigt werden und Sie sich wirklich als unzureichend erwiesen haben, dann erleben Sie vielleicht erst wirklich die befreiende Kraft des

> Wissens, dass es in Ordnung ist, unzureichend zu sein, und dass Gott in Ihrer Schwäche mächtig sein will.
> Manchmal ist die Höhle der Ort, an dem man Gott begegnet.

David wusste alles über das Scheitern. Er verbrachte zehn Jahre seines Lebens auf der Flucht. Aus der menschlichen Perspektive betrachtet, sah es nicht so aus, als würde Gott seine Zusagen für ihn wahrmachen.

Er war jedoch nicht ganz allein; er hatte einige Menschen um sich versammelt, die eine kleine Gemeinschaft bildeten. Doch es war nicht gerade eine viel versprechende Gruppe. „Leute, die verfolgt, verschuldet oder verbittert waren, schlossen sich ihm an" (1 Sam 22,2). Klingt nicht gerade wie die Crème de la Crème der Gesellschaft! David und seine zerlumpte Bande bildeten eine Art Outlaw-Wohngemeinschaft in einem Ort namens Ziklag. Sie nahmen sich Frauen und zeugten mit diesen Kinder und ab und zu fielen sie über andere Ortschaften her.

Eines Tages kamen sie von einem solchen Raubzug nach Hause und mussten feststellen, dass ihr Dorf dem Erdboden gleichgemacht worden war. Ziklag war verwüstet, die Frauen und Kinder verschleppt worden. Wir lesen, dass David und seine Leute so lange weinten, bis sie völlig erschöpft waren (1 Sam 30,3–4).

Haben Sie schon einmal so geweint? Bis keine Tränen mehr kamen? Bis Sie so erschöpft waren, dass gar nichts mehr ging? Auch David wusste, wie es ist, wenn man sich so fühlt.

Das klingt schon schlimm genug, aber für David sollte es noch dicker kommen. Die Trauer der Männer verwandelte sich in Wut – und diese richtete sich bald gegen David! (Sie erinnern sich: Seine Leute waren nicht gerade sehr gut erzogen.) Er befand sich in großer Gefahr, weil seine eigenen Leute ihn umbringen wollten.

Doch dann kommt eine der großartigsten Aussagen der Bibel: „Aber das Vertrauen auf den Herrn, seinen Gott, gab ihm Mut" (1 Sam 30,6).

Das ist eines der großen Geheimnisse des geistlichen Lebens.

Wenn alle anderen Quellen versiegt sind, wenn nichts mehr hält und trägt, wenn man ganz und gar gescheitert ist, so wie David, dann kann das Vertrauen auf Gott wieder Mut geben.

Wie geht das? Wie finden Menschen, die in einer Höhle sitzen, den Weg nach draußen? Lassen Sie uns darüber nachdenken, was die Kunst der göttlichen Ermutigung beinhaltet.

Ich glaube, zunächst sollten wir uns unserer Enttäuschung und Mutlosigkeit offen und ehrlich stellen. Auch David tat diesen ersten Schritt. Wir lesen davon in Psalm 142, über dem steht: „Ein Gedicht Davids, ein Gebet. Er verfasste es, als er in der Höhle war." Dieser Psalm hing also direkt mit seinem Scheitern zusammen, er war ein Aufschrei seiner Seele angesichts des totalen Misserfolgs.

„Ich schreie zum Herrn, so laut ich kann,
ich bitte den Herrn um Hilfe.
Ihm klage ich meine Not,
ihm sage ich, was mich quält" (Ps 142,2–3).

Die Psalmen lassen sich in verschiedene Kategorien einordnen. Es gibt Dankpsalmen, Lobpsalmen und so weiter. Doch die umfangreichste Kategorie ist die der Klagepsalmen.

> In den meisten Psalmen beklagt sich jemand bei Gott. Und Gott ist davon scheinbar überhaupt nicht abgestoßen. Er erlaubt Menschen zu klagen. Tatsächlich ermutigt er sie sogar dazu.

Und genau das tat David in seiner Höhle. Er wurde still genug, um vor Gott auf den Grund seines Schmerzes zu gehen. Er spürte ihn richtig in seinen Eingeweiden.

Können Sie so Ihre Not klagen? Haben Sie schon erkannt, dass Klagen eine geistliche Gabe ist? Nur wenn Sie wirklich klagen können, können Sie diesen ersten Schritt gehen. Viele Menschen finden nie den Mut, das zu tun. Stattdessen versuchen sie, ihren Schmerz und ihre Entmutigung tief in sich zu vergraben, und legen sich eine stoische Haltung zu. Sie zwingen ein Lächeln auf ihr Gesicht, damit sie den Schmerz nicht an sich heranlassen müssen.

Scheitern bringt in unserer Zeit meist auch Scham mit sich – das Gefühl, nicht nur versagt zu haben, sondern ein Versager zu *sein*. Und dieses Gefühl ist eines der schrecklichsten, die ein Mensch erleben kann.

Ich habe den Friedhof in Stratford-upon-Avon besucht, auf dem Shakespeare begraben ist. Seine Leiche wurde dreimal so tief eingebuddelt wie üblich, um zu verhindern, dass ihn jemand ausgrub. Mir wurde klar, dass ich das auch oft mit meinem Versagen mache. Ich spreche nicht darüber; ich mache mir nicht einmal die Mühe, in mich hineinzuschauen und mich zu fragen, warum es mir so weh tut oder was ich daraus lernen kann. Ich möchte „es" nur sehr tief vergraben.

Ich bewerbe mich um einen Studienplatz und schaffe die Aufnahmeprüfung nicht. Ich spiele im Tennis-Finale meiner Träume gegen einen Gegner, von dem ich weiß, dass er schwächer ist als ich – und verliere. Ich strecke mich nach einem Ziel aus und erreiche es nicht.

Was ich am meisten bedaure, wenn ich an solche Erfahrungen zurückdenke, ist nicht die Tatsache, dass ich gescheitert bin. Ich bereue es, dass das Gefühl des Versagens so stark war, dass ich mich nicht getraut habe, es anzunehmen und daraus zu lernen. So konnte die Wunde nicht heilen und ich bin nicht weitergekommen. Ich wollte das Ganze so tief vergraben, dass niemand es je wieder ausbuddeln würde – nicht einmal ich selbst. Und deshalb musste ich lernen, Klagepsalmen zu beten.

Wenn ich ehrlich zu mir selbst bin und unter der Oberfläche zu stochern beginne, merke ich, dass ein Großteil des Schmerzes nicht einfach daher rührt, dass ich etwas nicht geschafft habe. Viel mehr verletzt mich die Vorstellung, dass *andere Menschen* mich für einen Versager halten könnten!

Ein Mann namens Elija fand sich eines Tages auch in einer Höhle wieder. Er war ein extrem erfolgreicher Prophet, der gegen 459 Baalspropheten gewonnen und einen absolut zutreffenden Wetterbericht abgegeben hatte. Doch die Feindschaft einer Königin löste etwas in ihm aus. Vielleicht war sein Glaube gar nicht so stark, wie er gedacht hatte, oder vielleicht war er ausgebrannt. Auf jeden Fall wurde er plötzlich von einer grauenhaften Panik erfasst, mit der er nicht fertig wurde. Er kam sich wie ein absoluter Versager vor: „Herr, ich kann nicht mehr", seufzte er. „Lass mich sterben! Ich bin nicht besser als meine Vorfahren" (1 Kön 19,4).

Doch Gott tat ihm diesen Gefallen nicht. Er hatte einen Plan für Elija, der einen wesentlich stilvolleren Abgang beinhaltete. Vielleicht lag Gott gar nicht so viel daran, dass Elija besser war als seine Vorfahren. Auf jeden Fall sorgte Gott sehr gut für ihn und wies einen Engel an, Elija einen Kuchen zu backen. Auch sollte Elija sich mal richtig ausschlafen. Alles in allem ging Gott mit Elija um, wie man mit einem Kleinkind verfahren würde: „Komm, hier hast du was Gutes zu essen. Mach ein Mittagsschläfchen, und wenn es dir besser geht, unterhalten wir uns weiter."

Elija stieg auf den Berg in dem Wissen, dass Gott vorübergehen wollte. Wie wir ja schon wissen, ist dies ein Ausdruck für eine bevorstehende Gottesbegegnung. Nach einem Sturm, einem Erdbeben und einem Feuer kam „ein ganz leiser Hauch". Und Gott stellte Elija eine wundervolle Frage: „Elija, was willst du hier?" (1 Kön 19,13). Das Wundervolle ist, dass er nicht fragt: „Was willst du *da*?" Nein, er geht zu Elija in die Höhle!

Ich frage mich, ob Elija wohl überrascht war. Wenn man erfolgreich ist und alles gut läuft, dann hat man keine Schwierigkeiten, sich vorzustellen, dass Gott da ist. Ich nehme an, dass Elija Gottes Gegenwart sehr stark gespürt hat, als er die Baalspropheten besiegte und als Antwort auf ein einziges Gebet Feuer vom Himmel fiel und den Altar verzehrte. Auch als er das Ende der Trockenheit voraussagte und das Kind der Witwe von den Toten erweckte, war er sich der Gegenwart Gottes sicher sehr bewusst.

Doch ich finde, die hinterste Ecke dort in der Höhle ist der beste Platz, um zu erkennen, dass man von Gott geliebt wird. Wenn man wirklich weiß, dass Gott einen liebt, obwohl man das Gewicht des eigenen Versagens spürt, dann gibt es keinen Ort mehr, an dem man den Eindruck hat, dass man von Gott getrennt ist.

Eines der größten Geschenke, die der Misserfolg uns geben kann, ist die Erkenntnis, dass wir von Gott geliebt und geschätzt werden – auch dort in der Höhle. In einer solchen Höhle schrie David zu Gott und nannte ihn seine Zuflucht. Solange mein Selbstwertgefühl an meinen Erfolg gebunden ist, ist es eine zerbrechliche Sache. Aber wenn ich wirklich ganz tief in mir spüre, dass Gott mich auch dann liebt und dass ich auch dann wertvoll bin, wenn ich auf die Nase gefallen bin, dann fange ich an, seine Liebe wirklich zu begreifen.

> Sie können es riskieren, wirklich ehrlich zu Gott zu sein, und zwar aus einem sehr wichtigen Grund: Gott ist kein Gott der Entmutigung. Wenn Sie entmutigende Stimmungen oder Gedanken in sich spüren, können Sie sicher sein, dass diese nicht von Gott kommen. Manchmal schenkt er seinen Kindern schmerzliche Erkenntnisse – das Eingeständnis von Schuld, Reue, Herausforderungen oder Einblicke in seine Heiligkeit –, die uns zu schwer erscheinen. Aber er entmutigt uns niemals. Seine Führung bringt uns immer Motivation und Leben.

Vor einiger Zeit fragte ich einen geistlichen Mentor: „Was tust du, damit es deiner Seele gut geht? Wie überprüfst du deinen geistlichen Zustand?"

Er sagte, dass er sich die folgende Frage stellte: „Lasse ich mich in letzter Zeit leichter entmutigen?" Denn, so erklärte er mir weiter: „Wenn ich in enger Verbindung zu Gott stehe und das Gefühl habe, dass er bei mir ist, dann verlieren Probleme gewöhnlich die Fähigkeit, meinen Geist zu schwächen."

Aktiv werden

Davids nächster Schritt bestand darin, den Priester um das Efod zu bitten, die Orakeltasche, ein heiliges Kleidungsstück, das eigentlich nur der Hohepriester im Allerheiligsten tragen durfte. Damit wollte er herausfinden, was Gott als Nächstes von ihm erwartete. Das Efod war die Erinnerung daran, dass Gott da war. David wollte Glaube von Fiktion unterscheiden, ähnlich wie Petrus, als er aus dem Boot stieg.

David erhielt eine sehr klare Botschaft von Gott: „Verfolge sie! Du wirst sie einholen und die Gefangenen retten" (1 Sam 30,8). Also wurde David aktiv, rettete die verschleppten Menschen und bestätigte seinen Herrschaftsanspruch.

Aktiv zu werden kann viel Macht mit sich bringen. Viele Menschen verfallen vor Mutlosigkeit in eine Art Lähmung, weil sie sich nicht die Zeit nehmen zu erforschen, warum sie gescheitert sind, und weil sie nicht aktiv ihre Veränderung in Angriff nehmen. Sie warten auf ein äußeres Ereignis oder eine Person, die sie rettet, während Gott sie zum Handeln beruft.

In welchem Lebensbereich Sie auch einen Misserfolg fürchten – das Destruktivste, das Sie tun können, ist gar nichts zu tun! Der Psychologe David Burns schreibt über den so genannten „Kreislauf der Lethargie":

„Wenn man vor einer Herausforderung steht und gar nichts tut, führt das zu verzerrten Gedanken; dass ich hilflos, hoffnungslos und nicht fähig zur Veränderung bin. Dies wiederum führt dann zu destruktiven Emotionen: Verlust jeglicher Energie und Motivation, ein angeschlagenes Selbstwertgefühl. Das Endergebnis ist dann selbstzerstörerisches Handeln: Verschieben, Vermeiden und Eskapismus. Diese Verhaltensweisen wiederum bringen negative Gedanken hervor und die Abwärtsspirale ist vollendet."[4]

Die gute Nachricht lautet, dass Gott uns so geschaffen hat, dass ein kleiner Schritt in die richtige Richtung schon sehr viel Macht über das Versagen haben kann. Nehmen wir zum Beispiel eheliche Misserfolge. Der Psychologe Neil Warren sagt, dass Hoffnungslosigkeit mehr Ehen auf dem Gewissen hat als menschliches Fehlverhalten.[5] Wenn die Hoffnung stirbt, stirbt auch die Motivation zur Veränderung, und man hört einfach auf, es zu versuchen. Dann ist das Ende der Ehe nur noch eine Frage der Zeit.

Warren empfiehlt, sich auf einen Bereich der Ehe zu konzentrieren, in dem man entmutigt ist, und in diesem Bereich lediglich eine etwa 10-prozentige Verbesserung innerhalb der nächsten 12 Monate anzustreben. Wenn dies gelingt, hat man gleichzeitig noch etwas viel Wertvolleres gewonnen: neuen Mut.

Viele Paare, die Rat suchend zu Neil Warren kommen, sind im Bereich der Sexualität vollkommen entmutigt. Die Erwartungen und Wünsche der beiden Ehepartner klaffen oft weit auseinander. Der Ehemann will jeden Morgen Sex, die Ehefrau will Sex im ... Juni! Wenn ein Paar als Folge ihrer Bemühungen eine spürbare Verbesserung in diesem Bereich erlebt, merkt es, dass sich die Mühe lohnt. Die beiden sind keine machtlosen Opfer. Hoffnung entsteht – und Hoffnung siegt immer über Entmutigung.

Die Alternative sind Passivität und Resignation. Einer der Freunde von Winnie Pu, der kleine Esel I-ahh, pflegt diesen Lebensstil: den Schmerz der Entmutigung betäuben, indem man die Hoffnung ganz ablehnt. Diese Richtung muss auch für David manchmal verlockend gewesen sein: *Ich schätze, ich bleibe einfach in dieser Höhle. Soll Saul doch König sein. Es ist ja auch kein Wunder, dass alles so gekommen ist ...*

Aber eines ist sicher: Das ist nicht Gottes Wille für Ihr Leben. Gott lässt uns niemals in Mutlosigkeit verharren. Versagen kann zum enormen Motivator werden, der mich dazu antreibt, die notwendigen Veränderungen anzustreben.

Manchmal besteht ein Misserfolg auch einfach in unserer Unfähigkeit, es weiter zu probieren. Wussten Sie, dass einige der größten Buch-Bestseller des 20. Jahrhunderts von mehr als einem Dutzend Verlage abgelehnt wurden, bevor sich endlich ein Verleger fand?[6] Das berühmte Buch über eine militärische Einheit im Koreakrieg, „M*A*S*H" von Richard Hooker, das später erfolgreich verfilmt und sogar seit Jahren als Serie im Fernsehen ausgestrahlt wird, wurde mehrfach abgelehnt. Thor Heyerdahls „Kon-Tiki" erhielt 20 Absagen, „Die Möwe Jonathan" von Richard Bach 18 (vor allem, weil es meist mit einem Kinderbuch verwechselt wurde), und auch das großartige Werk „Schlafes Bruder" von Robert Schneider fand erst im zigsten Anlauf einen Verleger.

Parker Palmer schreibt von einer Zeit in seinem Leben, die er in der dunklen Höhle der Depression verbrachte. Sein Aktionsschritt war ein Therapie-Programm namens *Outward Bound* („Aufbruch nach außen"):

„Ich wählte ein einwöchiges Seminar auf Hurricane Island an der Küste von Maine. Der Name hätte mich schon warnen

sollen ... das nächste Mal würde ich eher nach ‚Rosengarten'
oder ‚Wiesental' fahren.
In dieser Woche sah ich meinen größten Ängsten ins Gesicht.
Einer der Kursleiter stellte mich vor eine 80 Meter steile
Klippe. Er schlang ein dünnes Seil um meine Taille – ein Bändchen, das äußerst unstabil wirkte und sich auch schon aufzuribbeln begann – und sagte mir, ich solle hinuntersteigen.
‚WAS soll ich machen?', fragte ich.
‚Machen Sie einfach!', sagte er. Ich legte los – und krachte sofort mit markerschütternder Wucht gegen die Klippe.
Der Leiter sah auf mich hinunter. ‚Das war wohl nichts.'
‚Genau', entgegnete ich, da meine missliche Lage nicht zum
Widerspruch angetan war. ‚Wie soll ich es denn machen?'
‚Das geht nur, wenn Sie sich so weit wie möglich zurücklehnen.
Ihr Körper muss im richtigen Winkel zur Klippe sein, sodass Sie
Ihr Gewicht auf die Füße bringen können. Es widerstrebt allen
Instinkten, aber nur so kann es klappen.'
Ich wusste ganz genau, dass er Unrecht hatte. Der Trick bestand
natürlich darin, die Wand zu umarmen, so dicht an ihr dranzubleiben wie möglich. Also versuchte ich es wieder so – und
knallte erneut gegen die Wand!
‚Sie haben's immer noch nicht kapiert', kommentierte der Leiter
freundlicherweise.
‚Okay', sagte ich. ‚Erklären Sie's mir noch mal.'
‚Lehnen Sie sich ganz weit zurück', erklärte er mir. ‚Und dann
machen Sie den nächsten Schritt.' Der nächste Schritt war sehr
groß, aber ich machte ihn – und, Wunder über Wunder, es funktionierte! Ich lehnte mich zurück ins Nichts, meine Augen waren
in den Himmel gerichtet, ich machte gaaanz vorsichtige kleine
Schrittchen und bewegte mich langsam die Klippe hinunter. Mit
jedem Schritt wurde ich sicherer.
Ich hatte etwa die Hälfte geschafft, als der zweite Trainer von
unten rief: ‚Parker, ich denke, Sie sollten lieber mal nach unten
schauen.' Ich senkte langsam den Blick und sah, dass ich genau
auf eine große Höhle in der Felswand zusteuerte.
Um hinunterzugelangen, musste ich die Höhle umgehen, was
bedeutete, dass ich nicht weiter in gerader Linie hinabsteigen
konnte. Dabei hatte ich mich gerade daran gewöhnt! Ich musste

den Kurs ändern und mich um das Loch herumschwingen. Ich war mir ziemlich sicher, dass das meinen Tod bedeuten würde. Also wurde ich vor Angst so steif wie ein Brett.
Der zweite Trainer ließ mich einfach dort hängen, zitternd, schweigend, scheinbar eine Ewigkeit lang. Schließlich rief er einfühlsam nach oben: ‚Parker, stimmt etwas nicht?'
Bis heute weiß ich nicht, woher die Worte kamen, obwohl ich 12 Zeugen dafür habe, dass ich sie ausgesprochen habe. Mit hoher, brüchiger Stimme sagte ich: ‚Ich möchte nicht darüber reden!'
‚Na, dann', sagte der zweite Trainer, ‚ist es wohl Zeit, dass Sie das Motto von Outward Bound kennen lernen!'
Oh ja, dachte ich, ich sterbe gleich und er erzählt mir was von einem Motto.
Doch dann rief er zehn Worte, die ich hoffentlich nie wieder vergessen werde; Worte, deren Bedeutung ich noch immer spüren kann: ‚Wenn Sie nicht drum herumkommen, dann gehen Sie rein!'"[7]

Dies ist *Ihr* Leben und es sind *Ihre* Misserfolge. Der Boden wird sich nicht unter Ihnen auftun und Sie verschlucken. Sie wird auch kein Blitz treffen und Sie aus der Situation retten. Kein magischer Radiergummi wird die Dinge zum Verschwinden bringen.

Dies ist Ihr Leben. Sie können nicht drum herumkommen. Also gehen Sie rein! Machen Sie einen kleinen Schritt im Vertrauen auf Gott.

- Erledigen Sie endlich einen Anruf, um eine Situation zu klären, den Sie schon viel zu lange vor sich herschieben.
- Klappen Sie das Buch auf, und fangen Sie endlich an, für diese Prüfung zu lernen, die so unüberwindlich vor Ihnen liegt.
- Schreiben Sie endlich die Bewerbung für Ihren Traumjob.
- Nehmen Sie Unterricht, um eine neue Fertigkeit zu erlernen, die in Ihrem Leben zu Wachstum führt.

Ein kleiner Schritt ist oft mehr wert als hundert tolle Gespräche. Aber denken Sie an eines: Sie müssen bereit sein, einen Misserfolg einzustecken.

In dem Film „Die Stunde des Siegers" läuft der britische Sprinter Harold Abrams gegen den schottischen Meister Eric Liddell – und verliert zum ersten Mal in seinem Leben. Der Schmerz darüber ist so groß, dass er beschließt, überhaupt nicht mehr zu laufen.

Seine Freundin Cybil sagt: „Harold, das ist doch absolut lächerlich. Es ist ein Rennen, das du verloren hast, kein Verwandter. Es ist niemand gestorben!"

Harold jammert: „Ich habe verloren!"

„Ich weiß. Ich war dabei. Ich habe dich beobachtet; es war toll. Du warst toll. Er war ein bisschen besser, das ist alles. Der Bessere hat gewonnen. Er war schneller als du, und es gibt nichts, was du hättest tun können. Er hat ganz fair und gerecht gewonnen."

„Tja, das war's dann wohl", sagt Abrams.

„Wenn du keine Niederlage einstecken kannst, ist es vielleicht das Beste so."

„Ich laufe ja nicht, um Niederlagen einzustecken. Ich laufe, um zu siegen!", schreit Harold. „Wenn ich nicht gewinnen kann, brauche ich auch nicht zu laufen!"

Cybil hält kurz inne, dann meint sie ruhig: „Wenn du nicht läufst, kannst du nicht gewinnen!"

Das größte Rennen Ihres Lebens zu laufen, alles zu geben und zu gewinnen – das ist wunderbar! Das Rennen zu laufen, alles zu geben und zu verlieren – das tut weh. Aber es ist kein Versagen. Versagen ist, das Rennen überhaupt nicht erst anzutreten!

Versagen als Lehrer

Parker Palmers Geschichte eröffnet den Blick auf eine andere Wahrheit des „Versagens-Managements": Man muss sich die Zeit nehmen und den Mut haben, aus Fehlern zu lernen.

Ein Buch namens *Art and Fear* („Kunst und Angst") macht deutlich, wie untrennbar Misserfolge mit dem Lernen verbunden sind.[8] Ein Töpferlehrer teilte seine Klasse in zwei Gruppen ein. Eine Gruppe erhielt ihre Noten ausschließlich auf die Menge der angefertigten Töpfe; 50 Töpfe gaben eine Eins, 40 eine Zwei und so weiter. Die andere Gruppe wurde nach Qualität bewertet. Die

Schüler in dieser Klasse mussten nur einen einzigen Topf anfertigen – aber der musste perfekt sein.

Erstaunlicherweise produzierte die Quantitäts-Klasse nicht nur die meisten, sondern auch die besseren Töpfe! Scheinbar lernten sie ständig aus ihren Fehlern und jeder Topf wurde ein bisschen besser als der vorige. Die Qualitäts-Gruppe saß herum und diskutierte über die perfekte Form und die Möglichkeit des Misserfolgs, doch daraus lernten sie nicht wirklich etwas. Es sieht so aus, als sei es besser, etwas zu versuchen und zu versagen und wieder zu versuchen, als herumzusitzen und auf Perfektion zu warten. Kein Topf, egal, wie misslungen er aussieht, ist ein wirklicher Misserfolg. Denn jeder ist ein weiterer Schritt auf dem Weg zur „Eins". Die Straße ist mit unschönen Töpfen gepflastert, aber es gibt nun einmal keinen anderen Weg.

Petrus gehörte eindeutig zur Quantitätsgruppe! Seine Wasserlauf-Aktion war sicherlich weit davon entfernt, perfekt zu sein. Doch Jesus half ihm dabei, aus diesem Misserfolg zu lernen. Sein Glaube hatte noch keine Eins verdient. Doch nach dieser Aktion war er ein kleines bisschen stärker als der von den anderen 11 Jüngern, die in der „Qualitätsgruppe" im Boot saßen. Beim nächsten Feldversuch würde Petrus' Glaube mehr Bestand haben.

Die Höhle ist der Ort, an dem wir aus Fehlern lernen und Gottes Plänen folgen können. Eines Tages erschien Saul mit 3 000 Soldaten und suchte nach David. „Östlich der Steinbockfelsen machte [Saul] sich auf die Suche nach David und seinen Männern. Als er an den Schafhürden vorbeikam, ging er in die nahe gelegene Höhle, um seine Notdurft zu verrichten" (1 Sam 24,4; nun gut, vielleicht wollten wir das gar nicht so genau wissen, aber der Verfasser wollte deutlich machen, wie verletzlich Saul in diesem Moment war). David und seine Männer befanden sich weiter hinten in derselben Höhle. Die Männer flüsterten David zu: „Heute ist der Tag, von dem der Herr zu dir gesagt hat: ‚Ich gebe deinen Feind in deine Hand. Du kannst mit ihm tun, was du willst'" (1 Sam 24,5).

Es muss eine große Versuchung für David gewesen sein. Ein Schwertstreich und er würde die Höhle verlassen können. Kein Verstecken mehr. Keine Niederlagen. Er könnte König sein.

Doch er tat es nicht. In der Höhle hatte David erkannt, dass sein Wunsch, Gott zu gehorchen, größer war als sein Wunsch, König zu sein. Er wollte lieber Gott gefallen und in einer Höhle hausen, als ohne Gottes Zustimmung auf dem Thron zu sitzen. Auf lange Sicht war das Königtum – also äußerlicher Erfolg – als Lebenstraum nicht groß genug für David.

Vergleichen Sie diese Handlungsweise einmal mit der von Willy Loman. Willy Loman ist die Hauptfigur in Arthur Millers bekanntem Stück „Tod eines Handlungsreisenden", in dem es um Versagen und geplatzte Träume geht. Willy hat sein Leben damit zugebracht, dem Traum nachzujagen, der beste Verkäufer der Welt zu sein. Er lebt in einem Zustand ständiger Verdrängung; er schwankt zwischen der Hoffnung, dass der nächste Tag endlich den ganz großen Verkaufserfolg bringen wird, und den Momenten größter Qual, wenn es wieder nicht geklappt hat und er sich vollkommen wertlos fühlt. Er quält sich mit der Vorstellung, dass er nur hartnäckig genug sein müsste, um Erfolg zu haben, und dass dies dann die Erfüllung all seiner Träume bedeuten würde.

Wenn er den Mut aufgebracht hätte, dem Schmerz seines Versagens ins Gesicht zu sehen, dann hätte er vielleicht entdeckt, dass er dem falschen Traum nachjagte und versuchte, jemand zu sein, der er nicht war. Doch am Ende begeht er Selbstmord. Sein Sohn Biff erkennt die Wahrheit über seinen Vater:

„Es gab viele schöne Tage. Wenn er von einer Reise zurückkam; oder wenn wir an der Veranda arbeiteten; wenn wir das Fundament zusammen bauten und dann die neuen Holzbohlen befestigten [...]. Weißt du, Charley, in dieser Veranda steckt mehr von ihm als in all den Verkäufen, die er je getätigt hat [...]. Er hatte die falschen Träume, ganz, ganz falsch. [...] Er hat nie gewusst, wer er war." [9]

Die Höhle des Misserfolgs birgt eine große Chance. Doch wir müssen den Mut haben, uns unbequeme Fragen zu stellen:

- Jage ich dem richtigen Traum nach?
- Stimmt das, was ich anstrebe, mit Gottes Berufung für mein Leben überein?

- Handle ich aus dem heraus, was Gott für mich will, oder aus meinem eigenen Bedürfnis nach Anerkennung und Bedeutung?
- Bin ich bereit, in der Höhle zu bleiben, wenn es nötig ist?

Die ultimative Zuflucht

In der Höhle sagte David zu Gott: „Du bist meine Zuflucht." Wir kennen den Rest der Geschichte. Wir wissen, dass David nicht in der Höhle versauern würde. Wir wissen, dass ihn die Königskrone erwartete. Doch David wusste dies nicht. Für ihn sah es so aus, als sei die Höhle die Zukunft. Doch er machte eine Entdeckung: Er hat eine Zuflucht.

Manchmal sitzen wir in der Höhle fest und keine menschliche Tat kann uns dort herausbringen. Es ist nichts, das Sie heilen, reparieren oder dem Sie entfliehen können. Alles, was Sie tun können, ist, Gott zu vertrauen. Eine Zuflucht in Gott zu finden bedeutet, dass Sie so in seiner Gegenwart aufgehen, sich seiner Güte so sicher sind, sich seiner Herrschaft so unterstellen, dass selbst die Höhle ein sicherer Ort für Sie ist, weil er dort bei Ihnen ist.

Ein Freund von mir, der mit mir Psychologie studiert hat, wollte heiraten. Er war selbst emotional sehr gesund, aber irgendwie schien er Frauen mit psychischen Problemen anzuziehen. Dies wurde mit der Zeit zu einem ausgesprochen ungesunden Muster. Er steckte in der „Beziehungs-Höhle". Später, als er Professor für Psychologie war und Vorlesungen hielt, machte er aus der Not eine Tugend: Für jede psychische Erkrankung, die er beschrieb, hatte er eine praktische Anekdote von einer seiner Ex-Freundinnen anzubieten. Seine Vorlesung war die bestbesuchte Veranstaltung der ganzen Uni! Er machte das Beste aus der Situation und wartete geduldig auf Gott.

Ich weiß noch, wie er schließlich der Frau seines Lebens begegnete – sie war eine hingegebene Christin, sehr lebendig, psychisch kerngesund und eine wunderbare Frau. Sie hatte wie er einen Abschluss in Psychologie. Mein Freund kam endlich aus der Höhle. Doch es war nicht das letzte Mal, dass er dort hineingeriet.

Nach der Hochzeit wollten die beiden sehr gerne Kinder. Doch sie bekam Brustkrebs. Höhlen-Zeit! Auf wunderbare Weise erholte sie sich von der schweren Krankheit und sie bekamen ein süßes kleines Mädchen.

Ich zog in einen anderen Teil des Landes und verlor sie ein wenig aus den Augen. Eines Tages erhielt ich einen Anruf: Sieben Jahre nach der ersten Diagnose war der Brustkrebs zurückgekehrt. Diesmal hatte sie Metastasen im Knochenmark und man konnte nicht operieren. Doch neben dem Schmerz, der Angst und der Enttäuschung hörte ich sie sagen: „Ich habe Gottes Gegenwart noch nie so stark gespürt wie jetzt, und ich bin noch nie seiner Güte so sicher gewesen, wie ich es jetzt bin."

Manchmal gibt es keinen Ausweg aus der Höhle. In solchen Zeiten kann man nichts anderes tun, als Zuflucht bei Gott zu nehmen. Dann erkennen Sie, dass Gott sich mit Höhlen auskennt. Denn Jesus hat genauso gelitten wie wir – und er hat *für uns* gelitten. Der Sohn Davids wusste noch besser als David selbst, wie es ist, wenn man das Gefühl hat, dass man untergeht. Niemand war jemals so tief unten wie er.

Der Sohn Davids verlor seinen Status, seine Sicherheit und seine Stellung. Alle seine Freunde verließen ihn, obwohl er sie gewarnt hatte. Sein Leben stand auf dem Spiel. Dann ging er ans Kreuz und starb. All seine Träume schienen mit ihm zum Untergang geweiht. Was als glänzender Erfolg begonnen hatte, endete als schrecklicher Fehlschlag.

Dann legten sie seine Leiche in eine Grabhöhle. Dort lag er drei Tage lang, aber dann hielt ihn nichts mehr. Gott macht seine beste Arbeit oft in Höhlen ...

Die Höhle ist der Ort, an dem Gott tote Dinge wieder belebt.

Vielleicht ist es bei Ihnen ein gekündigter Job. Eine gescheiterte Ehe. Ein Kind, das Sie enttäuscht hat. Vielleicht können Sie auch keine Kinder bekommen. Vielleicht ist deutlich geworden, dass Ihre größte Sehnsucht nie erfüllt werden wird.

Früher oder später hat jeder Mensch einen Höhlenaufenthalt gebucht. Wenn also Ihre Zeit gekommen ist, denken Sie an eines: Gott macht seine beste Arbeit oft in Höhlen ...

Steigen Sie aus dem Boot

1. Wie haben Ihre Eltern Ihnen „Fehlermanagement" vorgelebt?
2. Was ist Ihrer Meinung nach die verbreitetste Reaktion auf Versagen?
   - Scham
   - Angst
   - mehr Entschlossenheit
   - Verdrängung
   - jemand anderem die Schuld geben
   - Sonstiges

   Warum?
3. Was war der bisher schmerzlichste Misserfolg Ihres Lebens? Wie hat Sie diese Erfahrung beeinflusst?
4. Wo hält Sie die Angst vor dem Versagen von etwas Wichtigem ab?
5. Wie fähig sind Sie, „Mut zu fassen im Vertrauen auf den Herrn"? Wie könnten Sie Ihre Fähigkeiten auf diesem Gebiet verbessern?

Kapitel 8

*„Sofort streckte Jesus seine Hand aus,
fasste Petrus und sagte: ‚Du hast zu wenig Vertrauen!
Warum hast du gezweifelt?'"*
(Mt 14,31).

Richten Sie den Blick auf Jesus

*Jeder von uns trägt ein Wort in seinem Herzen;
ein „Nein" oder ein „Ja".*
Martin Seligman[1]

„Mit ihm sagt Gott Ja zu allen seinen Zusagen"
(2 Kor 1,20).

Ich fuhr zum ersten Mal in den Alpen Ski. Ein Freund, der ein Wintercamp leitete, zahlte meiner Frau und mir das Flugticket von Schottland, wo wir von den mageren Einkünften eines Stipendiums lebten, lieh uns Skier aus und zahlte den Skipass. Nach zwei Abfahrten vom Idiotenhügel sagte ich meiner Frau, einer geübten Skiläuferin, dass ich nun zu größeren Abenteuern bereit sei. Wir nahmen den Sessellift und in Sekundenschnelle hob er uns 100 Meter in die Luft. Meine Frau ist, wie Sie sich vielleicht erinnern, nicht schwindelfrei. Sie umklammerte das Metallrohr zwischen uns wie eine Boa Konstriktor ihr Opfer.

„Liebling", zischte sie durch zusammengebissene Zähne, „ich liebe dich. Du bist mein Ehemann und ich würde fast alles für dich tun. Doch wenn du diese Stange hier berührst, *meine* Haltestange, wirst du noch heute Jesus gegenüberstehen!"

„Sieh nicht nach unten", schlug ich vor.

Wir stiegen heil aus dem Lift und nahmen etwas, das sich T-Lift nennt, bis zur nächsten Anhöhe. Dummerweise rutschten wir kurz vor dem Ziel ab und fielen vom Lift. Eine Weile lagen wir da im Schnee und warteten auf den Bernhardiner mit dem Schnapsfässchen, doch der kam nicht. Dutzende von Skifahrern sausten schnittig an uns vorbei und riefen uns auf Deutsch gute Ratschläge zu. Das einzige Wort, das ich verstand, war: „Trottel!"

Ein anderes Pärchen fiel ebenfalls hinunter (oder ließ sich aus Mitleid fallen?). Hans sprach ein bisschen Englisch und führte uns in einer Stunde durch hüfttiefen Schnee zum nächsten Skihang. Komischerweise war dieser Hang mit einem Schild markiert, auf dem auf schwarzem Grund ein weißer Totenkopf mit gekreuzten Knochen zu sehen war. Der Hang führte fast senkrecht nach unten.

Hans erteilte mir an Ort und Stelle die einzige Ski-Lektion, die ich je erhalten habe. „Du wirst Angst vor dem Abhang haben. Wenn Skianfänger nach unten sehen, geraten sie in Panik, und dann –!" Er machte eine viel sagende Geste mit der Hand, die nicht sehr ermutigend war. Sie wissen schon, die Hand quer über den Hals geführt ... „Ich glaube, du kannst es schaffen." (Das Wort *glauben* beunruhigte mich ein wenig!). „Denk nur immer an eins: nicht hinuntersehen!"

„Nicht hinuntersehen" wurde zur Regel Nummer eins in meinem Leben. Ich sah niemals mehr hinunter. Sechsjährige fuhren zwischen meinen Beinen hindurch und wollten mich in Versuchung führen, doch ich sah nicht hinunter. Ich brach alle Rekorde im Zickzackfahren. Menschen überholten mich, nahmen den Lift nach oben und überholten mich wieder, einfach nur um zu sehen, wie oft sie das schaffen konnten, ehe ich unten ankam.

Wahrscheinlich habe ich die schlechteste Abfahrt hingelegt, die dieser Hang je gesehen hat. Zielsicher hielt ich auf kleine Kinder zu, sodass diese, wenn nötig, meinen Fall bremsen konnten. Aber eines habe ich richtig gemacht: Ich habe nie hinuntergesehen! Ich wurde ein wahrer Experte im Nicht-hinunter-Sehen. Es sah nicht schön aus, aber es brachte mich sicher nach unten.

Der Bibeltext verrät uns nicht, ob Jesus mit Petrus redete, als dieser auf dem Wasser ging. Aber wenn er es getan hat, war es vermutlich etwas in der Art: „Petrus – sieh nicht nach unten! Bleib in Bewegung, einen Fuß vor den anderen. Mach dir keine Gedanken! *Und sieh nicht nach unten!"* Ich stelle mir vor, dass Petrus' Augen fest auf Jesus gerichtet waren; seine Gegenwart dominierte Petrus' Gedanken.

> Eine Weile ging Petrus auf dem Wasser. Dann geschahen drei Dinge: Der Fokus seiner Aufmerksamkeit wurde von Jesus abgelenkt; er sah den Wind. Dieser Verlust der Ausrichtung auf Jesus zog Gedanken nach sich, die sich auf Panik und seine Unzulänglichkeit konzentrierten. Er bekam Angst. Und dies unterbrach seine Fähigkeit, weiter in der Macht Jesu zu wandeln. Er begann zu sinken und schrie um Hilfe.

Ich muss an diese Cartoon-Figuren in Zeichentrickfilmen wie „Roadrunner" oder „Tom und Jerry" denken, die manchmal über einen Abgrund hinausschießen, ohne es zu merken. Während der kleine Kerl noch weiter mit Armen und Beinen rudert, rennt er tatsächlich noch ein Stückchen weiter. Dann merkt er plötzlich, dass er über einem Abgrund in der Luft hängt. Er verfällt in Panik, hält ein kleines „Hilfe!"-Schild hoch und stürzt wie ein Stein nach unten. Zum Glück handelt es sich nicht um einen normalen Kojoten, Kater oder Mäuserich, sodass er nur ein paar blaue Flecken davonträgt. Aber auch hier ist scheinbar nicht der Abgrund das Problem, sondern der Moment, in dem das Cartoon-Tierchen *merkt*, dass es in der Luft hängt. Dann hat es nämlich Regel Nr. 1 vergessen: *Sieh nicht nach unten!*

Nachdem Jesus Petrus gerettet hat, fragt er ihn, warum er gezweifelt hat. Ich denke nicht, dass das einfach nur eine Lektion in Sachen Peinlichkeit sein sollte. Wie jeder gute Lehrer wollte Jesus wirklich, dass Petrus aus dieser Erfahrung lernte und wuchs.

Antriebskraft Hoffnung

Matthäus scheint es sehr wichtig zu sein, dass wir eine Sache verstehen: Während Petrus völlig auf Jesus konzentriert war, war er ermächtigt, auf dem Wasser zu gehen. Doch als er sich von dem Sturm ablenken ließ, führte die Angst zu einem Kurzschluss in seiner Verbindung zu Gottes Kraftquelle.

Hoffnung ließ ihn aus dem Boot steigen.

Vertrauen hielt ihn über Wasser.

Angst brachte ihn zum Sinken.

Alles hing davon ab, ob er seinen Blick fest auf den Retter gerichtet hatte oder auf den Sturm.

Es gibt eine Haltung, die ganz wesentlich für uns ist, wenn wir das Leben führen wollen, nach dem wir uns sehnen. Nennen Sie es Hoffnung, Vertrauen oder Zufriedenheit. Es macht den großen Unterschied zwischen denen aus, die es versuchen, und denen, die aufgeben. Wenn diese Haltung verloren geht, beginnen wir wie Petrus zu sinken. Schauen Sie nicht nach unten!

Hoffnung ist die Antriebskraft, die das menschliche Herz am Leben hält. Ein Autounfall kann den Körper lähmen, aber der Tod der Hoffnung lähmt den Geist.

Hoffnung bringt ein junges Paar dazu, vor den Altar zu treten und „Ja, ich will" zu sagen, obwohl sie keine Garantien haben, dass die Beziehung ewig hält. Hoffnung führt dasselbe Paar viele Jahre und Verletzungen und gebrochene Versprechen später dazu, ihren Versprechen eine neue Chance zu geben.

Hoffnung ist es, die Menschen nach wie vor dazu bewegt, Kinder in diese Welt zu setzen.

Hoffnung ist der Grund, warum es Krankenhäuser und Universitäten gibt.

Hoffnung ist die Motivation für Therapien und Beratungen und Trainingscamps für Fußballer.

Kein Komponist würde sich mit einer Melodie abquälen, wenn er nicht den Schimmer einer Hoffnung hätte, dass aus diesen Mühen etwas Wunderschönes entstehen kann.

Kein Vater und keine Mutter würde sich je all die Mühe mit ihrem Kind machen ohne die Hoffnung, dass dieses Kind eines Tages ein besseres Leben führen wird als sie selbst.

Im Alter waren die Hände des berühmten Malers Henri Matisse von Arthritis verkrümmt. Es war sehr schmerzhaft für ihn, einen Pinsel zu halten, und jemand fragte ihn einmal, warum er trotzdem noch male. Er antwortete: „Der Schmerz vergeht; die Schönheit bleibt." Das ist Hoffnung!

Pablo Casals übte täglich fünf Stunden auf seinem Cello, obwohl er bereits als der beste Cellist der Welt berühmt war und die Anstrengung beinahe zu viel für ihn war. Auf die Frage, was ihn dazu trieb, sagte er: „Ich denke, ich werde besser." Das ist Hoffnung!

Lewis Smedes schreibt, dass Michelangelo nach einem schweren Arbeitstag an den Deckenfresken der Sixtinischen Kapelle so entmutigt war, dass er ans Aufgeben dachte.

„Als die Abenddämmerung die immer düsterere Kapelle verdunkelte, stieg Michelangelo müde, wund und zweifelnd von der Plattform, auf der er den ganzen Tag auf dem Rücken gelegen und die Decke bemalt hatte. Nach einem einsamen Abendessen schrieb er ein Sonett, dessen letzte Zeile lautete: ‚Ich bin kein Maler.'
Doch als die Sonne wieder aufging, erhob sich auch Michelangelo von seinem Lager, stieg wieder auf das Gerüst und malte weiter an seiner beeindruckenden Version von unserem Schöpfergott."[2]

Was trieb ihn wieder die Leiter hinauf? Hoffnung!

Im Grunde ist jede biblische Geschichte von Menschen, die Gott benutzte, um seinen Plan zu erfüllen, auch eine Geschichte der Hoffnung.

Hoffnung ließ Abraham aufbrechen und seine Heimat verlassen.

Hoffnung gab Mose den Mut, vor den Pharao zu treten.

Hoffnung hielt auch Ijob am Leben, obwohl alles hoffnungslos schien.

Wir können extreme Verluste verkraften, doch niemand kann ohne Hoffnung überleben. Wenn die Hoffnung verloren ist, sind auch wir verloren. Deshalb ist es auch so unglaublich wichtig, dass unser Blick unter allen Umständen auf Gottes Gegenwart und Macht gerichtet bleibt. Wenn wir das vergessen, sind wir wie Bauarbeiter, die ohne Gerüst auf Stahlträgern in 300 Meter Höhe arbeiten und plötzlich auf die Idee kommen, nach unten zu schauen. Wenn wir uns stärker auf die überwältigende Macht des Sturms konzentrieren als auf die überwältigende Gegenwart Gottes, bekommen wir Probleme. Die Bibel spricht in diesem Zusammenhang oft von „den Mut verlieren".

> Wann immer Jesus einen Menschen dazu beruft, aus dem Boot zu steigen, verleiht er ihm auch die Macht, auf dem Wasser zu gehen. Denken Sie an die Worte des Heiligen Hieronymus: „Du befiehlst und sofort wird das Wasser zu festem Grund." Jesus beruft Menschen niemals zum Untergehen. Das wird sicher gelegentlich passieren – aber es liegt nicht in seiner Absicht; sein Ruf ist nie ein Kurs ins Verderben.

Mose schickte zwölf Spione aus, um das Gelobte Land zu erkunden. Zehn von ihnen kehrten zurück und berichteten: „Alle Männer, die wir gesehen haben, sind riesengroß [...]. Es wäre besser, wir kehrten wieder nach Ägypten zurück" (Num 13,32; 14,3). Doch die anderen beiden – Josua und Kaleb – sagten: „Habt keine Angst vor den Bewohner des Landes! Wir werden im Handumdrehen mit ihnen fertig. [...] Wenn der Herr uns gut ist, wird er uns in dieses Land hineinbringen und es uns geben" (Num 14,8–9). Alle Zwölf hatten dasselbe Land gesehen, dieselben Situationen erlebt – und waren zu zwei völlig verschiedenen Schlüssen gekommen!

Ein junger Schafhirte brachte seinen Brüdern Proviant, als diese in der Armee dienten. Der beste Kämpfer des Feindes, ein Riese namens Goliath, der geradewegs den Wrestling-Weltmeisterschaften entsprungen zu sein schien, verhöhnte und beschimpfte die Armee Israels. Die Soldaten sahen ihn und hatten solche Angst vor ihm, dass sie wie gelähmt waren. Sie hatten den Mut verloren. David sah ihn auch und besiegte ihn mit einer Steinschleuder.

Jesus und die Jünger befanden sich in einem Boot auf dem See, als ein Sturm aufkam. Die Jünger bekamen solche Angst, dass sie um ihr Leben fürchteten; schreiend vor Panik verloren sie den Mut. Jesus war in demselben Boot in demselben Sturm ... und er machte ein Nickerchen!
In all diesen Geschichten erleben unterschiedliche Menschen die exakt gleiche Situation. Doch einige reagieren mit Frieden und Sicherheit, andere mit Panik.
Sehen Sie niemals nach unten!

Erlernte Hilflosigkeit

Lassen Sie uns diese Geschichte mit dem „Mut verlieren und Mut fassen" noch einmal in zeitgemäßeren Termini betrachten. Was ist der gemeinsame Nenner der zehn ängstlichen Spione, der israelitischen Soldaten und der panischen Jünger?
Eines der Aufsehen erregendsten psychologischen Experimente des 20. Jahrhunderts drehte sich um genau dieses Thema. Martin Seligman, ein Student der Universität von Pennsylvania, stieß in den 60er Jahren auf ein interessantes Phänomen, das man „erlernte Hilflosigkeit" nennt.[3] Einige Hunde wurden leichten Stromstößen ausgesetzt, auf die sie keinen Einfluss hatten. Ganz egal, was die Hunde taten, sie konnten die Stromstöße nicht stoppen. Diese hörten einfach irgendwann auf.
Später wurden die Hunde dann in eine Situation gebracht, in der sie die Schocks ganz leicht beeinflussen konnten: Im Unterschied zum ersten Versuch befand sich in der Mitte des Käfigs eine Barriere, die die Hunde überspringen konnten. In den anderen Teil des Käfigs gelangt, waren die Hunde vor den Stromstößen sicher. Eine Lampe zeigte ihnen jeweils an, wann der nächste Stromstoß erfolgen würde, sodass sie in dem Pendelkäfig ständig von der einen zu der anderen Seite sprangen. Doch die zuvor schon „entmutigten" Hunde hatten scheinbar etwas anderes gelernt: Als sie in den Käfig gesetzt wurden, zeigten sie kein Fluchtverhalten, sondern reagierten völlig hilflos. Wie ist dies zu erklären? Dadurch, dass sie in den 24 Stunden zuvor gelernt hatten, dass die Stromstöße nicht zu vermeiden waren, hatten sie gelernt, hilflos zu sein und die Strom-

stöße über sich ergehen zu lassen. Sie glaubten, dass es ganz egal war, was sie taten – es würde nichts verändern. Also gaben sie es auf, irgendetwas zu versuchen. Sie legten sich einfach hin und rührten sich nicht, obwohl zwei Schritte sie in Sicherheit bringen konnten.

Seligman beschreibt dieses Phänomen folgendermaßen:

> „Erlernte Hilflosigkeit ist die Reaktion des Aufgebens, die Antwort des Aufsteckens, die aus dem Glauben entspringt, dass das, was man tut, keinen Einfluss auf irgendetwas hat."[4]

Hoffnung macht hier den großen Unterschied. An der Universität von Pennsylvania konnte man die Leistungen von Erstsemestern sehr präzise voraussagen, indem man ihren Optimismus-Quotienten errechnete. Diese Vorhersagen waren wesentlich zutreffender als alle Erwartungen aus vorangegangenen Noten oder Schulabschlüssen.

Daniel Goleman schreibt dazu:

„Aus der Perspektive der emotionalen Intelligenz bedeutet Hoffnung zu haben, dass diese Person sich nicht überwältigenden Angstgefühlen hingeben wird oder im Angesicht von großen Schwierigkeiten in Depressionen verfällt. Tatsächlich erleiden hoffnungsvolle Menschen seltener Depressionen als andere, weil sie mit einem Blick in die Zukunft durchs Leben gehen, weniger Angst verspüren und weniger emotionale Schwierigkeiten erleben."[5]

Die Überzeugung, dass unsere Bemühungen etwas bringen und dass wir keine hilflosen Opfer der Umstände sind, lässt uns im Angesicht von Niederlagen wieder aufstehen. Sie rettet uns vor Apathie und Verzweiflung.

Hoffnung motiviert aber nicht nur zu positiven Taten; sie hat tatsächlich auch heilende Kräfte. In einer Studie wurden 122 Männer, die gerade einen Herzinfarkt erlitten hatten, auf ihre innere

Einstellung (Hoffnung und Pessimismus) untersucht. 21 der 25 pessimistischsten Kandidaten starben innerhalb der nächsten 8 Jahre. Von den 25 optimistischsten dagegen nur 6. Hoffnungslosigkeit erhöhte die Sterbewahrscheinlichkeit um mehr als 300 Prozent; man konnte anhand des emotionalen Zustands den Risikofaktor des Patienten exakter bestimmen als anhand medizinischer Fakten wie zum Beispiel Blutdruck, Herzschädigung oder Cholesterinspiegel![6] So gesehen ist es wohl gesünder, hoffnungsvoll Pommes frites zu essen als Brokkoli voller Verzweiflung!

Gordon MacDonald zitiert den Historiker John Keegan, der in seinem Buch „Der Erste Weltkrieg" über die Auswirkungen der Schlachten an der Somme und bei Ypres berichtete. In diesen Kämpfen fielen 70 000 britische Soldaten und 170 000 wurden verwundet, und laut Keegan markierten sie das Ende eines Zeitalters des lebensbejahenden Optimismus, von dem sich Großbritannien seitdem nie wieder ganz erholt hat. Dieser „lebensbejahende Optimismus" ist, laut MacDonald, „die Überzeugung einer Gemeinschaft oder Einzelperson, dass das Beste noch auf uns wartet".[7]

Meisterliches Christsein

Wenn jemand zum Glauben an Gott findet und ehrlich überzeugt ist, dass Gott sich um die Angelegenheiten der Menschen kümmert, dann verändert sich die Sache mit der erlernten Hilflosigkeit radikal! Alburt Bandura ist ein Psychologe aus Stanford, der die so genannte „Selbstwirksamkeit" erforscht – den Glauben, dass ich Einfluss auf die Ereignisse in meinem Leben habe und mit allem fertig werden kann, was meinen Weg kreuzt. Menschen mit einem ausgeprägten Gefühl der „Selbstwirksamkeit" sind viel widerstandsfähiger gegen Misserfolge und können sich besser mit Geschehnissen arrangieren. Selbstwirksamkeit ist sozusagen der starke Glaube an die eigenen Fähigkeiten.

Doch für jemanden, der an Gott glaubt, ist der Schlüssel dazu nicht nur das, was *ich* tun kann. Viel größer sind noch die Möglichkeiten dessen, was Gott *durch mich* tun will! „Allem bin ich gewachsen durch den, der mich stark macht" (Phil 4,13). Diese

Aussage ist kein Blankoscheck. Paulus hat diese Worte nicht geschrieben, damit wir glauben, eine Beziehung zu Jesus würde uns praktisch unbesiegbar machen. Es bedeutet aber, dass ich die Zuversicht haben kann, alles bewältigen zu können, was das Leben mir bringt – dass ich niemals aufgeben muss, dass meine Bemühungen Erfolg haben werden, weil Gott in mir am Werk ist.

Hier wird auch deutlich, dass Optimismus und Hoffnung nicht dasselbe sind. Optimismus erfordert das, was Christopher Lasch „Glauben an den Fortschritt"[8] nennt – die Zuversicht, dass die Dinge besser werden. Hoffnung schließt all die psychologischen Vorteile des Optimismus ein, wurzelt aber in etwas Tieferem.

> Wenn ich hoffe, glaube ich daran, dass Gott am Werk ist, um alle Dinge zum Besten dienen zu lassen – und zwar ganz egal, wie es heute für mich aussieht. Hoffnung hält mich nicht davon ab, das Schlimmste für möglich zu halten und darauf vorbereitet zu sein. Doch die Hoffnung ist das, was alles übersteigt.

Lassen Sie uns eine Weile darüber nachdenken, wie man eine Einstellung kultivieren kann, die inmitten des Sturms von diesem einen Gedanken dominiert wird: „Allem bin ich gewachsen durch den, der mich stark macht."

Wir stoßen da auf eine interessante Entdeckung: Die Menschen (Sie und mich eingeschlossen) reagieren oft ausgesprochen allergisch, wenn man ihre Einstellung ändern will.

Auf was sind Ihre Gedanken konzentriert?

Stellen Sie sich vor, Sie haben das beste Rennauto der Welt zur Verfügung und dürfen bei der Formel Eins mitfahren. Wie groß ist wohl die Wahrscheinlichkeit, dass Sie den Wagen mit Biodiesel von der Genossenschaftstankstelle befüllen?

Stellen Sie sich vor, dass Sie bei den Olympischen Spielen den Marathon mitlaufen wollen. Dies wird das größte Ziel Ihres Lebens. Wie groß ist wohl die Wahrscheinlichkeit, dass Sie sich in den Wochen vorher ausschließlich von Schokolade ernähren?

Wenn ein Paar ein Kind bekommt, passt es sehr genau auf, was in den Mund dieses Kindes gelangt und was nicht. Überhaupt passen wir gut darauf auf, was in die Dinge gelangt, die uns wichtig sind. Man füttert sein Auto, seinen eigenen Körper, seine Kinder und sogar die Haustiere sehr verantwortungsvoll.

Allein rund um die Nahrungsaufnahme ist ein ganzer Industriezweig mit Milliardenumsätzen entstanden. Unsummen werden ausgegeben, um uns durch Werbung davon zu überzeugen, was wir alles unbedingt zu uns nehmen *müssen*. Mal erzählt man uns, dass man kein Fett und viele Kohlehydrate essen soll; dann heißt es wieder, viel Protein und Fett ist besser, und Kohlehydrate sind schlecht. Oder man soll es 30:30:40 splitten, aber streng den Konsum von Zucker meiden. Oder von Salz. Dann erzählt man uns, das Geheimnis der optimalen Ernährung läge in rechtsdrehenden Milchsäurebakterien oder in anderen interessanten Kreationen.

> Wir sind uns bewusst, dass der Treibstoff, den man Maschinen oder Körpern zuführt, entscheidend für ihre Leistung und ihre Funktionsfähigkeit ist. Ironischerweise missachten wir im wichtigsten Bereich unseres Lebens dieses Prinzip mit einer Leichtfertigkeit, die wirklich erstaunlich ist – nämlich im Bereich unseres Denkens und unserer Einstellungen.

Dabei ist im Vergleich zu diesen Bereichen jede andere Überlegung zu Ernährung und Gesundheit völlig nichtig. Paulus schrieb nicht umsonst, wir sollten uns auf die Dinge konzentrieren, die gut, ehrenvoll, hilfreich und gerecht sind ... zu Deutsch, wir sollten unsere Gedanken mit solchen Dingen „füttern".

Unsere Fähigkeit, das Prinzip Hoffnung zu leben und unseren Blick im Sturm auf Jesus zu richten, hängt zum großen Teil davon ab, welche Nahrung wir unseren Gedanken geben.

Ich möchte Ihnen zwei Gesetze vorstellen, die unsere Leben bestimmen. Das erste könnte man das *Gesetz der Kognition* nennen: Man ist, was man denkt. Der Psychologe Archibald Hart schreibt: „Die Forschung hat gezeigt, dass die Gedankenwelt eines Menschen jeden anderen Aspekt seines Lebens beeinflusst."⁹ Ob wir von Vertrauen oder Angst erfüllt sind, hängt von der Art der Gedanken ab, die uns beschäftigen.

In den letzten 30 Jahren war die bekannteste Strömung in der Psychologie die so genannte kognitive Psychologie. Sie baute auf der Erkenntnis auf, dass wir von unseren Gedanken bestimmt werden.

Die Art, wie Sie denken, bestimmt Ihr Verhalten, formt Ihre Gefühle, beeinflusst sogar das Immunsystem und die Abwehrkräfte. Fast alles an Ihnen entstammt Ihrer Gedankenwelt. Im Grunde ist alles das Resultat Ihrer Gedanken.

Ich glaube, das ist einer dieser Fälle, wo die Wissenschaft einfach nur eine Tatsache untermauert, die die Verfasser der Bibel bereits kannten. Paulus schrieb, wir sollten uns nicht dieser Welt anpassen, sondern durch eine Erneuerung unseres Denkens verändert werden (vgl. Röm 12,2).

Jesus sagt, dass ein guter Baum keine schlechten Früchte hervorbringen kann und ein schlechter Baum keine guten Früchte. Diese Beobachtung bezog er auf die Verbindung zwischen unserem inneren Zustand und dem äußeren Verhalten. Auf lange Sicht kann „gutes Denken" – klare Erkenntnisse, gesunde Gefühle, ganzheitliche Wünsche, ehrenhafte Absichten – keine schlechten Ergebnisse nach sich ziehen; währenddessen auch schlechte Gedanken keine guten Ergebnisse hervorbringen können.

Das zweite Gesetz könnte man das *Gesetz der Beeinflussung* nennen: Ihr Gehirn beschäftigt sich am meisten mit den Dingen, denen es am stärksten ausgesetzt ist. Was immer wieder auf Ihr Denken einströmt, bestimmt es auch und wird sich früher oder später in dem ausdrücken, was Sie tun und wer Sie sind. Das ist so unvermeidlich wie die Schwerkraft. Niemand würde sagen: „Hey, ich habe diese wertvolle Kristallvase auf den Zementboden fallen lassen und sie ist zerbrochen. Wie hoch war wohl die Wahrscheinlichkeit, dass das geschieht?" Es ist einfach logisch, dass das geschieht. Das Gesetz der Schwerkraft ist nun einmal unvermeidlich.

> Doch seltsamerweise erschrecken Menschen immer wieder, wenn das Gesetz der Beeinflussung greift. Sie sind überrascht, wenn sich das, womit sie ihre Gedanken ständig füttern und füllen, schließlich auch in dem zeigt, was sie fühlen und tun.

Kinder, die fernsehen, sind dort täglich Hunderten von Gewaltverbrechen und Morden ausgesetzt. Sie sehen solche Dinge in Videospielen und Filmen, in Comics und Cartoons. Und dann sind wir geschockt, wenn Hooligans bei einem Fußballspiel gewalttätig werden oder wenn Schüler ihre Mitschüler und Lehrer niederschießen.

Wir werden von sex-geschwängerten Bildern im Fernsehen, im Internet, auf Zeitschriftencovern und in Kinos überschwemmt. Gerade Kinder und Jugendliche haben praktisch gar keine Chance, sich von diesen Bildern fernzuhalten, von denen sie oft noch nicht einmal wissen, wie sie sie beeinflussen. Und dann sind wir darüber entsetzt, dass Promiskuität und sexuelle Abhängigkeiten immer weiter verbreitet sind und eheliche Treue und Stabilität Ausnahmeerscheinungen sind.

Es ist wirklich erstaunlich, dass so viele Menschen scheinbar immer noch denken, für sie habe das Gesetz der Beeinflussung keine Geltung und sie kämen unbeschadet davon. Diese Menschen vertreten die Auffassung: „Ach, ich kann mir diese Sachen ansehen, denn es betrifft mich ja gar nicht wirklich. Das geht zum einen Ohr rein und zum anderen wieder raus." Doch Sozialwissenschaftler erkennen immer deutlicher, was die Bibel schon längst weiß: So funktioniert das leider nicht!

Wenn Teenie-Mädchen fast ausschließlich Zeitschriftencover mit Models ansehen, die unnatürlich hohe Summen von Geld dafür bekommen, unnatürlich dünn auszusehen und in Interviews so zu tun, als seien sie die Experten zu allen Themen des Lebens, dann ziehen wir uns eine Generation von jungen Frauen heran, deren Gedanken von diesen Dingen beherrscht werden: *Du bist nicht dünn genug, nicht hübsch genug, nicht begehrenswert genug.* Ihr Selbstwertgefühl geht in den Keller. Die Hoffnung stirbt. Und die

Verhaltensprobleme folgen auf dem Fuße ... was uns eigentlich nicht weiter überraschen dürfte.
Die Veranstaltungen, die Sie besuchen, die Bücher, die Sie lesen (oder nicht lesen!), die Musik, die Sie hören, die Bilder, die Sie sich ansehen, die Gespräche, die Sie führen, die Träume, die Sie pflegen ... sie alle formen Ihr Denken und letztlich auch Ihren Charakter und Ihr Schicksal. Und das gilt besonders für das Thema Hoffnung.
Die gute Nachricht ist, dass Sie sich diese beiden Gesetze zu Nutze machen können. Wenn Sie wirklich eine bestimmte Art von Mensch werden möchten – eine hoffnungsvolle Person, die auf Jesus ausgerichtet ist –, sollten Sie anfangen, Gedanken zu nähren, die diese Charaktereigenschaften hervorbringen. Wenn Sie sich auf Jesus konzentrieren, wird er Sie zu guten, echten, wertvollen, hilfreichen und edlen Gedanken inspirieren. Dazu sollten Sie sich aber auch in die Lage versetzen, überhaupt solche hoffnungsvollen Gedanken denken zu können. Sie müssen sich den Menschen, Büchern, CDs und Gesprächen aussetzen, die Sie stärker in Gottes Nähe führen. Wie kann dies geschehen?

Unentdeckte Kontinente

Frank Laubach hat sein ganzes Leben damit zugebracht, sich auf Jesus auszurichten. Er war im frühen 20. Jahrhundert als Soziologe, Lehrer und Missionar auf den Philippinen tätig und geriet in eine schwierige Phase, als er etwa 40 Jahre alt war. Die missionarische Chance, die er sich am meisten gewünscht hatte, entglitt ihm. Seine guten Pläne für den Stamm der Maranao stießen nicht auf Gegenliebe. Er und seine Frau verloren drei Kinder, die an Malaria starben. Seine Frau nahm daraufhin das letzte noch verbliebene Kind und ging mit diesem zurück nach Europa und Frank blieb allein und verzweifelt zurück.

Mit seinem Hund Tip stieg er auf den Berg Signal Hill, an dessen Fuß der Lanao-See liegt. Später schrieb er darüber:

„Tip legte mir den Kopf auf die Knie und versuchte, mir die Tränen abzulecken. Meine Lippen bewegten sich unwillkürlich,

und es schien mir fast, als würde Gott zu mir sprechen: Mein Kind ... du hast versagt, weil du die Maranaos nicht wirklich liebst. Du fühlst dich ihnen überlegen, weil du weiß bist. Wenn du vergisst, wer du bist, und nur daran denkst, sie zu lieben, werden sie positiv reagieren.

Ich antwortete dem Sonnenuntergang: ‚Gott, ich weiß nicht, ob du eben durch meine eigenen Lippen zu mir gesprochen hast, aber wenn du es warst, dann war es die Wahrheit. Meine Pläne sind zerbrochen. Vertreib mich aus mir selbst, komm und nimm du meinen Platz ein und denke deine Gedanken in mir!'"[10]

Dies war der Anfang von einem der bemerkenswertesten geistlichen Experimente des 20. Jahrhunderts. Laubach widmete sich für den Rest seines Lebens ganz dem Versuch, jeden Moment in bewusster Wahrnehmung von Gottes Gegenwart zu leben und eine reiche Beziehung zu ihm zu führen.

Hier sind einige Gedankenanstöße, auf die er bei seinen Bemühungen immer wieder zurückgegriffen hat:

- Flüstern Sie auf einem Fest oder im Büro immer unhörbar „Jesus" oder „Gott", wenn Sie einen anderen Menschen ansehen. Üben Sie die Sichtweise Jesu ein; sehen Sie die Person, die dieser Mensch ist, und die Person, die Gott aus ihm machen will.
- Stellen Sie beim Essen einen zusätzlichen Stuhl an den Tisch, um sich an die Gegenwart Jesu zu erinnern. Wenn Ihr Blick auf den Stuhl fällt, denken Sie an seine Worte: „Ich bin immer bei euch, jeden Tag, bis zum Ende der Welt."
- Wenn Sie ein Buch oder eine Zeitschrift lesen, stellen Sie sich vor, Sie lesen es Jesus vor. Laubach fragt: „Haben Sie schon einmal einen Brief (heutzutage wohl eher eine E-Mail) gemeinsam mit Jesus gelesen, sich bewusst gemacht, dass er an den lustigen Stellen mit Ihnen lacht, sich mit über die Erfolge freut und mit über die Tragödien trauert? Wenn nicht, haben Sie eine wunderbare Erfahrung verpasst!"
- Wenn Sie vor einem Problem stehen, führen Sie keine Selbstgespräche darüber, sondern entwickeln Sie die Gewohnheit, mit Jesus darüber zu reden (Petrus hat das auch mit seinem Unter-

geh-Problem so gemacht!). Wie Laubach sagt: „Viele, die das ausprobiert haben, haben festgestellt, dass ihre Gedanken auf diese Weise so viel fruchtbarer sind, dass sie es gar nicht mehr ohne ihn probieren wollen!"
- Bewahren Sie ein Kreuz, eine Bibelstelle oder eine andere Erinnerung an einer Stelle auf, wo Sie es immer vor dem Zubettgehen sehen. Erlauben Sie Gott, das letzte Wort Ihres Tages zu haben. Und lassen Sie Ihre Augen und Gedanken auch damit den Tag beginnen. Laubach schreibt: „Wenn wir die Augen aufschlagen und gleich auf Jesus schauen, fragen wir vielleicht: ,Nun, Herr, wollen wir aufstehen?' (Wenn Sie kein Frühaufsteher sind, brauchen Sie an dieser Stelle vielleicht eine recht deutliche Antwort!). Viele Menschen reden mit ihm über alles, was sie tun, vom Waschen und Anziehen bis zum Schuhe putzen. Jesus interessiert sich für jedes Detail, weil er uns noch inniger liebt als eine Mutter ihr Kind ..."

> **Die Kraft solcher Übungen liegt nicht einfach nur darin begründet, dass sie bestimmte Gedankenmuster verändern, obwohl auch das allein schon sehr einflussreich ist. Die wirkliche Bedeutung liegt vielmehr darin, dass ein solches Vorgehen uns für die geistliche Realität öffnet, die uns tatsächlich ständig umgibt; so, als würde man das Radio plötzlich auf die richtige Frequenz eines Senders einstellen.**

Laubach überzeugte diese Entdeckung davon, dass es wirklich „unentdeckte Kontinente des geistlichen Lebens" gibt, die jeder Mensch erobern kann, der bereit ist, seinen Geist dafür zu öffnen.

Laubachs außergewöhnliche Ausrichtung führte auch zu einem außergewöhnlichen Leben. Er wurde einer der einflussreichsten Befürworter der literarischen Bildung seiner Zeit, bereiste über 100 Länder und entwickelte ein weltweites Bildungsprogramm. Unter anderem stammt von ihm die Idee „Each one teach one" (Jeder Einzelne lehrt einen anderen), die noch immer weltweit umgesetzt

wird. Ohne sich besonders darum bemüht zu haben, wurde er im Zweiten Weltkrieg zu einem Berater des amerikanischen Präsidenten bestellt. Er schrieb Bücher über die Ausrichtung auf Gott, die zu Tausenden verkauft wurden.
Er ist auf dem Wasser gegangen!

Meditation mit der Bibel

Die Bibel spricht an mehreren Stellen davon, das Wort Gottes auf sich wirken zu lassen. Der Psalmist sagt, dass er „Tag und Nacht" über Gottes Worte nachdenkt.

Vielleicht glauben Sie, dass Meditation etwas für Mönche und Mystiker ist. Aber dann frage ich Sie, wissen Sie, wie man sich Sorgen macht? Wenn Sie sich Sorgen machen können, können Sie auch meditieren. Meditation ist nämlich nichts anderes, als immer und immer wieder über etwas Bestimmtes nachzudenken. Lassen Sie es in Ihrem Kopf umherwandern. Durchdenken Sie es aus verschiedenen Perspektiven, bis es ein Teil von Ihnen wird.

Bibelverse auswendig zu lernen ist ein ganz wichtiger Aspekt, wenn Sie sich darum bemühen, immer auf Gott ausgerichtet zu sein. Für manche Menschen ist das ein erschreckender Gedanke. Wenn Auswendiglernen für Sie ein Horror ist, Sie Ihr Auto auf dem Supermarkt-Parkplatz nie wieder finden und zwei bis drei Anläufe für den Namen Ihres Kindes brauchen ... geben Sie dem Gedanken trotzdem eine Chance!

> Der Punkt ist ja nicht, so viele Bibelverse wie möglich auswendig zu lernen, sondern das, was mit Ihren Gedanken passiert, wenn Sie sich so intensiv mit Gottes Wort auseinander setzen. Wenn Sie Bibelverse einstudieren, haben Sie automatisch andere Gedanken, als wenn Sie vor dem Fernseher sitzen.

Ein Freund schickte mir neulich eine Karte mit dem Aufdruck: „Möge der Gott der Hoffnung dich mit Frieden und Freude erfül-

len, weil du ihm vertraust, sodass du vor Hoffnung überfließt durch die Kraft des Heiligen Geistes."
Wenn ich diese Aussage lese, erinnert mich das daran, dass

- Gott die Quelle aller Hoffnung ist.
- Gott mich auch jetzt gerade mit Freude und Frieden beschenken will.
- es Gottes Wunsch ist, dass ich nicht nur Hoffnung schöpfe, sondern vor Hoffnung überfließe.
- dieser Prozess nicht in meiner Macht liegt, sondern am Wirken des Heiligen Geistes in mir.

Das sind nun ganz klar andere Gedanken als die, die mir vielleicht durch den Kopf gegangen wären, wenn ich die Tageszeitung gelesen hätte. Mit dem Gedanken an Gott bin ich bereit, aus dem Boot zu steigen.

Die Gabel behalten

Rituale sind eines der wirkungsvollsten Hilfsmittel, damit unsere Gedanken auf Gott ausgerichtet bleiben. Ich bin in einer Tradition erzogen worden, die dem Begriff „Ritual" in Bezug auf Religiosität ausgesprochen kritisch gegenüberstand, doch tatsächlich sind Rituale unverzichtbar für ein gesundes menschliches Leben.

Ein gerade erschienenes Buch über die „Erfolgsrezepte" von Topmanagern berichtet darüber, dass die Top-Führungskräfte unter anderem eine Reihe von festen Ritualen haben, die ihnen helfen, ihre Gedanken und Energien zu sammeln und sich voll auf ihre Aufgaben zu konzentrieren.

Psychologen berichten, dass Menschen in allen Lebensbereichen Rituale entwickeln, die ihnen wichtig sind. Wenn eine Familie oder Ehe wenig Rituale kennt, bringt dies oft Probleme mit sich.[11]

Ich habe mir also einige Rituale angewöhnt und Symbole geschaffen, die mir dabei helfen, mich auf Jesus zu konzentrieren.

- In meinem Büro habe ich einen Nagel, etwa in der Größe, wie man ihn vermutlich verwendet hat, um Jesus ans Kreuz zu nageln. Manchmal halte ich ihn beim Beten in der Hand, um mich daran zu erinnern, was Jesus für mich getan hat.
- Ich habe eine Figur, die ein kleines Kind darstellt, das seine Arme um einen liebevollen Vater geschlungen hat. Ich sehe sie mir beim Beten an und stelle mir vor, dass Gott mich genau so umschlungen hält.
- Ich besitze einen Stein, auf den ein Wort eingraviert ist. Ein guter Freund hat ihn mir geschenkt und mir gesagt, dass dieses Wort eine gute Eigenschaft von mir beschreibt. Ich sehe nicht viel davon, aber ich hätte diese Eigenschaft sehr gern. Dies ist ein Wort von Gott an mich und ich bete oft darüber.
- Ein wundervolles Gebet hängt gerahmt an meiner Wand. Es wird dem heiligen Patrick zugeschrieben, der vor vielen Jahrhunderten die Gute Nachricht nach Irland brachte. Es heißt „Lorica", benannt nach einem römischen Schutzpanzer, der der Sicherheit seines Trägers dienen soll:

> *„Ich erhebe mich heute in Gottes Kraft, die mich antreibt.*
> *Gott möge mich aufrechterhalten.*
> *Gottes Weisheit möge mich leiten.*
> *Gottes Auge möge auf meinen Weg sehen.*
> *Gottes Ohr möge mich hören.*
> *Gottes Wort möge für mich sprechen.*
> *Gottes Hand möge mich schützen.*
> *Christus mit mir, Christus vor mir, Christus hinter mir.*
> *Christus in mir, Christus neben mir, Christus über mir.*
> *Christus zu meiner Rechten, Christus zu meiner Linken.*
> *Christus, wenn ich mich niederlege,*
> *Christus, wenn ich mich hinsetze,*
> *Christus, wenn ich aufstehe.*
> *Christus im Herzen jedes Menschen, der an mich denkt.*
> *Christus im Mund jedes Menschen, der von mir spricht.*
> *Christus in jedem Auge, das mich ansieht.*
> *Christus in jedem Ohr, das mich hört.*
> *Ich erhebe mich heute in einer mächtigen Kraft;*
> *der Anrufung der Dreieinigkeit!"*

Einer meiner Freunde ist beruflich häufig unterwegs. Wenn er abends ins Hotel kommt, stellt er als Erstes ein Bild von seiner Frau und den Kindern auf den Fernseher. Ein Grund dafür ist, dass er gelegentlich in die Versuchung kommt, den Pornokanal einzuschalten. Er weiß, dass solche Bilder seine Gedanken auf eine Art und Weise beeinflussen, die nicht gut für ihn ist. Wenn er seine Familie sieht, hat er andere Gedanken. Teilweise Schuldgefühle wegen seiner Anfälligkeit für Versuchungen. Doch die meisten handeln davon, wie sehr er seine Familie liebt und welche Art Vater und Ehemann er sein will. Das Bild erinnert ihn an seine Hoffnungen und das gibt ihm Kraft.

Wie sieht das Leben eines Menschen aus, in dessen Zentrum die Hoffnung steht? Ich habe neulich von einer Frau gelesen, bei der Krebs diagnostiziert worden war und die noch drei Monate zu leben hatte. Der Arzt riet ihr, sich aufs Sterben vorzubereiten, und so kontaktierte sie ihren Pastor und erklärte ihm genau, wie ihr Beerdigungsgottesdienst aussehen sollte; die Lieder, die Predigt, alles.

Bevor der Pastor ging, sagte sie noch: „Ach ja, einen Wunsch hätte ich noch."

„Welchen?", fragte der Pastor.

„Ich möchte mit einer Gabel in der rechten Hand beerdigt werden!"

Der Pastor wusste nicht, was er dazu sagen sollte. So etwas hatte ihm noch nie jemand gesagt. Also erklärte die Frau: „In all den Jahren habe ich unzählige Veranstaltungen in der Gemeinde miterlebt. Immer, wenn es dabei etwas zu essen gab, habe ich mich besonders gefreut, wenn nach dem Hauptgang jemand aus der Küche sagte: ‚Behalten Sie Ihre Gabeln!' Das bedeutete nämlich, dass noch etwas Tolles kommen würde. Kein Pudding oder so was, sondern etwas *Richtiges* – Kuchen oder ein Pie. Ich möchte deshalb, dass die Leute mich da in meinem Sarg liegen sehen, mit einer Gabel in der Hand. Sie sollen sich fragen, was diese Gabel wohl soll. Und dann erklären Sie ihnen, dass das Beste erst noch kommt und man deshalb seine Gabel behalten sollte."

Der Pastor umarmte die Frau und ging. Kurz darauf starb sie dann tatsächlich.

Bei der Beerdigung fragten sich wirklich sämtliche Gäste, was es wohl mit der Gabel in ihrer Hand auf sich hatte.

Der Pastor erklärte, dass die Frau sich gewünscht hatte, dass alle Gäste in diesem Tag ein Fest sahen, eine Feier, weil die wirkliche Party eben erst beginne.

Das Beste kommt noch.

Nehmen Sie sich doch diese Woche einmal eine Gabel als persönliche Erinnerung. Jedes Mal, wenn Sie sich zum Essen hinsetzen, sehen Sie sich das Esswerkzeug zu Ihrer Linken genau an und erinnern sich an diese Frau. Wenn Sie bei Tisch beten, danken Sie Gott auch für diese Hoffnung. Wenn Sie den Griff der Gabel nehmen, denken Sie daran: *Das Beste kommt noch.*

Erinnern Sie sich daran, dass der Gott der Wasserläufer und leeren Gräber eine Botschaft für Sie hat. Jesus sagt zu allen, die mühselig und beladen sind, die mutlos sind und mit Versuchungen konfrontiert, die ihre Gedanken in die Hoffnungslosigkeit abschweifen lassen, zu Menschen wie du und ich, die versucht sind zu verzweifeln:

Sieh nicht nach unten!
Und behalte deine Gabel!

Steigen Sie aus dem Boot

1. Achten Sie einmal darauf, wohin Ihre Gedanken heute schweifen. Wie würden Sie die Gedanken beschreiben, denen Sie am häufigsten nachhängen?
   - ängstlich
   - hoffnungsvoll
   - ärgerlich
   - sorgenvoll
   - apathisch
   - freudig
   - entmutigt
   - sonstiges
2. Welche Quellen (Medien, Bücher, Freunde, Aktivitäten) schaden Ihrer Hoffnung?

3. Welche Quellen (Medien, Bücher, Freunde, Aktivitäten) nähren Ihre Hoffnung?
4. Wenn Sie Ihre Antworten auf die obigen Fragen betrachten: Wie könnten Sie Ihr Leben umorganisieren, um so viel Hoffnung wie möglich zu haben?
5. Nehmen Sie sich einen Tag Zeit, und machen Sie es sich zum Ziel, an diesem Tag so viel Zeit wie möglich mit Jesus zu verbringen. Laden Sie ihn ein, ein Teil von allem zu sein, was Sie unternehmen. Erfinden Sie Ihre persönlichen Rituale und verwenden Sie Hilfsobjekte (wie die Gabel), die Ihnen helfen, ihn im Blick zu behalten.
6. Wie ist es gelaufen?

Kapitel 9

"Dann stiegen beide ins Boot und der Wind legte sich"
(Mt 14,32).

Warten lernen

Warten ist die härteste Arbeit der Hoffnung.
Lewis Smedes[1]

Geduldiges Warten ist nicht gerade die größte Stärke unserer heutigen Gesellschaft.

Das Auto einer jungen Frau bleibt mitten auf der Kreuzung stehen. Erfolglos sieht sie in den Motorraum, während der Mann hinter ihr ungeduldig auf die Hupe drückt. Schließlich reicht es ihr. Sie geht zu seinem Wagen und bietet ihm freundlich an: „Ich weiß nicht, was mit meinem Wagen nicht stimmt. Aber vielleicht möchten Sie ja mal nachsehen. Ich vertrete Sie gern so lange hier an der Hupe!"

Wir sind keine geduldigen Menschen. Wir sind eine hupende, mikrowellenbenutzende, expressversendende, Fast-Food-essende, 24-Stunden-Service-gewohnte Gesellschaft. Niemand mag es, an der Ampel, am Telefon, im Laden oder bei der Post zu warten.

Robert Levine schreibt in seinem wunderbaren Buch *A Geography of Time* („Die Geografie der Zeit") von einem neuen Zeitmaß, das er „Hup-Sekunde" nennt: „die Zeit, die zwischen dem Grünwerden der Ampel und dem ersten Hupen des Fahrers hinter Ihnen vergeht".[2] Seiner Meinung nach ist dies die kleinste messbare Zeiteinheit.

Wie gut können Sie warten?

Wenn Ihr Vordermann an der Tankstelle ewig zum Bezahlen braucht, während Sie hinter ihm auf eine frei werdende Zapfsäule warten, dann ...

a) ... freuen Sie sich, die Gemeinschaft mit den anderen Wartenden zu genießen, und überlegen, vielleicht einen Hauskreis mit ihnen zu gründen.
b) ... träumen Sie von Dingen, die Sie dem Mann gern an den Kopf werfen würden.
c) ... versuchen Sie, Ihren Wagen irgendwie vor den des Bezahlenden zu quetschen.

Sie sitzen schon seit mehr als einer Stunde im Wartezimmer Ihres Arztes. Sie ...

a) ... sind dankbar für die Gelegenheit, sämtliche Boulevardzeitschriften seit 1993 zu lesen.
b) ... erzählen den anderen Patienten, dass Sie eine schreckliche, hoch ansteckende Krankheit haben, damit sie alle aus dem Wartezimmer flüchten.
c) ... zwingen sich dazu zu hyperventilieren, damit Sie als Notfall sofort drankommen.

Die meisten Menschen warten nicht besonders gern. Deshalb gefällt uns auch die Tatsache, dass Matthäus Jesus als den Herrn der Soforthilfe zeigt. Dreimal in nur wenigen Sätzen verwendet Matthäus Worte wie „sofort", und immer im Zusammenhang mit Jesus. Jesus lässt die Jünger „gleich darauf" in ein Boot steigen und schickt sie ans andere Seeufer. Als die Jünger meinen, einen Geist zu sehen, spricht Jesus sie „sofort" an. Als Petrus zu sinken begann, streckte Jesus „sofort" die Hand aus und rettete ihn.

Jesus handelte schnell, entschlossen und entschieden. Er verschwendete noch nicht einmal eine Hup-Sekunde. Trotzdem ist dies auch eine Geschichte über das Warten. Matthäus erzählt uns, dass Jesus gegen Morgen zu den Jüngern stieß. Losgeschickt hatte er sie aber bereits vor Sonnenuntergang des vorigen Tages. Warum die lange Verzögerung? Wenn ich einer der Jünger gewesen wäre, hätte ich es zu schätzen gewusst, wenn Jesus bereits lange vor dem Sturm aufgetaucht wäre.

Doch Matthäus hat gute Gründe dafür, diese Zeitangaben zu machen. A. E. J. Rawlinson bemerkt, dass die frühen Christen in ihren eigenen Lebensstürmen Trost aus dieser Verzögerung gezogen haben:

> *„Schwache Herzen mögen sich gefragt haben, ob der Herr sie in ihrem Schicksal allein gelassen hatte; vielleicht haben sie gar die Realität Jesu bezweifelt. Sie konnten aus dieser Geschichte lernen, dass sie nicht verlassen waren, dass der Herr unsichtbar über sie wachte [...], dass der Lebendige, der Herr der Wellen und des Windes, ganz sicher schnell zu ihrer Rettung eilen würde, selbst wenn der Morgen schon graute."*[3]

Matthäus wollte, dass seine Leser lernten zu warten.

Ein weiteres „Warte-Moment" stellt Petrus' Entscheidung dar, das Boot zu verlassen. Er kann dies nicht aus seiner eigenen Kraft oder aus einem Impuls heraus tun; er muss erst um grünes Licht bei Jesus bitten und dann auf eine Antwort warten. Einer der größten Unterschiede zwischen T-Typen und W-Typen ist, dass Letztere lernen zu warten.

Ich frage mich auch, ob Petrus noch auf eine andere Art warten musste. Was meinen Sie, wie seine ersten Schritte auf dem Wasser wohl ausgesehen haben? Jesus war vermutlich ein geübter Wasserläufer. Doch für Petrus gab es sicher eine Lernkurve ... er musste mit Kleinkinderschrittchen beginnen. Laufen lernen kostet immer Geduld.

> **Erst als die ganze Episode vorüber war, bekamen die Jünger endlich das, was sie wollten: Der Sturm wurde gestillt. Warum hatte Jesus den Wind nicht „sofort" abebben lassen, als er ihre Angst sah? Petrus' Gehversuche wären in diesem Fall bestimmt einfacher gewesen. Doch scheinbar war Jesus der Ansicht, dass das Warten ihnen etwas bringen würde.**

In diesem vorletzten Kapitel möchte ich Ihnen also vor Ihrem Gang auf dem Wasser die eine Sache mit auf den Weg geben, die Petrus und die anderen gleich von Anfang an lernen mussten: Warten.

Nehmen wir an, Sie beschließen, aus dem Boot zu steigen. Sie vertrauen Gott. Sie unternehmen einen Glaubensschritt – mutig entschließen Sie sich dazu, einen wohlsituierten Job zu kündigen, um Gottes Berufung zu folgen. Oder Sie fangen an, eine Gabe einzusetzen, die Gott Ihnen gegeben hat, obwohl Sie vor Angst fast sterben; Sie gehen im Bereich von Beziehungen Risiken ein, obwohl Sie Zurückweisungen hassen; Sie drücken wieder die Schulbank, obwohl alle Ihnen sagen, dass das Wahnsinn ist: Sie beschließen, Gott zu vertrauen und aus dem Boot zu steigen. Was passiert als Nächstes?

Nun, vielleicht erleben Sie einen wunderbaren, anhaltenden Zustand der Freude und des Gelingens. Vielleicht wird Ihre Entscheidung sofort bestätigt – die Umstände fügen sich wunderbar zu Ihren Gunsten, jedes Risiko zahlt sich aus, Ihre Bemühungen sind von Erfolg gekrönt, Ihr geistliches Leben gedeiht, Ihr Glaube wächst und Ihren Freunden bleibt vor Staunen der Mund offen stehen – und das alles innerhalb einer Hup-Sekunde.

Vielleicht wird es so laufen. Aber vielleicht auch nicht. Und das aus gutem Grund, denn Gott bewegt sich nicht automatisch in unserem hektischen Tempo mit. Richard Mouw schreibt, dass das meistbenötigte Buch in unseren Tagen den Titel tragen müsste: „Dein Gott ist zu schnell!"[4]

Manche Formen des Wartens – an der Tankstelle und im Wartezimmer – sind recht trivial im Vergleich zu anderen Dingen. Doch es gibt auch wirklich ernste und schwierige Bereiche, in denen Warten nicht einfach ist:

- ein Single, der hofft, dass Gott einen Ehepartner für ihn hat, dennoch aber langsam zu verzweifeln beginnt.
- ein kinderloses Paar, das verzweifelt darauf wartet, mit der Familiengründung zu beginnen.
- Nelson Mandela, der 27 Jahre im Gefängnis sitzt und sich fragt, ob er jemals wieder frei sein wird und ob sein Land je Gerechtigkeit erfahren wird.
- ein Mensch, der sich nach einem erfüllenden, bedeutsamen Job sehnt, jedoch seit Jahren vergeblich sucht.
- eine Person mit Depressionen, die sich den Tag herbeiwünscht, an dem sie aufwacht und wieder Lust zu leben hat.

- ein Kind, das sich ungeschickt und hässlich fühlt und auf den Tag wartet, an dem es beim Sport als Erstes in eine Mannschaft gewählt wird.
- farbige Menschen, die darauf warten, dass sie endlich nicht mehr nach ihrer Hautfarbe beurteilt werden, sondern nach ihrem Charakter.
- ein alter Mann in einem Seniorenwohnheim, der allein und krank einfach nur noch auf den Tod wartet.

Jeder von uns muss an verschiedenen Wegkreuzungen seines Lebens warten lernen. Lewis Smedes schreibt:

„Warten ist unser Schicksal als Kreaturen, die nicht selbst hervorbringen können, was sie sich erhoffen.
Wir warten im Dunkeln auf eine Flamme, die wir nicht entzünden können.
Wir warten in Angst auf das Happy End, das wir nicht schreiben können.
Warten ist die härteste Arbeit der Hoffnung."[5]

Warten kann das Schwierigste sein, zu dem wir im Leben berufen sind. Es ist frustrierend, wenn wir die Bibel aufschlagen und lesen, dass der allwissende und allmächtige Gott immer wieder zu seinem Volk sagt: „Wartet!" – „Sei still vor dem Herrn und warte auf ihn ... Wartet auf den Herrn ... warte des Dienstes des Herrn, deines Gottes ... alle Augen warten auf dich ... meine Seele wartet auf den Herrn ... wohl dem, der da wartet ... wirst du meines Dienstes warten ... so warten wir seiner durch Geduld ... wartet nur auf die Offenbarung unseres Herrn ... dessen warte, damit gehe um ... wartet auf die Barmherzigkeit unseres Herrn ..."

Gott kam zu Abraham, als dieser 74 Jahre alt war, und sagte ihm, dass er Vater werden und eine große Nation hervorbringen würde. Wie lange dauerte es, bis diese Zusage erfüllt wurde? Abraham musste 24 Jahre warten!

Gott sagte den Israeliten zu, dass sie die Sklaverei in Ägypten hinter sich lassen und ein freies Volk sein würden. Doch sie mussten noch 400 Jahre auf die Erfüllung dieses Versprechens warten.

Gott sagte Mose, dass er das Volk ins Verheißene Land führen würde. Doch zuvor kamen 40 Jahre des Wartens in der Wüste.

In der Bibel ist Warten so eng mit dem Glauben verbunden, dass die Worte manchmal austauschbar sind. Das große Versprechen des Alten Testaments war die Zusage vom Kommen des Messias'. Doch Israel musste Generation um Generation warten, Jahrhundert um Jahrhundert. Und als der Messias dann endlich kam, wurde er nur von denjenigen erkannt, die ganz auf sein Kommen fokussiert waren ... wie Simeon. Er war ein alter Mann, der rechtschaffen und hingegeben war. Er „wartete auf die Rettung Israels. Er war vom Geist Gottes erfüllt ..." (Lk 2,25).

Doch auch das Erscheinen Jesu bedeutete noch nicht, dass das Warten nun zu Ende war. Jesus lebte, lehrte, wurde gekreuzigt, von den Toten erweckt und war im Begriff, wieder in den Himmel zu gehen, als seine Freunde ihn fragten: „Herr, wirst du jetzt das Reich aufrichten?" Das hieß nichts anderes als „Ist das Warten nun vorüber?"

Und Jesus gab ihnen ein weiteres Gebot: „Bleibt in Jerusalem und *wartet* auf den Heiligen Geist, den euch mein Vater versprochen hat" (Apg 1,4).

Und der Heilige Geist kam – doch noch immer war das Warten nicht zu Ende.

Paulus schrieb:

„Aber auch wir selbst, die doch schon als Anfang des neuen Lebens – gleichsam als Anzahlung – den Heiligen Geist bekommen haben, stöhnen ebenso in unserem Inneren. Denn wir *warten* sehnsüchtig auf die volle Verwirklichung dessen, was Gott uns als seinen Kinder zugedacht hat: dass unser Leib von der Vergänglichkeit erlöst wird. [...] Wenn wir aber auf etwas hoffen, das wir noch nicht sehen können, dann heißt das, dass wir *beharrlich* danach Ausschau halten" (Röm 8,23.25).

43-mal allein im Alten Testament wird das Volk Israel zum Warten angehalten.

Die letzten Worte in der Bibel drehen sich ebenfalls um das Warten:

„Der aber, der dies alles bezeugt, sagt: ‚Ganz gewiss, ich komme bald.'
Amen, komm, Herr Jesus!" (Offb 22,20).

> **Warum? Warum lässt Gott uns warten?** Wenn er doch alles tun kann, warum bringt er uns keine Hilfe und Erleichterung und antwortet jetzt sofort? Wahrscheinlich ist es wirklich so, dass das, was Gott in uns tut, während wir warten, mindestens so wichtig ist wie das, worauf wir warten ...

Die wichtigste Fähigkeit des Wasserläufers

Gut warten zu können ist eine Art Reifeprüfung. Psychologen sprechen auch von der „verzögerten Belohnung". M. Scott Peck schreibt:

„Belohnungen zu verzögern ist der Prozess, die Freuden des Lebens zu verstärken, indem man zuerst die Schmerzen erlebt und hinter sich bringt. Dies ist der einzig wahre Lebensweg."[6]

Daniel Goleman hat ein sehr wichtiges Buch verfasst, in dem er die Behauptung aufstellt, dass unsere Effektivität im Leben nicht so sehr auf kognitiver Intelligenz beruhe, sondern viel mehr auf etwas, das er „emotionale Intelligenz" nennt. Dies sei auch der Grund für das Scheitern der Ehen von hochintelligenten Menschen. Im Herzen der emotionalen Intelligenz liegt die Fähigkeit, verzögerte Belohnungen zu ertragen und nicht nur den eigenen Impulsen zu folgen.[7]

Das bekannteste Beispiel dieses Phänomens ist der so genannte „Marshmallow-Test". Jeweils ein Vierjähriger wird in einem Raum mit einigen Marshmallows allein gelassen. Der Verantwortliche sagt ihm, er müsse kurz etwas holen. Wenn der Vierjährige es schafft, kein Marshmallow zu essen, bis der Leiter zurückkommt, bekommt er zwei Marshmallows. Wenn er sich gleich eines schnappt, ist das okay, aber dann bekommt er eben auch nur das eine. Dies wird die Seele jedes Vierjährigen schwer in Versuchung bringen – „ein Mikrokosmos der ewigen Schlacht zwischen Impuls und Beherrschung, Begehren und Kontrolle, Belohnung und Verzögerung".

Die Kinder, die an diesem Test teilnahmen, entwickelten alle möglichen Strategien, um sich das Warten zu versüßen – sie sangen Lieder, erzählten sich selbst Geschichten, erfanden Spiele. Ein Kind beugte sich tatsächlich hinunter und begann den Tisch abzulecken, für den Fall, dass der Geschmack des Marshmallows irgendwie ins Holz übergegangen war ... Das Erstaunlichste ist, dass diese eine Charaktereigenschaft enorme Auswirkungen auf das spätere Leben der Teilnehmer hatte. Diejenigen, die es geschafft hatten zu warten, wuchsen zu sozial kompetenteren Menschen heran, konnten besser mit Stress umgehen und gaben äußeren Einflüssen nicht so leicht nach wie diejenigen, die das Warten nicht ausgehalten hatten. Die Sofort-Zuschnapper erwiesen sich als starrköpfigere, entscheidungsschwache Menschen, die sich leichter frustrieren ließen und ständig das Gefühl hatten, nicht genug zu bekommen.

Auch Jahre später waren die „Sofort-Befriediger" nicht in der Lage, auf eine Belohnung zu warten. Andere Studien haben bewiesen, dass mangelnde Impulskontrolle oft zu Kriminalität, Suchtverhalten und Scheidungen führt. Kein Wunder, dass Goleman unter Berücksichtigung all dieser Fakten die Fähigkeit zu warten die „Meister-Fähigkeit" nennt.[8]

Die Unfähigkeit, Impulse zu kontrollieren, die Weigerung, geduldig und vertrauensvoll zu leben, hat viel mit dem menschlichen Gefallensein zu tun. Das Leben ist so, seit Adam und Eva einen Bissen vom „verbotenen Marshmallow" genommen haben.

Paulus sagt, dass wir leiden, während wir darauf warten, dass Gott alles gut macht. Doch das Leiden bringt Durchhaltevermögen hervor; dies wiederum formt den Charakter und dieser bringt Hoffnung hervor. Gott erweckt diese Fähigkeiten in uns, während wir warten.

> Warten ist nicht einfach nur Zeit totschlagen, bis wir das bekommen, was wir wollen. Es ist ein Teil des Prozesses, mit dem wir die werden, als die Gott uns geschaffen hat.

Was bedeutet es, auf den Herrn zu warten? Fangen wir damit an, was biblisches Warten *nicht* ist. Es ist kein passives Herumsitzen, bis etwas passiert, das mir die Flucht vor meinen Problemen ermöglicht. Manche Leute sagen: „Ich warte auf den Herrn", doch dies ist eigentlich nur eine Ausrede, um nicht der Realität ins Auge blicken und die Verantwortung übernehmen zu müssen.

Ich habe Menschen mit schädlichen Angewohnheiten im Umgang mit Geld – Impulskäufer und Verschwender – mitten in den größten Finanzproblemen sagen hören: „Wir warten darauf, dass der Herr uns hilft!" Diese Aussagen kann man generell in die Kategorie „Seien Sie nicht dumm!" einordnen. Auf den Herrn zu warten kann in diesem Fall nicht heißen, dass man hofft, wie durch ein Wunder einen Brief von der Bank zu bekommen, in dem es wie bei „Monopoly" heißt: „Bankirrtum zu Ihren Gunsten. Ziehen Sie 200 Euro ein!" Wahrscheinlich bedeutet es, dass man sich auf den Weg macht und kompetente finanzielle Beratung sucht. Es kann bedeuten, dass man neue Gewohnheiten trainiert, wie den Zehnten geben, ein Budget einhalten und den Kauf von Dingen hinauszuzögern, bis man das nötige Geld dazu hat. Biblisches Warten ist nicht passiv; es ist keine Methode, um die unbequeme Realität zu umgehen.

> Auf den Herrn zu warten ist ein zufriedenes, diszipliniertes, erwartungsvolles, aktives und manchmal schmerzliches Klammern an Gott. Auf den Herrn zu warten ist die kontinuierliche, täglich neue Entscheidung: „Ich will dir vertrauen und ich werde dir gehorchen. Auch wenn die Umstände meines Lebens nicht so sind, wie ich will, und vielleicht auch nie

> so werden, setze ich alles auf dich. Ich habe keinen Plan B."

Was kostet es also, gut zu warten?

Geduldiges Vertrauen

Auf den Herrn zu warten verlangt nach geduldigem Vertrauen. Glaube ich, dass Gott gute Gründe dafür hat, dass er zu mir sagt: „Warte"? Denke ich daran, dass die Dinge für Gott anders aussehen, weil er sie aus der Perspektive der Ewigkeit sieht? Petrus schrieb:

„Meine Lieben, ihr dürft eines nicht übersehen: Beim Herrn gilt ein anderes Zeitmaß als bei uns Menschen. Ein Tag ist für ihn wie tausend Jahre, und tausend Jahre wie ein einziger Tag. Der Herr erfüllt seine Zusagen nicht zögernd, wie manche meinen. Im Gegenteil: Er hat Geduld mit euch, weil er nicht will, dass einige zugrunde gehen. Er möchte, dass alle Gelegenheit finden, von ihrem falschen Weg umzukehren" (2 Petr 3,8).

Sie kennen ja sicher die Geschichte von dem Geschäftsmann, der diese Stelle las und ganz aufgeregt wurde.
„Herr, ist es wahr, dass tausend Jahre vor dir nur wie ein einziger Tag sind?"
„Ja."
„Dann sind doch sicher eine Million Dollar für dich auch nur wie ein Penny!"
„Ja."
„Herr, kannst du mir nicht so einen Penny schenken?"
„Aber sicher. Warte eine Minute ..."
Viel zu oft wollen wir Gottes Ressourcen, aber nicht sein Timing. Wir vergessen, dass seine Arbeit in uns während des Wartens genauso wichtig ist wie das, auf was wir warten. Warten heißt, dass wir Gott zutrauen, dass er weiß, was er tut.

Geduldiges Vertrauen muss vorhanden sein – tiefes Vertrauen, das bereit ist, wieder und wieder zu warten, Tag um Tag.

Vielleicht sind Sie allein stehend. Wir leben in einer Gesellschaft, in der verheiratet zu sein normal ist und Single sein nicht. Sie fühlen den Schmerz dieses Stigmas. Vielleicht fühlen Sie auch eine berechtigte Sehnsucht nach Nähe. Vielleicht verspüren Sie aber auch die Art von Einsamkeit, die nur Gott heilen kann und vor der Sie kein menschliches Wesen retten kann. Warten ist so schwer.

Vielleicht ist eine mögliche Beziehung in direkter Reichweite, aber Sie wissen, dass diese nicht im Sinne Gottes wäre, weil die betreffende Person Ihren Glauben nicht teilt. Vielleicht übt die Person Druck auf Sie aus, sexuell aktiv zu werden oder Ähnliches. Sie sind versucht zu denken: *Jetzt habe ich so lange gewartet; es reicht mir einfach. Ich habe es satt zu warten. Ich nehme mir jetzt einfach, was ich kriegen kann; über die Konsequenzen kann ich später immer noch nachdenken.*

Werden Sie auf den Herrn warten? Werden Sie mutig sagen: „Okay, Gott, ich werde mich nicht auf diese Beziehung einlassen, obwohl ich solche Sehnsucht habe. Ich möchte mein Leben mit dir aufbauen, auch wenn ich nicht weiß, was das Morgen bringt. Ich will dir vertrauen. Ich werde auf dich warten."

Vielleicht haben Sie einen Traum, ein bestimmtes Lebensziel. Was Sie sich beruflich erhofft haben, tritt aber nicht ein. Sie wissen nicht, warum, aber es tut sehr weh. Sie sind versucht, etwas zu erzwingen – zu schieben, zu manipulieren oder zu taktieren, um das zu bekommen, was Sie wollen.

Oder Sie geraten in die Versuchung, einfach aufzugeben und sich treiben zu lassen. Werden Sie die Geduld haben, nichts voranzutreiben, aber auch nicht aufzugeben, sondern geduldig auszuharren, weiter an Ihren Gaben zu arbeiten, Kritik anzunehmen, zu wachsen und Gottes Plan zu vertrauen, statt selbst entscheiden zu wollen, was gut für Sie ist?

Vielleicht stecken Sie in einer schwierigen Beziehung. Sie möchten emotional zusammenbrechen, doch Gott sagt: „Warte! Konzentriere dich auf die Liebe, die du dem anderen geben kannst, nicht auf das, was du zurückhaben willst. Vertrau mir. Bleib dran. Versuch es weiter."

Die Charakterstärke zu haben, nicht zu dem verbotenen Marshmallow zu gehen, ist eine der härtesten Prüfungen, die es gibt. Aber es lohnt sich!

Wie sieht es in der Praxis aus, wenn man in geduldigem Vertrauen auf Gott wartet?

Henri Nouwen hat uns 1996 kurz vor seinem Tod ein Beispiel dafür gegeben.[9] Er schrieb über Trapezartisten und stellte fest, dass zwischen dem Flieger und dem Fänger eine ganz besondere Beziehung besteht (Was mich nicht wundert. Wenn ich der Flieger wäre, würde ich auch alles dafür tun, der allerbeste Freund des Fängers zu sein, und ich würde hart daran arbeiten, dass es keine unterschwelligen Aggressionen gibt. Der Fänger sollte mich sehr, sehr gern mögen ...).

Als der Flieger hoch über der Menge schwebt, ist der Moment gekommen, und er lässt das Trapez los und fliegt durch die Luft. Einen Augenblick lang, der sich wie eine Ewigkeit anfühlen muss, hängt er im Nichts. Es ist zu spät, um zurückzuscheuen. Es gibt keinen Weg zurück. Es ist aber auch zu früh, um von den Armen des Fängers gerettet zu werden. Er kann diesen Moment nicht beschleunigen. In diesem Augenblick ist es seine Aufgabe, einfach so still und bewegungslos zu sein wie möglich.

„Der Flieger darf niemals versuchen, nach dem Fänger zu greifen", erzählte der Trapezkünstler Henri Nouwen, „er muss in absolutem Vertrauen warten. Der Fänger wird ihn fangen, aber er muss warten. Auf keinen Fall darf er ängstlich mit den Armen rudern; das wäre sein Tod. Seine Aufgabe ist es abzuwarten, und das kann sehr schwer sein!"

Vielleicht befinden Sie sich gerade jetzt in dieser hoch verletzlichen Phase. Sie haben etwas losgelassen, das Sie loslassen sollten, doch Sie merken noch nichts davon, dass Gottes Hand Sie auffängt. Werden Sie in absolutem Vertrauen warten? Werden Sie Geduld haben?

Zuversichtliche Demut

Auf den Herrn zu warten erfordert auch zuversichtliche Demut. Der Prophet Jesaja sagt: „Wo aber Liebe und Treue herrschen, da bewirken sie Frieden und Wohlstand, Ruhe und Sicherheit" (Jes 32,17).

Warten ist natürlicherweise etwas, das nur demütige Menschen tun können. Wenn wir auf etwas warten, erkennen wir an, dass wir keine Kontrolle haben.

In unserer Gesellschaft besteht eine Korrelation zwischen Status und Warten. Je höher man steht, desto weniger muss man warten. Menschen mit niedrigerem Status müssen immer auf die höher Gestellten warten.

Das merkt man zum Beispiel im Wartezimmer des Arztes. Ich habe neulich von einem Geschäftsmann gelesen, den das Warten dort so aufgeregt hat, dass er dem Arzt schließlich eine Rechnung für seine eigene vertane Zeit ausstellte.

Warten tut Menschen wie mir sehr gut. Es erinnert mich daran, dass ich nicht alles im Griff habe. Ich bin der Patient. Warten macht mich demütig. Und in den wirklich wichtigen Bereichen des Lebens sitzen wir ja nicht einfach nur herum, sondern wir warten *auf Gott*. Wir können auf seine Weisheit und Zeitplanung vertrauen. Wir können zuversichtlich sein. Und weil wir *auf* jemanden warten, ist das Wichtigste, das wir in dieser Zeit tun können, das Gebet.

Beten ermöglicht uns, ohne Sorgen zu warten. Neulich konnte ich nachts nicht schlafen. Alle möglichen Gedanken beschäftigten mich – vor allem die berühmten „Was wäre, wenn"-Überlegungen. Was wäre, wenn sich dies und das nicht ändert? Was wäre, wenn ich etwas nicht bekomme, das ich so verzweifelt brauche? Es waren sehr laute Stimmen. Und ihre Befürchtungen waren nicht völlig aus der Luft gegriffen: Schreckliche Dinge *können* passieren. Aber solche Gedanken führen nicht zum Leben.

Kurze Zeit später las ich den Bericht von Jesus und den Jüngern im Sturm. Die Jünger gerieten in Panik, weil Jesus schlief. Und da dämmerte mir eine Erkenntnis:

> Es gab eine Erfahrung, die Jesus nie gemacht hat. Er hat praktisch jede menschliche Empfindung durchgemacht – Trauer, Freude, Schmerz. Er war müde, wütend und hoffnungsvoll. Doch es gab eines, das er nie erlebt hat: Er geriet nie in Panik. Und in diesem Moment wurde mir klar, dass Gott niemals völlig verzweifelt ist.

Menschen sprechen manchmal davon, dass sie die Stimme Gottes erkennen, wenn er zu ihnen spricht. Das kann ich nicht ganz nachvollziehen. Aber ich weiß, dass man die Stimme einer Person kennen lernt, wenn man ihre sprachlichen Eigenarten und ihren Tonfall mehrmals gehört hat.

Gottes Stimme ist niemals panisch. Wenn Sie verzweifelte Gedanken hören, dann können Sie sicher sein, dass es nicht Gott ist, der da redet. Sie dürfen in zuversichtlicher Demut warten.

Auf den Herrn zu warten erfordert unauslöschliche Hoffnung

Paulus schreibt:

> „Wir sind gerettet, aber noch ist alles Hoffnung. Eine Hoffnung, die sich schon sichtbar erfüllt hat, ist keine Hoffnung. Ich kann nicht erhoffen, was ich vor Augen habe. Wenn wir aber auf etwas hoffen, das wir noch nicht sehen können, dann heißt das, dass wir beharrlich danach Ausschau halten" (Röm 8,24).

Hoffnung ist an sich schon eine Form des Wartens. Ernst Hoffmann schreibt: „Neutestamentliche Hoffnung ist ein geduldiges, diszipliniertes, zuversichtliches Warten auf den Herrn, eine Erwartung des Retters ... sie demonstriert ihren lebendigen Charakter anhand der Standfestigkeit, mit der sie wartet."[10]

- Sie ist wie ein Bräutigam, der in der Hochzeitsnacht auf seine Braut wartet.
- Sie ist wie ein durchtrainierter Läufer, der auf das Rennen seines Lebens wartet.
- Sie ist wie ein Siebenjähriger an Heiligabend, der darauf wartet, dass es endlich 18 Uhr ist, damit er ins geschmückte Wohnzimmer darf, wo etwas Wunderbares auf ihn wartet.

Wenn Sie im Moment auf Gott warten – wenn Sie ihm gehorsam sind, aber noch nicht die erhofften Resultate sehen –, dann sollten Sie wissen, dass die Bibel ein wunderbares Versprechen zu dieser Art des Wartens bereithält:

„Selbst junge Leute werden kraftlos, die Stärksten erlahmen. Aber alle, die auf den Herrn vertrauen, bekommen immer wieder neue Kraft, es wachsen ihnen Flügel wie dem Adler. Sie laufen und werden nicht müde, sie gehen und brechen nicht zusammen" (Jes 40,30–31).

Ich werde nie den Kommentar von David Hubbard zu dieser Stelle vergessen. Als Lehrer für Altes Testament war er einer der klügsten Menschen, die mir je begegnet sind. Man konnte sich irgendein Thema heraussuchen – semitische Sprachen, die Geschichte der Ming-Dynastie, technische Neuerungen, klassische Musik, organisatorisches Management, Basketballergebnisse ... er wusste über alles bestens Bescheid. Auf Grund seiner Begabung für Leiterschaft war er 30 Jahre lang als Präsident des größten Bibelseminars der Welt tätig, doch in seinem Herzen wartete er auf den Tag, an dem er sich ganz dem Studium seiner „ersten Liebe" widmen konnte, dem Alten Testament.

Ironischerweise erlitt er kurz nach seine Pensionierung einen schweren Herzanfall und starb. Alle, die ihn kannten, waren tief traurig. Doch David hatte immer darauf beharrt, dass es der Sinn jedes Bibelstudiums war, den Einen besser kennen zu lernen, der dahinter stand. Genau genommen hatte er also die Gelegenheit, auf die er seit Jahren gewartet hatte, nun voll ausgenutzt.

Der letzte Brief, den ich von ihm bekam, enthielt einen wunderbaren Kommentar zu dieser Jesaja-Stelle. David schrieb, dass wir diese Worte – fliegen, gehen, laufen – immer „eine Zeile nach der anderen" leben müssten. Manchmal werden wir abheben und wie auf Adlerflügeln dahinsegeln. Dies ist ein wunderschönes Bild. Ornithologen berichten, dass Vögel drei Flugtechniken haben. Zuerst das Flattern – ein ständiger Flügelschlag, um gegen das Gesetz der Schwerkraft anzufliegen. Kolibris können bis zu 70-mal in der Sekunde mit den Flügeln schlagen. Flattern hält einen in der Luft, aber es ist viel Arbeit. Ich verbringe ausgesprochen viel Zeit mit dieser mühsamen Art des Fliegens. Es bringt mich von hier nach da, aber es hat mit Eleganz nicht viel zu tun.

Die zweite Flugtechnik ist das Gleiten. Der Vogel erzeugt flatternd eine gewisse Geschwindigkeit und lässt sich dann eine Weile abwärts gleiten. Das ist schon viel leichter als ständiges Flattern, aber es bringt den Vogel nicht allzu weit. Schnell setzt die Realität in Form der Schwerkraft ein. Gleiten ist schön, aber keine Methode, um dauerhaft weiterzukommen.

Und dann ist da die dritte Technik: segeln. Nur wenige Vogelarten, wie etwa der Adler, sind dazu fähig. Die Flügel des Adlers sind so groß und kräftig, dass er damit die Thermik aufsteigender Luftströme ausnutzen kann und ohne eine Feder zu bewegen in große Höhen aufsteigt. Dabei kann er enorme Geschwindigkeiten erreichen, ohne mit den Flügeln zu schlagen. Er lässt sich einfach von unsichtbaren Winden tragen.

Jesaja schreibt, dass die, die auf Gott warten, so aufsteigen werden wie ein Adler. Man erwischt einen Hauch des Geistes – Jesus sagte: „Der Wind weht, wo es ihm gefällt. Du hörst ihn nur rauschen, aber du weißt nicht, woher er kommt und wohin er geht. So geheimnisvoll ist es auch, wenn ein Mensch vom Geist geboren wird" (Joh 3,8).

Manchmal werden Sie in Ihrem Leben eine Zeit des geistlichen Höhenflugs erleben. Vielleicht ist das gerade jetzt der Fall. Sie fühlen sich von Gottes Kraft geradezu hochgehoben und getragen. Sie sind aus dem Boot gestiegen, Gott beantwortet Ihre Gebete mit unfassbarer Großzügigkeit, setzt Sie auf erstaunliche Weise ein, gibt Ihnen Widerstandskraft gegen Versuchungen und Sünde, macht Sie überraschend produktiv und beschenkt Sie mit Kraft und Weisheit, die Ihre Fähigkeiten bei Weitem übersteigen.

Seien Sie dankbar! Tun Sie, was Sie können, um auf diesem Luftstrom des Geistes Gottes zu bleiben. Gehorchen Sie der Führung des Herrn. Beten Sie weiter und gehen Sie nicht davon aus, dass irgendetwas von dem, was Sie erleben, Ihr eigener Verdienst ist. Vielleicht gibt es bestimmte geistliche Übungen, die Sie bestärken: Einsamkeit, Auswendiglernen von Bibelstellen, Stille. Identifizieren Sie diese und gehen Sie ihnen ernsthaft nach; bauen Sie auf sie und – genießen Sie das Ganze! Sie gehen auf dem Wasser. Sie fahren auf mit Adlerflügeln.

Und dann gibt es noch die anderen Sätze in Jesajas Aussage. Manchmal schweben wir nicht, sondern bewegen uns erdnäher: Wir laufen und werden nicht müde. Wenn Sie sich in dieser Phase befinden, fühlt sich Ihr Leben nicht völlig schwerelos an. Sie erleben nicht gerade ständig Wunder, Sie müssen manchmal ganz schön mit den Flügeln schlagen. Doch mit Entschlossenheit und Durchhaltevermögen laufen Sie Ihr Rennen. Sie erleben Frustrationen, aber Sie spüren auch Gottes Zuwendung und seine Zustimmung. Sie laufen weiter – gehorsam, dienend und betend. Versuchen Sie nicht, krampfhaft geistliche Ekstase herbeizuführen! Vergleichen Sie sich nicht mit jemandem, der gerade segelt. Ihre Zeit wird kommen. Laufen Sie nur weiter.

Dann gibt es noch einen dritten Zustand, den Jesaja beschreibt. Manchmal segeln wir nicht und wir können auch nicht laufen. Zweifel, Schmerzen, Erschöpfung oder Versagen hindern uns daran. In diesen Zeiten können wir nur gehen und brechen gerade eben nicht zusammen. Das ist wahrlich kein Wasserspaziergang. Es ist einfach nur Gehen. Alles, was wir tun können, ist zu sagen: „Gott, ich mache weiter. Ich bin nicht besonders fruchtbar oder produktiv, und ich fühle mich beileibe nicht siegreich. Aber ich gebe nicht auf. Ich gehorche dir. Ich gehe weiter."

Die eindrucksvollsten 30 Minuten Film, die ich je gesehen habe, waren der Anfang des Films „Der Soldat James Ryan". Kriegsveteranen sagen, dass dies vermutlich die realistischste Darstellung der grausamen Leiden ist, die die alliierten Soldaten bei der Landung in der Normandie erlitten haben. Ein unglaublicher Preis wurde bezahlt, um wenige Meter Strand zu ergattern. Er wurde mit Blut erworben und am Ende dieses Tages hatte sich äußerlich nicht viel verändert. Noch immer wurde der größte Teil von Europa von Hitler beherrscht. Es gab nur dieses kleine Stück Strand an einer einsamen Küste, das nun nicht mehr unter der Herrschaft des Feindes stand. Doch dieses kleine Stück Land war genug. In Wahrheit hatte sich am Ende dieses Tages alles verändert. Es gab eine Öffnung, einen Zugang. Der Spalt war noch sehr klein, doch er würde jeden Tag größer werden. Die Alliierten würden jeden Tag stärker werden. Noch immer würde es viele Kämpfe geben und viel Leid. Doch jetzt war es nur noch eine Frage der Zeit.

Eines Tages wurde Paris befreit. Dann ganz Frankreich. Die Konzentrationslager wurden überrannt. Gefangene wurden befreit. Und dann beging Hitler Selbstmord. Die Gerechtigkeit kam, wie sie immer kommt und immer kommen wird.

Und dann kam der Tag des Sieges. Die Soldaten konnten nach Hause gehen, der Feind war besiegt. Zwischen der Landung in der Normandie und dem letzten Schuss gab es eine lange Kluft, doch am 6. Juni 1944 war der Ausgang des Krieges bereits besiegelt. Der Sieg war nur noch eine Frage der Zeit.

Eines Tages gebar eine Frau einen Sohn, der dazu bestimmt war, alle Nationen zu regieren. Er sprach von einem Königreich, von dem alle träumten, aber kaum darauf zu hoffen gewagt hatten.

Ich denke, dass es Zeiten im Leben von Jesus gegeben hat – etwa als er auf dem Berg der Verklärung war oder als er Lazarus von den Toten aufweckte –, in denen er segelte und so hoch aufstieg, dass ihm niemand folgen konnte.

Zu anderen Zeiten war das Leben für ihn härter. Wenn er über Jerusalem weinte, wenn ihn die Begriffsstutzigkeit seiner Jünger frustrierte oder er Gegenwind von den religiösen Führern seiner Zeit bekam, musste er flattern. Doch er wich nicht vom Kurs ab, auch wenn es bergauf ging. Er lief und wurde nicht müde.

Auch als es Zeit für die Via Dolorosa wurde, segelte er nicht. Als das Kreuz auf seinen blutigen Rücken gelegt wurde, lief er auch nicht. Er ging, er stolperte und stürzte, er kämpfte sich wieder auf die Beine und ging ein Stückchen weiter.

> Manchmal können wir nur taumelnd weitergehen. Doch in solchen Zeiten ist das auch genug. Wenn das Leben am härtesten ist, wenn wir am liebsten aufgeben würden, aber zu Gott sagen: „Ich bleibe dran. Ich setze einen Fuß vor den anderen, nehme mein Kreuz auf mich und folge Jesus auch auf diesem Weg" – vielleicht weiß Gott unser Stolpern und Taumeln dann noch mehr zu schätzen als das Segeln und Laufen.

Auf jeden Fall ist Jesus nach Golgatha gegangen – und das hat ihn einen Preis gekostet, den niemand von uns jemals voll erfassen kann. Am Kreuz nahm er die Gebrochenheit der ganzen Menschheit auf sich. All das Leid, alle Sünde und den Schmerz jedes Tages in der Geschichte der Menschheit seit dem Sündenfall.

Am dritten Tag nach seinem Tod wurde der Stein vom Grab weggerollt. Äußerlich hatte sich nicht viel verändert: Noch immer hatten Pilatus und die Hohenpriester das Sagen; noch immer regierte der Kaiser in Rom und kannte noch nicht einmal den Namen dieses seltsamen Messias in dem kleinen Land im fernen Osten.

Außer einigen Frauen wusste es noch niemand, doch dies war der entscheidende Tag der Geschichte. Nun gab es einen Zugang, eine Öffnung. Sie war klein ... ein Spalt im Felsen.

Jedes Mal, wenn Sie sich in die Schlacht stürzen, der Sünde widerstehen, das Evangelium weitersagen, etwas von Ihren Ressourcen für das Reich Gottes einsetzen, jemandem in Jesu Namen helfen oder „auf den Herrn warten", wird diese Öffnung ein bisschen größer. Die Dunkelheit wird ein kleines Stückchen zurückgedrängt. Das Licht scheint ein wenig heller.

In unserer Welt haben wir einige sehr schnelle Läufer. Wir haben einige Adler, die höher fliegen, als man sehen kann. Es ist nicht leicht, ein Geher zu sein, wenn man von Adlern und Läufern umgeben ist. Aber manchmal ist Gehen das Beste, was wir Gott anbieten können. Und er versteht das nur zu gut. Gehen zählt ganz genauso viel wie alles andere!

Und eines Tages kommt der Sieg. Verstehen Sie mich nicht

falsch: Es wird noch viele Kämpfe geben, viel Leid und auch den Tod. Aber die entscheidende Schlacht hat schon stattgefunden, als kaum jemand hingesehen hat. Und am Ende dieses Tages hatte sich alles verändert. Deshalb gehen Sie weiter, denn das, worauf wir warten, ist wichtiger als das, was uns widerfährt, solange wir warten.

Es ist nur noch eine Frage der Zeit!

Steigen Sie aus dem Boot

1. Wie reagieren Sie auf Wartezeiten?
2. Warum, denken Sie, hat Jesus so lange gewartet, bis er im Sturm zu den Jüngern kam? Inwiefern hat Warten schon Ihren Charakter geformt?
3. In welchem Bereich Ihres Lebens fällt Ihnen das Warten im Moment am schwersten?
4. Was ist Ihrer Meinung nach der Unterschied zwischen „auf den Herrn warten" und „die Zeit totschlagen"? Wie könnten Sie Ihre augenblickliche Wartezeit in ein „Warten auf den Herrn" umwandeln?
5. Was würden Sie sagen – „segeln", „laufen" oder „gehen" Sie dieser Tage in geistlicher Hinsicht?

Kapitel 10

*„Die Jünger im Boot warfen sich vor Jesus
nieder und riefen: ‚Du bist wirklich Gottes Sohn'"*
(Mt 14,33).

Wie groß ist Ihr Gott?

*Herr, hilf mir, große Dinge so zu tun,
als wären sie klein, denn ich tue sie aus deiner Kraft;
und kleine Dinge, als wären sie groß,
denn ich tue sie in deinem Namen.*
Blaise Pascal[1]

Sobald Kinder sprechen lernen, ist eine der ersten Fragen, die Eltern ihnen stellen: „Wie groß bist du?"

Und Kinder geben immer dieselbe Antwort: „Soooooooo groß!" Meist heben sie dazu noch die Hände über den Kopf, um größer zu erscheinen, als wollten sie sagen: „Ich bin riesig! Ich bin ein Gigant! Wer weiß, wie groß ich noch werde!"

Dies ist natürlich keine wissenschaftlich wasserdichte Antwort. Man sollte sie auch nicht auf jeden Kontext übertragen. Wenn beispielsweise eine Frau ihren Mann fragt: „Wie breit sind meine Hüften?", dann ist er schlecht beraten, wenn er die Arme ausbreitet und ruft: „Soooooo breit!"

Wir bringen unseren Kindern diese Reaktion bei, weil sie begreifen sollen, dass sie wachsen. Wir wissen, dass es wichtig ist, dass sie ein richtiges Selbstbild haben. Sie sollen sich nicht als schwach, klein und machtlos sehen, unfähig, die Herausforderungen des Lebens anzunehmen.

Doch jetzt habe ich eine wichtige Frage an Sie: Wie groß ist Ihr Gott? Wie groß ist Christus in Ihrem Leben?

Dale Brunner sagt, dass immer mitten in der Geschichte des

Wasserlaufens das Wort steht, das die Macht hat, den Sturm der Angst zu stillen: „Fasst Mut! *Ich* bin's, fürchtet euch nicht!"²

> Ich bin mir ziemlich sicher, dass unser Lebensstil in starkem Maße von der Größe unseres Gottes abhängt. Unser Problem ist, dass unser Gott zu klein ist. Wir sind nicht wirklich davon überzeugt, dass wir in den Händen eines allwissenden, immer präsenten, allmächtigen Gottes absolut sicher sind.

Was passiert, wenn wir morgens aufwachen und mit einem kleinen Gott leben? Wir haben Angst, denn alles hängt von *uns* ab. Unsere Stimmung wird von unseren Umständen diktiert. Wir leben in einem Universum, das uns in höchstem Maße verletzlich macht. Wenn sich uns die Gelegenheit bietet, unseren Glauben mitzuteilen, schrecken wir davor zurück – was, wenn wir nicht die richtigen Worte finden oder abgelehnt werden? Alles hängt von uns ab!

Wir können nicht großzügig sein, denn unsere finanzielle Sicherheit ist unsere eigene Sorge. Wenn wir jemanden mit einer unbequemen Wahrheit konfrontieren müssten, tendieren wir zum Rückzug. Denn weil wir nicht in der Sicherheit leben, dass wir von einem großen Gott angenommen sind, sind wir die Sklaven dessen, was andere über uns denken.

Wenn wir die Versuchung verspüren zu lügen, um Unangenehmem aus dem Weg zu gehen, werden wir es vermutlich auch tun. Wenn wir für etwas gelobt werden, das nicht unser Verdienst ist, werden wir das Lob trotzdem einheimsen, weil wir nicht an einen großen Gott glauben, der uns zur rechten Zeit für die richtigen Dinge belohnen wird.

Wenn jemand wütend auf uns ist oder beleidigt, verknotet sich unser Inneres sofort vor Angst, denn wir haben nicht die Sicherheit, dass ein großer Gott für uns da ist und auf uns aufpasst.

> Wenn Menschen nicht anerkennen, dass Gott ein
> großer Gott ist, beten sie ohne Glauben, arbeiten
> ohne Leidenschaft, dienen ohne Freude, leiden ohne
> Hoffnung. Das führt auf Dauer zu Angst, Rückzug,
> Kurzsichtigkeit und Versagen.

Wie groß ist Christus?

Eines Tages ging ich mit einigen Freunden in Newport Beach, Kalifornien, spazieren. Wir kamen an einer Bar vorbei, in der ein Handgemenge stattfand. Plötzlich taumelten wie in einem schlechten Westernfilm sich prügelnde Menschen auf die Straße. Drei Männer stürzten sich auf einen einzelnen Gegner und schlugen ihn zusammen.

Wir hatten das Gefühl, etwas tun zu müssen, also gingen wir hin, um die Kämpfer auseinander zu bringen. Dummerweise hatte ich nicht besonders viel Erfahrung in solchen Dingen. Scheinbar war ich an dem Tag nicht anwesend, an dem im Predigerseminar davon die Rede war, wie man Kneipenschlägereien schlichtet. Wir hatten auch zu viel Zeit mit dem Bibelstudium verbracht, um das richtige Vokabular für solche Gelegenheiten aufweisen zu können (eine Aussage wie: „Also gut, Jungs, jetzt reicht es! Benehmt euch!" mag bei Dreijährigen funktionieren, aber diese Gladiatoren, randvoll mit Whiskey und Testosteron, sprachen nicht besonders gut darauf an. Im Grunde funktioniert es nicht einmal bei den meisten Dreijährigen ...).

Betrunkene Schläger voneinander zu trennen gehört eindeutig nicht zu meinen geistlichen Gaben und ich verspüre keine große Neigung dazu. Doch jemand musste eingreifen und so stiegen wir aus dem Boot. Mit wackligen Beinen gingen wir auf die Männer zu und sprachen sie zaghaft an, in banger Erwartung unseres ersten Faustkampfes.

Zu unserer Überraschung sahen die Kämpfer plötzlich auf und hielten voller Angst inne. Dann nahmen sie die Beine in die

Hand und flüchteten. Beinahe hätte ich vor Überraschung gefragt, warum.

Ich blickte mich um und sah den größten Menschen hinter uns, den ich je erblickt hatte. Es hatte den Anschein, dass er der Rausschmeißer dieser Bar war, und mein Respekt für diesen Berufsstand stieg sofort um 200 % an. Ich schätze, dass er über zwei Meter groß war und 150 Kilo wog, natürlich mit weniger als 2 % Körperfett. Wenn Herkules die Kriegerprinzessin Xena geheiratet hätte, hätte ihr Sohn so ausgesehen.

Er sagte kein Wort, sondern stand nur mit schwellenden Muskeln schweigend da. Fast sah er so aus, als wünschte er, die Typen würden ihn angreifen. Ganz offensichtlich gehörte es sehr wohl zu *seinen* Talenten, betrunkene Schläger voneinander zu trennen.

In diesem Moment wandelte sich meine Einstellung. Ich war nahe daran, hinter den Schlägertypen herzurufen: „Lasst euch hier besser nicht mehr blicken!" Meinen Freunden ging es genauso. Wir waren ganz andere Menschen, weil wir einen großen, starken Rausschmeißer hinter uns hatten. Ich war bereit, fest und entschlossen auf die Schläger zuzugehen. Ich verspürte nicht die geringste Angst mehr. Warum?

Weil der große Mann hinter uns stand. Es war eine Art „Goliathophanie". Wir waren nicht allein und mitten in der Schlägerei fühlte ich mich vollkommen sicher. Wenn ich sicher sein könnte, dass dieser Riese immer und überall hinter mir stünde, dann wäre meine ganze Lebenshaltung eine andere.

Natürlich tut er das nicht. Wahrscheinlich ist das auch gut so, denn ich brauche ihn überhaupt nicht. Ich habe den Einen hinter mir, der viel größer ist als dieser Mann und der tatsächlich immer da ist. „Fass Mut!", sagt er. „Ich bin's, fürchte dich nicht!" Und daran glaube ich fest. Diese Aussage ist ein Teil meines Glaubensbekenntnisses, und ich habe mein Leben darauf ausgerichtet, anderen Menschen davon zu erzählen. Aber allzu oft spiegelt mein Leben diese Tatsache nicht wider. Viel zu oft schrecke ich zurück, wo ich konfrontieren sollte; ich mache mir Sorgen, wenn ich beten sollte; ich klammere mich an Dinge, wenn ich großzügig teilen sollte; ich bleibe im Boot, wenn ich auf dem Wasser gehen könnte.

Wie kann ich meine Perspektive verändern? Wie kann ich wirklich glauben, dass Christus allein genug ist? Wie kann ich mein Leben so gestalten, dass es die Tatsache widerspiegelt, dass ich an einen Gott glaube, der soooooo groß ist? Es gibt ein Wort für den Prozess, in dessen Verlauf Menschen die Größe, Würde und Kraft Gottes anerkennen und proklamieren. Man nennt es Lobpreis.

Wir leben in einer Welt, in der dieses Thema nicht gerade groß geschrieben wird. Die meisten von uns sind daran gewöhnt, an dem gemessen zu werden, was wir tun. Ich weiß nur allzu gut, wie verlockend die Vorstellung von Unabhängigkeit und Selbstzufriedenheit ist. Und Lobpreis scheint, oberflächlich betrachtet, nicht besonders produktiv zu sein. Man erledigt dadurch keine greifbaren Dinge. Warum es also tun? Lassen Sie mich erklären, warum ich mich dazu entschieden habe, als „Lobpreiser" durchs Leben zu gehen. Und warum das auch für Sie eine Alternative sein könnte.

Warum liegt Gott so viel an Lobpreis?

Haben Sie sich das je gefragt?

Als meine Töchter noch klein waren, habe ich manchmal ein Spiel mit ihnen gespielt, in dem ich fragte: „Wer ist der klügste, stärkste, tollste, bestaussehendste, charmanteste, attraktivste Mann der Welt?"

Sie schwiegen dann immer einen Moment, als ob sie scharf nachdenken würden, und schrien dann: „Der Weihnachtsmann!" Danach brachen sie in kreischendes Gelächter aus. Als sie älter wurden, ersetzten sie den Weihnachtsmann durch Brad Pitt oder einen der Ex-Freunde ihrer Mutter, deren Zahl unerhört ist. Schließlich gab ich dieses unsinnige Spiel ganz auf.

Meine Töchter waren klug genug, um zu merken, dass sie mein narzisstisches Ego nicht dadurch fördern sollten, dass sie mir sagten, wie wundervoll ich angeblich sei.

> Warum ist Gott also Lobpreis so wichtig? Hat er es wirklich nötig, dass ein Planet voller Kreaturen jede Menge Zeit damit verbringt, sich die unterschiedlichsten Wege auszudenken, wie sie ihm mitteilen können, wie großartig er ist? *Weiß* er das nicht längst?

Lobpreis dient nicht dazu, Gottes unerfüllte Ego-Bedürfnisse zu befriedigen. Gott hat uns so geschaffen, dass wir, wenn wir etwas Großartiges erleben, das unseren Verstand übersteigt, den Wunsch haben, es anzubeten. Unsere Erfahrung ist unvollständig, solange wir sie nicht in Worte gefasst haben. Wenn wir den Grand Canyon zum ersten Mal sehen oder einen doppelten Regenbogen oder ein neugeborenes Baby, dann verlangt etwas in uns danach, der Freude Ausdruck zu verleihen, die wir empfinden.

Es gibt einen Witz, in dem Gott Petrus erzählt, dass er einen Pfarrer bestrafen will, der leidenschaftlicher Golfspieler ist und für ein Spiel sogar den Sonntagsgottesdienst schwänzt. Der Pfarrer spielt die beste Runde seines Lebens und schafft am letzten Loch sogar ein Hole-in-one. Petrus fragt Gott leicht indigniert: „Ich dachte, du wolltest ihn bestrafen!" Worauf Gott schmunzelt: „Das habe ich getan! Wem soll er es denn erzählen?"

Wenn Sie etwas besonders Bewundernswertes bei einem anderen Menschen sehen, wollen Sie dies nicht nur allgemein lobend erwähnen. Wir wollen dann etwas anderes tun. Wenn zum Beispiel ein männlicher Single eine Frau mit wunderbarem Charakter, viel Charme und schönem Äußeren kennen lernt, wem will er dann wohl seine Bewunderung ausdrücken? (Wenn Sie jetzt nicht „ihr" geantwortet haben, erklärt das vielleicht, warum Sie noch Single sind ...)

> Wir sollen Gott loben, nicht weil sein Ego das braucht, sondern weil unsere Erfahrung und unsere Freude an Gott ohne Lobpreis unvollständig sind.

> Wir loben Gott nicht, weil er es braucht, sondern weil *wir* es brauchen!

Ich brauche Lobpreis.
Ich brauche Lobpreis, weil ich ohne ihn nur allzu leicht vergesse, dass ich einen großen Gott an meiner Seite habe, und dann bekomme ich Angst. Ich brauche Lobpreis, weil ich ohne ihn meine Berufung vergesse und nur noch für mich selbst lebe. Ich brauche Lobpreis, weil ich ohne ihn das Gefühl des Staunens über Gott und der Dankbarkeit verliere und mit Scheuklappen durchs Leben stolpere. Ich brauche Lobpreis, weil meine natürliche Neigung zur Selbstzufriedenheit und starrköpfigen Unabhängigkeit sonst die Überhand gewinnt.

Ich denke, es ist kein Zufall, dass die Geschichte von Petrus' kleinem Wasserspaziergang so endet, wie sie endet. *„Dann stiegen beide ins Boot und der Wind legte sich. Die Jünger im Boot warfen sich vor Jesus nieder und riefen: „Du bist wirklich Gottes Sohn."* Man kann hier ein Muster erkennen, das sich in der Bibel ständig wiederholt und das auch ein Teil unseres Lebens werden sollte. Gott zeigt sich uns; wir reflektieren über das, was er getan hat, und wir reagieren mit Lobpreis. Und unser Verständnis von Gottes Wesen wächst.

Jesus „geht vorüber". Dieses Vorübergehen kann sich in dramatischen Ereignissen zeigen – ein brennender Dornbusch, eine Feuersäule, ein Spaziergang auf dem Wasser. Doch oft passiert es auch so unauffällig, dass man es gar nicht richtig mitbekommt – ein leises Flüstern, ein Baby in einer schmuddeligen Krippe. Gott kommt Ihnen vielleicht in den tröstenden Worten eines Freundes ganz nah oder in der Schönheit eines Frühlingstages, wenn die Erde wieder neu zum Leben erwacht und die Himmel wirklich Gottes Herrlichkeit rühmen.

Manchmal wird es auch der Akt des Aus-dem-Boot-Steigens sein, in dem ich Christus vorübergehen sehe und einem Gott begegne, der größer ist, als ich gedacht hatte.

Ich wollte zusammen mit einem Freund eine zweiwöchige Predigtreise nach Äthiopien unternehmen, als das Land noch unter marxistischer Regierung stand. Die Untergrundkirche, die uns eingeladen hatte, bat uns darum, 50 Studienbibeln mitzubringen. Ich hatte gewisse Bedenken bezüglich des Bibelschmuggelns, doch wir beschlossen, es zu versuchen. Unsere Gemeinden spendeten die erforderlichen Bibeln. Tatsächlich drückte mir am Tag unserer Abreise eine Dame noch ein Extra-Exemplar in die Hand, daher hatten wir sogar 51 Bibeln dabei.

Natürlich entdeckte ein äthiopischer Zollbeamter die verbotenen Bücher und konfiszierte sie. Einige Tage später bekamen wir einen Anruf vom Zollamt und die Leiter der Kirche wurden zu einem Verhör gebeten. Wir befürchteten das Schlimmste. Die äthiopischen Christen verbrachten so viel Zeit im Gefängnis, dass sie es „die Universität" nannten. (Denn Gott schickte seine Leute schon immer gern ins Gefängnis, wenn er wollte, dass sie etwas lernten – wie Josef wurden auch einige der Äthiopier sogar als Aufseher angestellt, wenn ein Gefängniswärter eine Pause machte. Sie nahmen dann die Kugeln aus ihren Gewehren und drückten diese den Christen in die Hand, damit sie während ihrer Abwesenheit Wache schoben.) Bestenfalls konnten wir darauf hoffen, dass wir mit einigen Bestechungsgeldern ungestraft davonkamen und die Bibeln zurückbekommen konnten.

Stellen Sie sich unsere Überraschung vor, als der Leiter des Zollamts sagte: „Diese Bibeln sind illegal eingeführt worden. Sie dürfen Sie unter einer Bedingung mitnehmen – aber niemand darf etwas davon erfahren: Ich möchte eine für mich selbst haben."

Mein Gott ist an diesem Tag ein ganzes Stück gewachsen.

Reflektieren über das, was Gott vollbringt

Markus' Version der Wasserläufer-Episode berichtet, die Jünger seien „vor Entsetzen ganz außer sich" geraten. „Denn sie waren durch das Wunder mit den Broten noch nicht zur Einsicht gekommen; sie waren im Innersten verstockt" (Mk 6,52). Keine sehr schmeichelhafte Beschreibung, aber wahr. Die Jünger hatten noch keine Augen, um zu sehen, dass Gott sich in Jesus selbst geoffenbart hatte.

Wenn ich innehalte und über das nachdenke, was Gott getan hat, dann versuche ich, zur Einsicht zu kommen und zu begreifen. Statt mit Scheuklappen durchs Leben zu gehen, *bemerke* ich Gott.

Psychologen sprechen in diesem Zusammenhang von einem Zustand der Gedankenlosigkeit. Mein Körper ist zwar präsent, aber meine Gedanken fliegen gerade mit Autopilot an einen anderen Ort. Viele von uns leiden von Zeit zu Zeit an diesem Zustand. Für andere ist er zum dauerhaften Lebensstil geworden.

Lassen Sie mich ein Beispiel geben. Ich stelle Ihnen ein paar Fragen, und Sie geben die Antwort, die Ihnen spontan einfällt. Denken Sie nicht nach, sondern antworten Sie sofort.

❏ Die Farbe der Liebe ist ...
❏ Die Flüssigkeit in unseren Adern nennt man ...
❏ Das Gegenteil von Leben ist ...
❏ Bei welcher Farbe geht man über die Ampel?

(Wenn Sie auf die letzte Frage nicht „rot" geantwortet haben, sind Sie weniger gedankenlos als ich!)

Manchmal kann Gedankenlosigkeit eine ganze Gemeinde infizieren. In der Zeitschrift *The Christian Century* berichtete ein Autor von einer Gemeinde, die für alle Gottesdienste ein Computer-Schema erstellt hatte. Wenn eine Beerdigung anstand, lief diese exakt nach dem gleichen Plan ab wie die letzte davor abgehaltene Beerdigung, nur der Name des Verstorbenen wurde ersetzt. Im Falle der jüngst Verblichenen wurden also per Suchbefehl alle Erwähnungen des Namens „Maria" automatisch in „Edna" umgeändert. Eigentlich ging auch alles gut, bis der Pfarrer zur Rezitation des apostolischen Glaubensbekenntnisses kam: „Empfangen durch den Heiligen Geist, geboren von der Jungfrau Edna ..."

> Gedankenlosigkeit ist eines der Haupthindernisse, die uns vom Lobpreis abhalten. Ironischerweise leben wir in einem Zeitalter, das uns jedes Mysteriums berauben will – und dann fehlt es uns! Wir können das Geschlecht unseres Babys lange vor der Geburt in Erfahrung bringen; erste Hochrechnungen

> sagen uns, wer gewählt wurde, noch bevor die Wahl zu Ende ist; TV-Shows enthüllen die Geheimnisse der Zaubertricks von David Copperfield und seinen Kollegen ... wir zerstören das Staunen und sehnen uns doch gleichzeitig danach!

Doch glücklicherweise ist Gott zu groß für die Mysterien-Zerstörer! Deshalb sollten wir eine Weile über seine Taten nachdenken.

Wir halten inne, um über das Wunder des Lebens nachzudenken, das unsere Lungen zum Atmen bewegt, ohne dass wir dazu den Befehl gegeben hätten und das unsere Augen am Morgen aufgehen lässt und uns aus dem „kleinen Tod" des Schlafs rettet. Wie kommt all das?

Wir halten einen Augenblick inne, wenn unser Kind uns liebevoll „Papi" nennt. Das sind nur Töne, die in einer Abfolge erklingen, die zu erkennen wir gelernt haben. Aber dieser Klang ist so schön, dass wir ihn auch nach 15 Jahren immer wieder gern hören. Wie können Moleküle, die an ein Trommelfell dringen, solche Freude auslösen?

Während ich dies schreibe, beobachte ich die weiß-rosa Blüten eines Apfelbaums am Seeufer unter einem strahlend blauen Himmel. Mein eigener „See von Galiläa". Es sind einfach nur Farben – Lichtbrechungen, wissenschaftlich erklärbar. Warum erwecken sie in mir eine so tiefe Lebensfreude? Woher kommt ihre Schönheit? Der Herr geht vorüber ...

Dies alles sind Wunder; kleine Theophanien, die mir zurufen: „Gott lebt! Er ist da! Er kümmert sich um dich! Er ist unaussprechlich gut! Er ist sooooo groß!" Jeder kann das hören, der nicht so gedankenlos ist, sie völlig zu verpassen.

Manchmal entgehen uns diese Wunder, weil wir einfach zu überwältigt sind. Doch meist erkenne ich erst rückblickend, was Gott getan hat und was ich in dem Moment nicht erkennen konnte. Und noch öfter geht es mir wie Jakob: „Wahrhaftig, der Herr ist an diesem Ort", rief er, „und ich wusste es nicht!" (Gen 28,16). Die Realität Gottes verfolgt uns geradezu!

Wir antworten mit Lobpreis

Gott mit Lobpreis zu antworten ist mehr als die regelmäßige Teilnahme an Anbetungsgottesdiensten. Wenn ich an die „Lobpreisformen-Kriege" unserer Tage denke, stelle ich mir eine ähnliche Diskussion vor, damals am Fuße des Berges Sinai, als die Israeliten gerade durch das geteilte Meer den Ägyptern entkommen waren (Ex 14 und 15). Stellen Sie sich vor, die Menschen versammeln sich, um Gott für seine Taten zu loben, und es werden Stimmen laut:

- „Ich mag diese Art von Musik überhaupt nicht! Dieser Tamburin-Song, den Miriam neulich vorgetragen hat, der war gut. Warum singen wir den nicht öfter?"
- „Ach, dieser Gottesdienst wird wieder viel zu lang. Drei Tage, also wirklich! Vielleicht sollte ich mich den Hittitern anschließen, deren Gottesdienste dauern nur 2 Tage!"
- „Mir gefällt es viel besser, wenn Aaron den Lobpreis leitet. Warum ist denn heute Mose dran? Mit seinen Klamotten spricht er meine Generation wirklich nicht an!"

Ehrlich gesagt, denke ich, dass die Israeliten in diesem Moment ebenso erbebten und erzitterten wie der Berg Sinai. Sie hatten für diesen Gott alles riskiert – sie hatten ihre Heimat verlassen und waren losgegangen. Und Gott war ihnen begegnet.

Manchmal frage ich mich, ob Langeweile im Lobpreis (und Langeweile generell) nicht vielleicht eine Folge der Liedauswahl ist. Ganz sicher ist sie eine Folge des Zu-lange-im-Boot-sitzen-Bleibens. Wenn wir diesem Gott begegnen, dem Herrn über Berge und Stürme, dann zittern wir vor Ehrfurcht.

Das bringt uns zu dem Thema „Gott fürchten". Die Bibel besagt, dass „der Anfang aller Weisheit die Furcht des Herrn" ist (Spr 9,10; Luther). Davon wird heutzutage nicht mehr allzu viel geredet. Unsere Vorstellung von Gott ist immer kleiner und bequemer geworden. Engel zum Beispiel sind von Ehrfurcht gebietenden Himmelswesen zu netten, persönlichen Begleitern geworden – man denke nur an den Film „Stadt der Engel" oder ähnliche. C. S. Lewis bemerkte, dass in der Bibel das Auftreten eines Engels immer ein äußerst alarmierendes Erlebnis war; stets mussten die Himmelsboten die Menschen zuerst mit den Worten „Fürchte dich nicht!" beruhigen. Zumindest beim weiblichen Geschlecht dürfte das Auftreten eines Engels mit dem Aussehen von Nicolas Cage eher ganz andere Gefühle als Furcht hervorrufen!

> Was bedeutet es, den Herrn zu fürchten?
> Auf keinen Fall müssen wir uns sorgen, dass Gott böse oder destruktive Dinge tun wird. Wir müssen auch keine Angst davor haben, dass Gottes Liebe nicht voll vertrauenswürdig ist. Wenn die Bibel davon spricht, dass die Furcht des Herrn der Anfang der Weisheit ist, möchte sie uns damit nicht zu zitternden Häuflein Elend machen.

Suse, eine der Märchenfiguren in C. S. Lewis' großartigen Narnia-Geschichten, fürchtet sich bei der Aussicht, bald Christus in Gestalt des Löwen Aslan gegenüberzustehen:

> *„Ist man dann auch sicher vor ihm? Vor einem Löwen habe ich Angst!"*
> *„Das macht nichts, mein Kind, du sollst auch Angst haben", sagte die Biberin. „Wenn jemand vor Aslan erscheint, ohne dass ihm die Knie zittern, dann ist er entweder unerhört mutig oder ein Narr."*
> *„Dann ist man also doch nicht sicher vor ihm?", meinte Lucy.*
> *„Sicher?", wiederholte der Herr Biber. „Wer hat denn von sicher geredet? Natürlich, man ist nicht sicher vor ihm, aber er ist gut, und er ist der König."*[3]

Die Furcht des Herrn schließt die Anerkennung seines Status ein, aber auch Ehrfurcht – eine gesunde Erkenntnis dessen, wer Gott ist. Sie beinhaltet auch das Wissen um unser Gefallensein. Erinnern Sie sich noch an die Definition von Angst aus Kapitel 6? Die Angst dient dazu, uns auf Gefahren hinzuweisen, sodass wir die Dinge in Ordnung bringen können.

Lobpreis erinnert mich auch daran, dass ein Tag kommen wird, an dem unsere Fehlerhaftigkeit ein Ende hat. An diesem Tag werden wir die ganze Wahrheit der Aussage begreifen: „Wahre Liebe vertreibt die Angst" (1 Joh 4,18). Wenn wir Gott loben, schauen wir nach vorne, auf diesen Tag, wenn die Angst ebenso besiegt sein wird wie Sünde, Schuld und Tod. Lobpreis wird dann eine der besten Abwehrwaffen gegen die Angst, denn er erinnert uns daran, dass der mächtige Gott auf unserer Seite steht.

Dallas Willard schreibt:

„Heilige Freude ist der große Gegenpol zu Verzweiflung und eine Quelle der wahren Dankbarkeit – die Art von Dankbarkeit, die an unseren Zehen zu kribbeln beginnt und sich von innen her ausbreitet, unsere Arme hochreißt und die Augen zum Glänzen bringt und unsere Stimme zu unserem guten Gott erhebt."[4]

Es mag sein, dass eine solche Form des Lobpreises für Sie ganz natürlich ist. Für mich war das lange Zeit nicht der Fall. Ich bin in der Schwedischen Baptistengemeinde aufgewachsen und Skandinavier sind nicht gerade typische gefühlsbetonte, händeklatschende Anbeter. In Schweden gilt man als extrovertiert, wenn man beim Reden auf die Schuhe des Gesprächspartners blickt statt auf die eigenen! Wenn ein Schwede emotional aufgewühlt ist, merkt man das daran, dass er sagt: „Tja!" Und an einen solchen ekstatischen Ausbruch erinnert er sich noch Jahre später!

Ich musste erst lernen, angemessen auf Gott zu reagieren.

Max DePree sagte, dass es die erste Pflicht eines Leiters ist, die Realität zu definieren.[5] Gott als ultimativer Leiter nimmt diese Aufgabe sehr ernst. Und auch Lobpreis dreht sich im Grunde um die Definition der Realität.

Heute verwende ich im Lobpreis jedes Hilfsmittel, das mir zur Verfügung steht – Erinnerung, Vorstellungskraft, Musik, Bibeltexte, Bilder und Bewegung –, um Gott in meinem Leben größer zu machen.

> Im Lobpreis erkläre ich Gott zur Realität. Meine Wahrnehmung der Wirklichkeit wird verändert und geschärft. Ich erinnere mich daran, dass die Realität mehr ist als das, was ich sehen und fassen kann. Im Lobpreis gebe ich zu, dass ich immer wieder auf einen geschrumpften Gott schaue, indem ich durch das falsche Ende des Fernglases gucke.

Im Herzen des Lobpreises vergrößern wir Gott. Eines der griechischen Worte für Lobpreis beginnt mit der Vorsilbe „mega", die wir heutzutage ja als Größenbezeichnung vor Supermärkten, Kirchen und Veranstaltungen aller Art kennen. Im Lobpreis erinnere ich mich daran, dass ich den großen Gott kenne, den Mega-Gott, den Herrn der Herren. In dem klassischen Lobpreislied des Neuen Testaments ruft Maria: „Mein Herz preist den Herrn" (Lk 1,46). Lobpreis vergrößert meine Fähigkeit, Gott zu erleben und zu verstehen.

In C. S. Lewis' viertem Narnia-Buch „Prinz Kaspian von Narnia", trifft eines der Kinder den großen Löwen Aslan nach langer Zeit wieder.

„Aslan", sagte Lucy, „du bist größer geworden."
„Das kommt dir nur so vor, weil du älter bist, mein Kleines", antwortete er.
„Nicht, weil du größer bist?"
„Das bin ich nicht. Aber du wirst mich mit jedem Jahr, das du älter wirst, größer finden."[6]

So ist es auch mit uns und Gott. Darum muss die Geschichte von Petrus auf dem Wasser mit Lobpreis enden. Lobpreis schließt in gewissem Sinne den Kreis dieser Geschichte. Lobpreis bestätigt und unterstützt die neuen Erkenntnisse der Jünger über das Wesen Jesu.

Jesus steigt zu ihnen ins Boot, und der Sturm verzieht sich dahin, wo auch immer Stürme hingehen, wenn Gott sie wegschickt. Plötzlich haben die Jünger ein tieferes Verständnis davon, wer mit ihnen im Boot ist. *„Du bist wirklich Gottes Sohn."*

Sooooo groß!
So ist es immer, wenn jemand aus dem Boot steigt. Wenn Menschen dies wagen, sind sie hinterher nicht mehr dieselben. Auch ihr Lobpreis hat sich verändert. Ihre Welt verändert sich. Egal, ob sie sinken oder schwimmen, etwas ist anders geworden.

Das gilt auch für Sie. Von diesem Punkt an wird Ihr Gott jedes Mal größer, Ihr Lobpreis stärker und Ihr Glaube reicher, wenn Sie Gott vertrauen und seinem Ruf folgen.

> Das liegt daran, dass Jesus noch nicht fertig ist mit uns. Er sucht immer noch nach Leuten, die sich trauen, ihm zu vertrauen. Er hält immer noch Ausschau nach Menschen, die der Angst nicht das letzte Wort lassen. Er sieht sich immer noch nach Jüngern um, die sich vom Versagen nicht entmutigen lassen. Er geht immer noch vorüber. Und dies ist Ihre Gelegenheit, auf seinen Ruf zu reagieren!

Ihre große Chance.
Es ist an der Zeit, „etwas Religiöses" zu tun.
Denken Sie immer daran: Wenn Sie auf dem Wasser laufen wollen, müssen Sie zuerst aus dem Boot steigen ...

Steigen Sie aus dem Boot

1. Wie würden Sie Ihren augenblicklichen Lobpreis beschreiben?
2. Wann in Ihrem Leben hatten Sie am stärksten das Gefühl, das Wesen Gottes besser zu verstehen? Wie kam dies?
3. Wird Ihr Gott im Moment größer? Oder schrumpft er? Oder bleibt er immer gleich?
4. Welchen Schritt könnten Sie gehen, um Gott in Ihrem Leben zu „vergrößern"?
5. Wenn Gott wirklich so groß ist und Sie ihn bitten könnten, eine Sache in Ihrem Leben zu verändern – was wäre dies?

Anmerkungen

Kapitel 1
Die Kunst des „Laufens auf dem Wasser"

[1] Theodore Roosevelt: „Citizenship in a Republic", Rede an der Sorbonne in Paris, 23. April 1910.
[2] David E. Garland: *NIV Application Commentary: Mark*, Zondervan 1996, S. 263.
[3] F. D. Bruner: *Matthew*, Bd. 2, Word Biblical Commentary. Word Books 1985, S. 532.
[4] Zitiert nach: Bill und Kathy Peel: *Discover Your Destiny*, NavPress 1996, S. 25.
[5] Larry Laudan: *Danger Ahead*, John Wiley & Sons 1997, S. 3.

Kapitel 2
Boot-Hocker

[1] Dante Alighieri: *„Die Göttliche Komödie"*, „Die Hölle", Dritter Gesang, Zeilen 34–39.
[2] F. D. Bruner: *Matthew*, a. a. O., S. 535.
[3] Gregg Levoy: *Callings: Finding and Following an Authentic Life*, Crown Publishers 1997, S. 9.
[4] Garrison Keillor: *Lake Wobegon Days*, Penguin Books 1985, S. 413–14.
[5] Henry David Thoreau: „Walden", Diogenes 1979, S. 98.
[6] Kenneth E. Bailey: *Poet and Peasant: Through Peasant's Eyes*, Wm. B. Eerdmans 1983, S. 167.
[7] Susan Jeffers: *Feel the Fear and Do It Anyway*, Fawcett Columbine 1987.
[8] Solomon Schimmel: *The Seven Deadly Sins*, Oxford University Press 1997, S. 193.
[9] Max DePree: *The Art of Leadership*, Dell Books 1990, S. 5.

Kapitel 3
Den Ruf hören

[1] Zitiert nach: Gregg Levoy: *Callings: Finding and Following an Authentic Life,* a. a. O., S. 2.
[2] F. D. Bruner: *Matthew*, a. a. O., S. 535.
[3] Garrison Keillor: *Lake Wobegon Days*, a. a. O., S. 413.
[4] Leland Ryken: *Work and Leisure*, Multnomah Press 1987.
[5] Paul Minear: „Work and Vocation in Scripture", in: *Work and Vocation: A Christian Discussion*, Hrsg. John Oliver Nelson, Harper Brothers 1954, S. 44.
[6] Arthur F. Miller Jr.: *Why You Can't Be Anything You Want to Be*, Zondervan 1999, S. 21.
[7] Michael Novak: *Business as a Calling*, Simon & Schuster 1996, S. 18; 38.
[8] Parker Palmer: *Let Your Life Speak*, Jossey-Bass 2000, S. 15.
[9] Frederick Buechner: *Wishful Thinking*, Harper SanFrancisco 1993, S. 119.
[10] Arthur F. Miller Jr.: *Why You Can't Be Anything You Want to Be,* a. a. O.
[11] Parker Palmer: *Let Your Life Speak*, a. a. O.
[12] Mihaly Csikszentmihalyi: *Flow: The Psychology of Optimal Experience*, HarperCollins 1990, S. 157.
[13] William McFeely: *Grant: A Biography*, W. W. Norton 1981, S. 242–243.
[14] Parker Palmer: *Let Your Life Speak*, a. a. O., S. 39.
[15] Bob Buford: „Halbzeit", Projektion J Verlag 1997, S. 102.
[16] Arthur F. Miller Jr.: *Why You Can't Be Anything You Want to Be,* a. a. O., S. 115.
[17] Gordon Smith: *In Times of Choice*, InterVarsity Press 1997.
[18] Henry Blackaby/Claude King: Experiencing God, Broadman & Holman 1994. („Gott hautnah erleben", Projektion J Verlag 2002)
[19] Benjamin Kline Hunnicutt: *Work Without End: Abandoning Shorter Hours for the Right to Work*, Temple University Press 1988.
[20] Zitiert nach: David Ireland: *Failure Is Written in Pencil*, Impact Publishing 2000, S. 40.

Kapitel 4
Auf dem Wasser gehen

1. Henry David Thoreau: „Walden", a. a. O., S. 98.
2. Theodore Tappert (Hrsg.): *Luther's Works*, Band 54, American Edition, Fortress Press 1967, S. 453.
3. Ole Hallesby: *Prayer.*
4. Diagramm nach einem Konzept von Susan Jeffers: *Feel The Fear and Do It Anyway*, Fawcett Columbine 1987, S. 44.
5. Jeffrey Cotter: „Witness Upmanship", in: *Eternity*, März 1981, S. 22–23.

Kapitel 5
Den Wind sehen

1. Gregg Levoy: *Callings: Finding and Following an Authentic Life*, Crown Publishers 1997, S. 253.
2. Stephen Ambrose: *Undaunted Courage: Meriwether Lewis, Thomas Jefferson and the Opening of the American West,* Simon & Schuster/Touchstone 1997.
3. Zitiert nach: Robert Roberts: *The Strengths of a Christian*, Westminster Press 1984, S. 56.
4. Viktor Frankl: *Man's Search For Meaning*, Washington Square 1963.
5. Zitiert nach: Julius Segal: „Possible Interventions with Risk-Prone Individuals", in *Self-Regulating Behavior and Risk Taking*, Hrsg. Lewis Lipsitt und Leonard Mitnick, Ablex Publishing 1991, S. 334.
6. E. Schneidman und N. Farberow: „A Psychological Approach to the Study of Suicide Notes", in: *The Psychology of Suicide*, Science House 1970, S. 159–164.
7. David E. Garland: *NIV Application Commentary: Mark*, Zondervan 1996, S. 263.
8. M. Scott Peck: *The Road Less Traveled*, Simon & Schuster 1978, S. 16.
9. David Weiner: *Battling the Inner Dummy*, Prometheus Books 1999, S. 301.

[10] Dallas Willard: *The Divine Conspiracy*, Harper SanFrancisco 1999, S. 237.

Kapitel 6
Angstschreie

[1] Henry David Thoreau, erster Eintrag ins Tagebuch, 7. September 1851.
[2] Lloyd Ogilvie: *Facing the Future Without Fear*, Vine Books 1999, S. 22.
[3] F. D. Bruner: *Matthäus*, a. a. O., S. 534.
[4] Rush Dozier: *Fear Itself*, St. Martin's Press 1998, S. 10 ff.
[5] Zitiert nach: Edward Hallowell: *Worry*, Ballantine Books 1997, xiv.
[6] Stephen Hall: „The Anatomy of Fear", in: *New York Times Magazine*, 28. Februar 1999, S. 45.
[7] Der unterste Bereich der Großhirnrinde, der das so genannte *cingulum* enthält (eine Nervenbahn, die bogenförmig Stirn- mit Schläfenlappen verbindet).
[8] Susan Jeffers: *Feel the Fear and Do It Anyway*, Ballantine Books 1987.
[9] Richard Bednar und Scott Peterson: *Self-Esteem: Paradoxes and Innovations in Clinical Theory and Practice*, American Psychological Association 1995.
[10] Leonard Sweet: *A Cup of Coffee at the Soul Café*, Broadman & Holman 1998, S. 130.

Kapitel 7
Das Gefühl unterzugehen

[1] Zitiert nach: William McFeely: *Grant: A Biography*, W. W. Norton 1981, S. 485.
[2] F. D. Bruner: *Matthäus*, a. a. O., S. 535.
[3] Daniel Goleman: *Emotional Intelligence*, Bantam Books 1995, S. 80.
[4] David Burns: *Feeling Good*, William Morrow 1980, S. 80 ff.

⁵ Neil Clark Warren: „So finde ich den Partner fürs Leben", Schulte & Gerth 1998.
⁶ Gilbert Brim: *Ambition: How We Manage Success and Failure Throughout Our Lives*, HarperCollins 1992, S. 77.
⁷ Parker Palmer: *Let You Life Speak*, Jossey-Bass 2000.
⁸ David Bayles und Ted Orland: *Art and Fear: Observations on the Perils (and Rewards) of Artmaking*, Capra Press 1993, S. 29.
⁹ Arthur Miller: *Death of a Salesman*, Penguin Books 1949, S. 110–111 (deutsch: „Tod eines Handlungsreisenden", Fischer Tb. 1986).

Kapitel 8
Richten Sie den Blick auf Jesus

[1] Martin Seligman: *Learned Optimism*, Simon & Schuster 1990, S. 16.
[2] Lewis B. Smedes: *Standing on the Promises*, Thomas Nelson 1998, S. 28.
[3] Martin Seligman: *Learned Optimism*, a. a. O., S. 15.
[4] Ebd.
[5] Daniel Goleman: *Emotional Intelligence*, Bantam Books 1995, S. 87.
[6] Chris Peterson: „Optimism and By-pass Surgery", in: *Learned Helplessness: A Theory for the Age of Personal Control*, Oxford University Press 1993.
[7] Gordon MacDonald: „Sich verändern heißt Leben", Brockhaus Verlag 2001, S. 7.
[8] Christopher Lasch: *The True and Only Heaven*, W. W. Norton 1991, S. 81.
[9] Archibald Hart: *Habits of the Mind*, Word Publishing 1996, S. 5.
[10] *Frank Laubach; Man of Prayer*, L.L.I. 1990, S. 78.
[11] Evan Imber-Black und Janine Roberts: *Rituals for Our Times*, Aronson 1998.

Kapitel 9
Warten lernen

[1] Lewis B. Smedes: *Standing on the Promises*, Thomas Nelson 1998.
[2] Robert Levine: *A Geography of Time*, Basic Books 1997, S. 152.
[3] A. E. J. Rawlinson, *St. Mark*; Westminster Commentaries, Methuen 1925, S. 88.
[4] Richard Mouw: *Uncommon Decency*, InterVarsity Press 1992, S. 159.
[5] Lewis B. Smedes: *Standing on the Promises*, a. a. O., S. 41–42.
[6] M. Scott Peck: *The Road Less Traveled*, Simon & Schuster 1978, S. 19.
[7] Daniel Goleman, *Emotional Intelligence*, Bantam Muster Books 1995.
[8] Ebd., S. 80.
[9] Henri M. J. Nouwen: *Sabbatical Journey: The Diary of His Final Year*, Crossroads Publishing 1998, S. 2 ff.
[10] Ernst Hoffmann: „Hope", *Dictionary of New Testament Theology*, Band 2, Hrsg. Colin Brown, Zondervan 1978, S. 243 ff.

Kapitel 10
Wie groß ist Ihr Gott?

[1] Zitiert nach: Bill und Kathy Peel: *Discover Your Destiny*, NavPress 1996, S. 215.
[2] F. D. Bruner: *Matthew*, S. 534.
[3] C. S. Lewis: „Der König von Narnia", Brendow Verlag 1992, S. 66.
[4] Dallas Willard: *The Spirit of the Disciplines*, Harper San Francisco 1988, S. 178.
[5] Max DePree: *The Art of Leadership*, Dell Books 1990, S. 5 ff.
[6] C. S. Lewis: „Die Chroniken von Narnia", Bd. 4: „Prinz Kaspian von Narnia", Brendow Verlag 1993.

Geistliches Training für Menschen wie du und ich

Beim Christsein geht es um mehr, als es »gerade so« in den Himmel zu schaffen. Im Mittelpunkt des christlichen Glaubens geht es um Veränderung! Es geht um einen Gott, dem nicht nur unser »geistliches Wohl« am Herzen liegt, sondern der Einfluss auf jeden Bereich unseres Lebens haben und uns überall begegnen möchte.

Wie dies aussehen kann, beschreibt Ortberg anhand eines erfrischend neuen Zugangs zu den klassischen geistlichen Übungen. Es gelingt ihm, die bewährten und jahrhundertelang erprobten heiligen Gewohnheiten modern und straßentauglich zu beschreiben.

John Ortberg: **Das Leben, nach dem du dich sehnst**
Hardcover, 240 Seiten • Bestell-Nr. 657 243

Dieses Heft soll Sie dabei unterstützen, die im Bestseller »Das Leben, nach dem du dich sehnst« vorgestellten geistlichen Übungen in die Praxis umzusetzen. Zum Beispiel im Rahmen einer Kleingruppe oder aber auch im Selbststudium. Ortberg entwirft ein geistliches Trainingsprogramm, das den Leser zu einem Leben herausfordert, das es wert ist, gelebt zu werden.

John Ortberg: **Die Reise zum Leben**
Heft, 128 Seiten • Bestell-Nr. 657 369

Vom Kopf ins Herz –
Gottes Liebe fühlen lernen

Sehnen Sie sich danach, Gottes Liebe nicht nur rational, sondern tief in Ihrem Herzen begreifen und spüren zu können? In diesem Buch bringt John Ortberg Ihnen auf seine unverwechselbar liebevolle, ehrliche Art den Gott näher, nach dem wir uns alle so sehr sehnen: einen Vater, der bis über beide Ohren in Sie – sein Kind – verliebt ist und dem nichts mehr am Herzen liegt als Ihr Wohlergehen. Was könnte alles in Ihrem Leben geschehen, wenn der Glaube an diesen Gott und seine Liebe vom Kopf in Ihr Herz »rutschen« würde!

John Ortberg
Die Liebe, nach der du dich sehnst
Hardcover, 240 Seiten
Bestell-Nr. 657 316